Paul Gerhardt

Wach auf, mein Herz, und singe

Vollständige Ausgabe
seiner Lieder und Gedichte

Herausgegeben von
Eberhard von Cranach-Sichart

R BROCKHAUS

Dieser Edition liegt die Gesamtausgabe der
Dichtung Paul Gerhardts zugrunde, die
1949 und (erweitert um einige Schriften) 1957
im Verlag Paul Müller, München erschienen ist

2. Auflage 2006

Umschlag: Dietmar Reichert, Dormagen
Satz: QuardoMedienService, Bergisch Gladbach-Bensberg
Druck: FINIDR, s.r.o., Tschechien
ISBN 3-417-24795-0
Bestell-Nr. 224 795

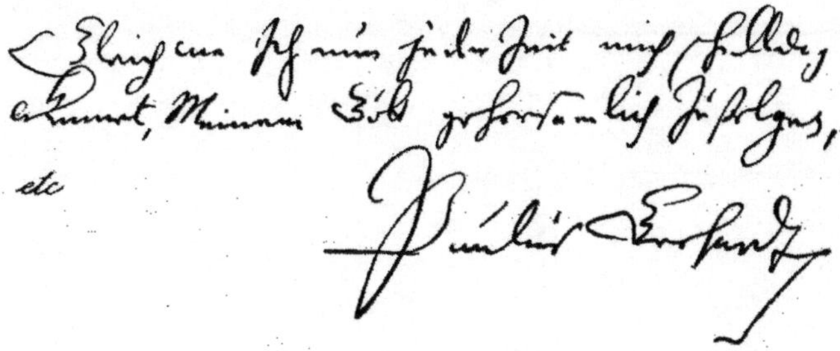

Gleichwie ich nun jederzeit mich schuldig
erkennet, meinen Gott gehorsamlich zu folgen,
etc Paulus Gerhardt

GELEITWORT

Die Ausgabe der Lieder und Gedichte Paul Gerhardts von Eberhard von Cranach-Sichart ist für einen breiten Leserkreis bestimmt. Mit diesem Ziel ist sie die einzige Gesamtedition, die in den letzten knapp einhundert Jahren erschienen ist. Zum ersten Mal 1949 im Verlag Paul Müller München veröffentlicht, war es ihr Anliegen, „den ganzen Gerhardt vertraut zu machen“ (Einleitung). 1957 erschien eine zweite Auflage, vermehrt um vier erhalten gebliebene Leichenpredigten Gerhardts sowie um einige Briefe und Schriftstücke. Günter Balders ist es zu verdanken, dass 1982 und 1991 im Oncken Verlag Wuppertal und Kassel die Lieder und Gedichte erneut vorgelegt wurden. Auch diese Auflagen sind inzwischen vergriffen. So ist es sehr zu begrüßen, dass der R. Brockhaus Verlag eine neue Ausgabe veranstaltet. Die bevorstehende Wiederkehr des 400. Geburtstages von Paul Gerhardt im Jahre 2007 ist dafür ein Anlass, mehr noch aber ist es die gebliebene Nachfrage nach Gerhardts Werk. Dieser Nachfrage nicht nur mit solchen Liedern zu entsprechen, die in Gesangbüchern oder in Teilausgaben veröffentlicht werden, sondern dem kirchlichen und kulturellen Bewusstsein den „ganzen Gerhardt“ präsent zu halten, dem kann die Cranach-Sichart-Ausgabe weiterhin vorzüglich dienen. Nur ein 1975 durch Friedhelm Kernp veranstalteter kostbarer photomechanischer Neudruck der Gerhardt-Ausgabe Johann Georg Ebelings aus dem Jahre 1667 bietet Gerhardts Gesamtwerk, freilich im historischen Druckbild. Zu Cranach-Sicharts Zielen gehörte es, mit Gerhardts Liedern und Gedichten einen „unerschöpflichen Schatz deutscher Kultur“ zu vermitteln (Einleitung). Wie sehr es sich um einen auch international weitverbreiteten „Schatz“ handelt, das haben inzwischen neuere Studien und der vermehrte grenzüberschreitende hymnologische Austausch gezeigt.

Jeder Gerhardt-Herausgeber stand und steht vor der Schwierigkeit, nicht mehr auf Liederhandschriften des Dichters zurückgreifen zu können. Es gibt auch nur wenige durch Gerhardt selbst veranlasste Drucke von einzelnen seiner Gedichte. Die allermeisten seiner Texte sind der Nachwelt durch andere Herausgeber überliefert worden. Drei Überlieferungsstränge lassen sich unterscheiden. Einmal die älteste Überlieferung durch Johann Crüger (1598-1662) ab 1647, sodann die durch Johann Georg Ebeling (1637-1676) ab 1666/67, schließlich die durch Johann Heinrich Feustking (1672-1713) ab 1707. Obgleich Crüger und Ebeling mit Gerhardt in enger Arbeitsgemeinschaft gestanden haben und Ebeling und Feustking berichten, sie hätten handschriftliche Vorlagen Gerhardts benutzt, gibt es doch zwischen den drei Überlieferungssträngen Abweichungen. Für sie gilt es zu berücksichtigen, dass das Ideal philologischer Werktreue sich erst in späterer Zeit entwickelt hat. Haben also Gerhardts erste Herausgeber oder haben die Drucker Varianten eingebracht? Hat Gerhardt solche Änderungen gutgeheißen oder stillschweigend gebilligt? Oder hatte er selbst inzwischen Änderungen vorgenommen? Das ist in vielen Fällen schwer oder gar nicht zu entscheiden. Heutige Gerhardt-Herausgeber können, wenn Varianten vorliegen, den mutmaßlichen Original-Text Gerhardts nur mit Vorbehalt erstellen, indem sie auch stilkritische Kriterien berücksichtigen. Jeder Herausgeber, jede Herausgeberin muss für sich abwägen, welcher Überlieferung der Vorzug gegeben werden soll. Häufig können nur die Abweichungen in den Überlieferungen notiert und diskutiert werden, um dann für die eine oder die andere Entscheidung zu treffen. Cranach-Sichart hat in den „Anmerkungen" seiner Ausgabe wichtige Varianten der Überlieferungen mitgeteilt. Für ihn selbst war vor allem die ältere Crüger-Überlieferung maßgebend. Damit schloss sich Cranach-Sichart einer Editionslinie an, die seit dem 19. Jahrhundert dominierte. Gleichwohl hat er zuweilen auch die etwas jüngere Lesart bei Ebeling bevorzugt. Einschränkend ist anzumerken, dass Cranach-Sichart wohl selbst nicht die Erst- und Frühdrucke herangezogen hat, sondern dass ihm die historisch-kritischen Gerhardt-Ausgaben aus dem 19. und vom Beginn des 20. Jahrhunderts als Vorlagen gedient haben (vgl. dazu den Schluss seiner „Einleitung"). Eine Untersuchung der Vorgehensweise von Cranach-Sichart im Einzelnen steht noch aus.

Eberhard von Cranach-Sichart wurde am 14. September 1886 in Dresden geboren und starb am 15. Oktober 1967 in Gauting bei München. 1914 wurde er in München zum Dr. phil. promoviert, war von 1920 bis 1927 im Kunsthandel und von 1931 an als wissenschaftlicher Mitarbeiter in einem Kunstauktionshaus tätig. 1946 wurde er Lektor in Gauting. Seit

1954 lebte er als vereidigter Kunstsachverständiger in München. Er veröffentlichte Erzählungen, Novellen sowie (zusammen mit Joseph M. Müller-Blattau) eine Einführung zu Johann Sebastian Bachs Leben und Werk und gab Kinderlieder und -reime heraus (freundliche Hinweise von Dr. Dietrich Blaufuß, Erlangen; vgl. auch: Deutsches Literatur-Lexikon, hrsg. von Bruno Berger und Heinz Rupp, 2. Band, Bern und München 1969, S. 814f).

Für seine Gerhardt-Ausgabe hat Eberhard von Cranach-Sichart die Orthografie der eigenen Zeit angewandt. Außerdem hat er an einzelnen Wortfassungen des Dichters vorsichtige Modernisierungen vorgenommen (z.B. jetzt statt itzt). Zu Beginn seiner „Anmerkungen" hat er über seine Editionsprinzipien informiert. Sein Grundsatz war es, dem „modernen Sprachgefühl" nur so weit entgegenzukommen, „als es das Verständnis unbedingt erfordert" (Einleitung, Schluss). Die in der Ausgabe vorgenommene Gliederung und die Abfolge der Lieder stammen von Cranach-Sichart; für seine Gliederung dürfte er sich an die 1707 von Feustking veranstaltete Ausgabe angelehnt haben.

Bis zur Mitte des 19. Jahrhunderts waren 120 deutsche Lieder von Paul Gerhardt bekannt. Seitdem sind immer wieder einzelne Texte neu aufgefunden worden. Meistens handelt es sich dabei um Widmungsgedichte für Persönlichkeiten aus Gerhardts Umkreis oder für Buchveröffentlichungen anderer Autoren. Heute sind von Gerhardt 139 deutsche Lieder und Gedichte sowie 15 lateinische Gedichte bekannt. Cranach-Sichart hat 134 deutsche Dichtungen berücksichtigt. Drei in der ersten Hälfte des 20. Jahrhunderts wiederaufgefundene, freilich an entlegenen Stellen bekannt gemachte deutsche Texte sind Cranach-Sichart, ebenso wie anderen Gerhardt-Forschern, entgangen. Sie sind 1993 zusammengestellt und noch einmal publiziert worden. Seitdem sind zwei weitere bisher nicht bekannte deutsche Gedichte ermittelt worden. Die fünf in Cranach-Sicharts-Ausgabe nicht vorhandenen Texte werden in dieser Neuauflage zusätzlich mitgeteilt. Die Wiedergabe erfolgt in heutiger Schreibweise, in der Abfolge nach der Zeit der Entstehung.

Die „Bibliographie", die Eberhard von Cranach-Sichart seiner Ausgabe beigegeben hat, wurde 1982 von Günter Balders erweitert und ist jetzt erneut um inzwischen erschienene Titel ergänzt worden. Die „Einleitung" Cranach-Sicharts gelangt (leicht gekürzt) wiederum zum Abdruck. Einige Fehlangaben darin sind stillschweigend geändert worden, Zusätze erscheinen in eckigen Klammern. Die „Einleitung" bietet Informationen zur Biographie Gerhardts, zu seiner Poetik und Poesie, zu seiner Frömmigkeit und Theologie, zu Gerhardts Komponisten und zur Rezeption seiner

Lieder. Vor etwa einem halben Jahrhundert geschrieben, stellt die „Einleitung", neben ihrem Informationswert, inzwischen selbst ein Dokument der Rezeptionsgeschichte dar. Cranach-Sicharts Ausgangspunkt für die Vermittlung Gerhardts war die Situation nach dem Zweiten Weltkrieg und der damalige kirchliche Wiederaufbau. Die Ähnlichkeit menschlicher Schicksale in der Zeit Gerhardts und im 20. Jahrhundert – das Bestimmtsein durch Krieg, Gefahr und Schrecken – werde, so damals Cranach-Sichart, den Zugang zu Gerhardts Dichtung fördern.

Zweifellos haben sich seit den ersten Auflagen von Cranach-Sicharts Ausgabe die Verstehensbarrieren zu Gerhardts Dichtung hin erhöht. Viele theologische Inhalte der Lieder, die in ihnen vorausgesetzten sozialen Verhältnisse, die barocke Sprache – sie fordern der Aneignung vermehrte Anstrengungen ab. Die Vertrautheit heutiger Leser und Leserinnen mit der bei Gerhardt allenthalben anklingenden Bibel hat abgenommen. Das früher weitverbreitetete Lernen von Liedern ist nicht mehr selbstverständlich. Das aktive Singen in Gottesdiensten, Versammlungen und Häusern ist rückläufig. Immer wichtiger werden darum für Gerhardts Lieder neben den traditionellen Umgangsformen neue Vermittlungswege. Zu ihnen gehören gedruckte und elektronische Medien.

Bei allen Wandlungen der Rezeptionsbedingungen ist es erstaunlich, wie anhaltend die Wirkung Gerhardts geblieben ist. Er vermag, wie die Erfahrung zeigt, trotz aller Barrieren weiterhin auch unmittelbar anzusprechen. Der Literaturwissenschaftler Hans-Henrik Krummacher urteilte, kein deutscher Dichter des Barockzeitalters sei so bekannt und lebendig geblieben wie Paul Gerhardt. Der Lyrikforscher Hans-Georg Kemper schrieb 1987, Gerhardts Lieder seien neben Grimms Märchen und noch vor Luthers Bibelübersetzung zu den bekanntesten poetischen Texten überhaupt zu zählen. In den Gesangbüchern der deutschen evangelischen Landes- und Freikirchen gehört Gerhardt zu den am häufigsten vorkommenden Dichtern. Auch in der römisch-katholischen Kirche werden Lieder von ihm gesungen. Bereits zu Gerhardts Lebzeiten begann die Übersetzung seiner Lieder in andere Sprachen. Darum erklingen sie seit langem nicht nur in europäischen Ländern, sondern auch in Amerika und Afrika, in Asien und Australien. Paul Gerhardt ist – nach Winfried Zeller – „durch sein Lied der wohl gewaltigste Tröster der evangelischen Christenheit überhaupt". Die seelsorgerlichen Wirkungen der Lieder Gerhardts vollziehen sich meistens in der Stille. Gleichwohl sind solche Wirkungen gelegentlich auch öffentlich bezeugt worden. Unter vielen anderen haben das John Wesley und Matthias Claudius im 18. Jahrhundert getan, Reichsfreiherr vom und zum Stein und Theodor Fontane im 19. Jahrhundert, Rudolf

Alexander Schröder, Ernst Jünger und Dietrich Bonhoeffer im 20. Jahrhundert, der Hörphilosoph Joachim Ernst Berendt und die Jazzsängerin Sarah Kaiser an der Wende zum 21. Jahrhundert.

Es sind die persönlich-innerlichen Töne in Gerhardts Liedern, es sind ihre positiv-biblischen und ihre praktisch-seelsorgerlichen Gehalte, durch die Menschen angesprochen werden, es ist die poetische Kunstgestalt und es ist die populäre Ausrichtung, die Gerhardts Lieder so wirksam sein lassen, alles verstärkt durch die Verbindung der Texte mit Melodien und Musiksätzen. Zuletzt handelt es sich um ein Wirkgeheimnis, das zwar analysiert, aber doch nicht ganz erklärt werden kann. Als Teil der Weltkultur wird Gerhardt auch in solchen Zusammenhängen wahrgenommen, die weithin unabhängig von Systemen kirchlichen Glaubens und Singens sind. Dazu zählt Gerhardts Vorkommen in Werken von Thomas Mann und Günter Grass, von Erwin Strittmatter, Eva Zeller und Gabriele Wohmann. Dazu zählt die breite Resonanz, die Strophen Gerhardts, weltweit, durch Konzert und Funk, durch Fernsehen und Compactdiscs finden, besonders in Kompositionen Johann Sebastian Bachs, neuerdings auch in Jazz- und Pop-Adaptionen. Möge diese neue Ausgabe seiner Lieder und Gedichte die Segensströme mehren helfen, die von Paul Gerhardt ausgehen.

Berlin, Neujahr 2004 — Christian Bunners

EINLEITUNG

Schon zu seinen Lebzeiten stand Paul Gerhardt als Dichter in hohem Ansehen, und seine Lieder wurden gerne gesungen. Nach seinem Tode fanden sie Eingang in alle evangelischen Gesangbücher Deutschlands. Im 18. Jahrhundert und erst recht im 19. galt er allenthalben als der größte unter denen, die in Deutschland geistliche Lieder gedichtet haben. Paul Gerhardts Stellung ist auch heute noch die gleiche.

Wie kommt das, warum ist diese Tradition keine äußerliche? Und worin liegen die Ursachen für die Gültigkeit seines Werks, für die hohe Achtung und für die Liebe, die es im deutschen Volke genießt?

Nun, es weht dem einfachen Menschen wie dem, der auf sogenannter höherer geistiger Ebene steht, daraus der Atem edelster menschlicher Gesinnung entgegen, reiner Nächstenliebe, tiefer, unbefangener Frömmigkeit und Gottesfurcht. Und das, was der Dichter ausspricht, sagt er mit einfachen Worten, aber in schönen Sätzen und Versen, sagt es ungekünstelt, aber geformt vom Adel der Kunst. Gerhardt ist einer der Begnadeten, in dessen Werk Schlichtheit des Inhalts und Reife der Form sich vereinigen, der ein großer Dichter wurde, wahrscheinlich ohne sich dessen bewußt zu sein, und der infolgedessen auch nicht den Ehrgeiz hatte, als ein solcher zu glänzen, der nie mehr hervorbringen wollte, als ihm geschenkt wurde, der aber zur rechten Stunde, wenn der Engel sein Herz rührte, zur Feder griff, sich selber Trost zuzusprechen, sich frei zu machen von dem, was seine Seele anfocht – und damit Unzähligen nach ihm Trost und Frieden zu geben.

So wurde Gerhardt zu einem wahrhaft volkstümlichen Dichter, und seine Lieder sind in ihrer Echtheit nur von wenigen der Späteren erreicht oder gar übertroffen worden. Die Volkstümlichkeit ist ihnen geblieben, und sie sind auch heute noch, was man nicht von allen anderen Liedern seines und des nachfolgenden Jahrhunderts sagen kann, in keiner Weise veraltet. Nach 300 Jahren üben sie die gleiche Wirkung aus wie damals.

Doch hier müssen wir eine Einschränkung einflechten. Wieviele von den 134 [139] Liedern kennen wir eigentlich? Nun, die unvergänglichsten von ihnen jedenfalls, jeder Konfirmand müßte, sagen wir: wenigstens sechs oder acht aufzählen können, viele von uns wissen sie von ihrer Schulzeit her noch auswendig; wie vertraut sind uns die Strophen der kostbaren Perlen in der langen Kette wie „Wach auf mein Herz und singe", „Nun laßt uns gehn und treten", „O Haupt voll Blut und Wunden", „Nun ruhen alle Wälder" oder gar „Befiehl du deine Wege" (das sich noch dazu so einfach auswendig lernen läßt, weil die Anfangsworte jeder Strophe zusammen den Psalmenvers ergeben, der dem Lied zu Grunde liegt). Aber wer kennt die übrigen, von denen viele ja auch im Gesangbuch stehen, und wer kennt vollends die, die nicht darin stehen?

Wenn es aber irgendein Dichter aus dem Gesangbuch verdient, mit einer Gesamtausgabe seiner Gedichte geehrt zu werden, wer anders als in erster Linie Paul Gerhardt. Denn wir wollen nicht nur die wenigen Lieder, die wir kennen, weiter lieben und immer wieder lesen und singen, nein, wir haben auch ein Recht darauf, uns mit dem ganzen Gerhardt vertraut zu machen. Viele von denen, die dieses Buch in die Hand nehmen und durchblättern, werden wahrscheinlich manches überhaupt zum ersten Mal erblicken, mit Staunen lesen und sich angerührt fühlen (etwa von den vielstrophigen Passions- und Auferstehungserzählungen). Und wenn einer fragen sollte, was er denn für Kenntnisse, historischer oder literarischer oder gar theologischer Art, zum besseren Verständnis des Dichters mitbringen müsse, so ist zu antworten: Gar keine Kenntnisse, nur die Anmaßung des überheblichen Gegenwartsmenschen, der so gerne geringschätzig auf das, was vor ihm geleistet wurde, herabzublicken pflegt, die muß er beiseite lassen, aber mitbringen muß er eines: Ein offenes und ein liebevolles Herz.

Und das wird ihm leicht gemacht, was ihm vielleicht nur nach und nach ins Bewußtsein eindringt, durch die Ähnlichkeit des persönlichen Schicksals und Erlebens in schlimmer Zeit, welche wie die unsere von Krieg durchtobt und mit Schrecknissen und Gefahren beschwert war.

Als der große Krieg, den wir den Dreißigjährigen nennen, über Deutschland hereinbrach, war Paul Gerhardt noch ein Kind. Solange er dauerte, hörten die Bedrängnisse nicht auf, und als endlich der Friede kam, waren die Städte, in denen er lebte und wirkte, ganz oder zum großen Teil zerstört und niedergebrannt, war ihre Einwohnerzahl zusammengeschmolzen, ihr Wohlstand vernichtet. Erst in den letzten Lebensjahren des

Dichters fingen die Zustände an, sich langsam ein wenig zu bessern. Alles Leid, das damals über Deutschland dahinging, hat er miterlebt und mit angesehen: Einbruch fremder Kriegsvölker, Mord und Plünderung und Frauenschändung, Brand und Zerstörung, Flüchtlingselend und Verarmung.

Das äußere Leben des Dichters verlief in engen Grenzen. Über Kursachsen und Kurbrandenburg ist er nie hinausgekommen. Seine Umwelt war bescheiden. Zur Welt kam er am 12. März des Jahres 1607 in Gräfenhainichen, einem Landstädchen der heutigen Provinz Sachsen [Land Sachsen-Anhalt]; seine lateinische Schulbildung erhielt er in der Fürstenschule zu Grimma. Mit 20 Jahren bezog er die Universität Wittenberg, die noch immer der geistige Glanzpunkt Mitteldeutschlands und der Hort der strengen lutherischen Lehre war. So gaben ihm Grimma und Wittenberg die beiden Grundlagen seiner geistigen und geistlichen Existenz: mit der lateinischen Bildung die Verwurzelung im Humanismus des 16. Jahrhunderts und mit der theologischen die Auffassung des christlichen Glaubens in unantastbarer lutherischer Tradition. Als der Dichter Wittenberg mit Berlin vertauschte (1643), stand er in seinem 35. Lebensjahr und war noch immer Kandidat der Theologie ohne feste Anstellung. Er sollte es noch weitere acht Jahre bleiben. Wahrscheinlich hat er durch Unterricht und wechselnde geistliche Vertretungen seinen Unterhalt verdient. Dann erst, 1651, wurde er als Propst nach Mittenwalde in der Mark berufen und konnte nun auch nach langem Warten einen eigenen Hausstand gründen. Die Braut hieß Anna Maria Berthold.

Man hat oft die Frage gestellt, wie es wohl möglich war, daß Paul Gerhardt so lange Zeit verstreichen lassen mußte, bis er es zu einem Amt und zu ordnungsgemäß besoldeter Stellung gebracht hat. Wir haben aus diesen Jahren keine Lebenszeugen und sind bei der Beantwortung dieser Frage mehr oder weniger auf Vermutungen oder „psychologische" Folgerungen angewiesen. Aus den Liedern, die einen persönlichen Zug verraten (z. B. „Zweierlei bitt' ich von dir") geht eine große und ehrliche Bescheidenheit hervor. Gerhardt gehörte sicherlich zu den stillen Naturen, die sich gern im Hintergrund halten und nicht auffallen wollen; ja, man mag ihm getrost ein gut Teil Schüchternheit zusprechen. Vielleicht hegte er in seiner Zurückhaltung Zweifel, ob er den Anforderungen eines Amtes genüge (er hat später, bei seiner Bewerbung um das Lübbener Pfarramt, ähnliches geäußert), er war ein Mann mehr des Abwartens als des Zugreifens und überließ es vertrauensvoll seinem gnädigen Gott, den Zeitpunkt für ihn zu bestimmen. So wartete er ab, bis der Ruf an ihn erging. Wir müssen dankbar sein für diese Wartezeit, denn sie gab ihm Muße, sich hier und da in Versen auszusprechen. So strahlt aus dem Dunkel dieser Jahre das Licht einer Reihe seiner unvergänglichen Gesänge.

Im Alter von 50 Jahren, 1657, wurde er als Diakonus [Pfarrer] an die St.-Nikolai-Kirche nach Berlin geholt. Es folgten seine glücklichsten und fruchtbarsten Jahre. Er hatte geistig hochstehende Freunde um sich und sah sich als Dichter anerkannt. Berlin fing in diesen Jahren an, sich unter der energischen Regierung des Kurfürsten Friedrich Wilhelm, der in der Geschichte der Große Kurfürst heißt, aus einem Ackerbürgerstädtchen langsam zu einem Gemeinwesen zu entwickeln, das, wenn auch in sehr bescheidenem Maße, allmählich als eine Residenz angesehen werden konnte.

Fünf Jahre verwaltete Gerhardt friedlich sein Amt, angesehen und beliebt in allen Kreisen, dann trafen ihn die Ereignisse, die entscheidend in sein äußeres und inneres Leben eingreifen sollten, ihn, den zurückhaltenden und stillen Mann, ins Licht der Öffentlichkeit zogen und ihm eine „zusätzliche" Berühmtheit eingebracht haben. Der Vater des Kurfürsten, Johann Sigismund, hatte das lutherische Bekenntnis mit dem reformierten vertauscht. Zwar wurden Glaubensfreiheit und Gleichstellung beider Bekenntnisse gewährleistet, aber es konnte unter dem Übergewicht des Hofes nicht ausbleiben, daß der Einfluß der Reformierten beständig zunahm. Die Gegensätze verschärften sich, die Kampfstimmung in beiden Lagern wuchs. Wittenberg schürte offen und heimlich. Man befehdete sich in Traktaten und von der Kanzel herunter. Das ging in Berlin so lange, bis der Kurfürst seinerseits für die Reformierten Partei ergriff und durch seine bekannten Edikte, die den Kirchenfrieden wiederherstellen sollten, die lutherischen Geistlichen zu Toleranz und Anerkennung der reformierten Lehre verpflichtete. Zu ersterem waren sie bereit, die zweite Forderung jedoch ging den strengen und wittenbergisch eingestellten Lutheranern gegen das Gewissen. Denn sie vermochten die Echtheit des evangelischen Glaubens nur in der Form der lutherischen Lehre anzuerkennen, wie sie in deren Bekenntnisschriften niedergelegt war: im Katechismus, in der Augsburger Konfession, in den Schmalkaldischen Artikeln und der sogenannten Konkordienformel des Jahres [1577] 1580. Sie befürchteten einen Synkretismus, d. h. eine Vermischung beider Bekenntnisse und damit das Aufhören der „unverfälschten" Lehre, von der sie um kein Jota abzuweichen entschlossen waren. Die Kluft zwischen ihnen und den Reformierten erschien ihnen tiefer als die zwischen Lutheranern und „Papisten". Hatte man deshalb in jahrzehntelangen Glaubenskriegen gekämpft und gelitten, um nun doch noch den reinen Glauben angefochten zu sehen? Jedes

Zurückweichen wäre in ihren Augen schimpflich und feige gewesen. Hatte doch auch Luther, als es darauf ankam, nicht nachgegeben.

Die Forderung, die der Kurfürst stellte, war außerdem sehr einseitig. Denn von seinen Reformierten verlangte er keine entsprechende Erklärung, und war man sicher, daß dem ersten Nachgeben nicht noch weitere Forderungen folgen würden? Auf Despoten war nie ein sicherer Verlaß.

Gerhardt schloß sich den „Orthodoxen" an, getreu dem Eide, den er bei seinem Amtsantritt auf die Bekenntnisschriften abgelegt hatte. Hier zeigte er, der in seinen Liedern Duldsamkeit, friedliche Gesinnung, milde Menschlichkeit und Güte verkündete und in seinem bisherigen Leben eine fast ängstliche Zurückhaltung bewiesen hatte, eine unerwartete und schöne Festigkeit. Auch hatte er im Auftrage des Konsistoriums die Berichte und Eingaben an den Kurfürsten mitverfassen und mitunterzeichnen müssen und stand dadurch als einer der Wortführer der Unerschütterlichen in deren vordester Reihe. Diese Schriften lassen ihn – es sind außer einigen Briefen und Predigten die einzigen Prosa-Zeugnisse seiner Feder, die uns erhalten sind – als sattelfesten Theologen, gewandten Dialektiker und klaren, logischen Denker erkennen.

Nach langem Hin und Her hatten die meisten unterschrieben, sicherlich schweren Herzens, aber sie dachten an Amt und Brot, Familie und Kinder. Die wenigen anderen wurden 1666 ihres Amtes entsetzt, einige sogar aus dem Lande verwiesen. Für Gerhardt verwendeten sich Kollegen und Magistrat in einer fast flehentlichen Eingabe an den Landesherrn. Der aber, wie zu erwarten, bestand auf der Unterschrift. Aber auch Gerhardt, wunderbar, blieb fest. Gegen sein Gewissen zu entscheiden, war ihm unmöglich. Vier Jahre lang hatte der schwere Druck auf seiner Seele gelegen. Nun endlich war er von der Qual einer täglichen Anfechtung befreit. Er mag sich wie erlöst vorgekommen sein: „Mein Herze geht in Springen und mag nicht traurig sein". – Frühere Darstellungen haben ihn gern zum Märtyrer werden lassen, später fand man das etwas übertrieben. Wer aber in den wenigen erhaltenen Briefen nachliest, welche Gewissensnot ihn heimgesucht hat, der wird erkennen, wie groß die Bitterkeit und wie schwer die seelische Belastung gewesen waren, die er siegreich überstanden hatte, – und er wird den Dichter ob seines Mutes und seiner männlichen Haltung noch mehr lieben müssen.

Gerhardt blieb in Berlin, ohne Amt, doch auch nicht untätig, auch nicht mittellos. Die Frucht der freien Jahre waren seine reifsten Lieder. Und so dürfen wir über das Ergebnis der Krise von Herzen dankbar sein.

Das Leben ging weiter, die Passivität seiner Natur ergriff ihn wieder. Sonst hätte er wohl bald eine Berufung nach auswärts durchsetzen können. Aber er wartete, wie früher schon, bis man ihn holte. Das geschah 1669. Lübben in der Lausitz bot ihm die Stelle des Archidiakonus an. So verließ er Kurbrandenburg und kehrte nach Kursachsen zurück. Bis zum Tode 1676 hat er dort in dem kleinen, freundlichen Spreewaldstädtchen gewirkt, still und bescheiden, wie es seinem Wesen entsprach. Noch in Berlin, 1668, hat er seine treue Hausfrau begraben müssen; von mehreren Kindern war nur ein Sohn übriggeblieben, der ihn überlebt hat.

Außer der Amtsenthebung bietet das Leben Paul Gerhardts keine besonderen Ereignisse, es gleicht dem Lebenslauf der meisten anderen Geistlichen jener Zeit. Kinder mußte jeder von ihnen hergeben, denn die Kindersterblichkeit war sehr groß. Gedichte, deutsche und lateinische, haben die anderen auch gemacht. Auch die wenigen erhaltenen Predigten Gerhardts bewegen sich in den Bahnen des Herkömmlichen, die übrigen dürfen wir uns wohl übereinstimmend mit dem Inhalt seines poetischen Werks vorstellen: frei von Spitzfindigkeiten, im wesentlichen auch frei von Angriffen auf andere – höchstens, daß die „Synkretisten" hin und wieder eins aufs Dach bekamen, voll Vertrauen auf Gottes väterliche Fürsorge und Führung, so wie der ganze Mensch gewesen sein mag: zurückhaltend und einfach, herzlich und trostreich anderen gegenüber, zuverlässig, treu und beharrlich. Daß er bei Kollegen und Amtspersonen hohe Achtung genoß, läßt sich aus den Eingaben anderer an den Kurfürsten, in welchen sie sich mit großer Wärme für Gerhardt einsetzen, deutlich erkennen. Sein lauterer Charakter, seine untadelige Gesinnung als Mensch und als Geistlicher werden lobend und rühmend hervorgehoben. Diese Zeugnisse sind ehrlich; wären die Liebe und Verehrung für den Amtsbruder nicht wirklich vorhanden gewesen, kein Mensch hätte sich bemüßigt gefühlt, bei einem Landesherrn, mit dem nicht gut Kirschen essen war, sich für den Angefochtenen so rückhaltlos einzusetzen. Man verehrte ihn im Freundeskreis und hatte ihn gern dabei, wenn ein besonderes Ereignis die Gleichgesinnten vereinigte, eine Hochzeit, eine Taufe, ein Begräbnis. Es war dabei üblich, dazu ein paar Gratulations- oder Trostverse beizusteuern. Die Begüterten unter den Honoratioren erachteten es dabei als standesgemäß und ehrenvoll, diese Carmina wie auch die Leichenpredigten drucken zu lassen und die solchermaßen entstandenen Traktätlein an die Freunde zu verschenken. Gerhardt ist mit derartigen deutschen und lateinischen Gelegenheitsgedichten und einigen „Leich-Sermonen" in diesen Heften, die in den Berliner Bibliotheken zu Konvoluten zusammengebunden wurden, vertreten. Dadurch sind sie uns erhalten geblieben, in den oft mehr als schwachen und zeitgebundenen Machwerken der Durchschnittprediger und Reimeschmiede auftauchend wie ein warmer Sonnenstrahl im

Nebel. Wie alle Predigten des Jahrhunderts sind sie äußerst lang, ja langatmig. Auch in den Gedichten befleißigten sich alle, auch Gerhardt, großer Ausführlichkeit. Die Einteilung geschieht nach vorgeschriebener Regel: Einleitung, drei Hauptabschnitte (gewürzt mit vielen Zitaten aus altem und neuem Testament und Vergleichen mit Erzvätern, Helden Israels und Propheten) und Zusammenfassung als Beschluß.

Wie wir sahen, brauchte Gerhardt als Geistlicher geraume Zeit, um zu Amt und Ansehen zu gelangen. Dementsprechend ging auch seine dichterische Entwicklung langsam vor sich. Sein erstes beglaubigtes Gedicht stammt aus dem Jahre 1643. Damals war er 36 Jahre alt. Wie es um die deutsche Dichtung im 17. Jahrhundert bestellt war, ist bekannt. Verse schmieden, schlecht und recht, konnte so ziemlich jeder Theologe, das gehörte zum Beruf. In der Anfertigung von lateinischen, wobei die Nachahmung irgendeines Vorbildes gedanklich und formal merkwürdigerweise nicht etwa als Mangel, sondern eher als Vorzug galt, hatte sich Gerhardt bereits auf der Schule fleißig üben müssen. Das verlangte der Lehrplan als eine der ersten Forderungen geistiger Bildung. Gelegenheit zur Verfertigung solcher Carmina bot jedes Familien- und darüber hinaus jedes Schul-, Stadt- oder Staatsereignis. Jeder Hochzeit, jeder Taufe, jedem Begräbnis hätte die gehörige Feierlichkeit gefehlt, wenn nicht alle dabei Beteiligten ausgiebig angesungen und überschwenglich gelobt worden wären. Schon aus dieser Art der Verseschmiederei wird die Unselbständigkeit der deutschen Poesie jener Tage deutlich.

Neben der Menge solcher Versübungen verlor sich die echte Poesie, die deutsche Dichtung erschöpfte sich fast ausschließlich in lateinischen und deutschen Gelegenheitsgedichten obengenannter Art. Darüber hinaus waren auch Übersetzungen aus älteren lateinischen Dichtern sehr beliebt, desgleichen Übertragungen von Stellen aus den reichlich vorhandenen Andachtsbüchern oder aus der Bibel in metrischer Form. Für Bibelstellen boten sich in erster Linie die Psalmen wie von selber an, sodann etwa Teile aus den Sprüchen Salomonis oder den Propheten. Bibelkundig war in den evangelischen Kreisen so ziemlich jedermann, die Leser fanden also in diesen Produkten eine vertraute Kost vor. Das Schöpfen aus der eigenen Phantasie hat die deutsche Dichtung des 17. Jahrhunderts erst langsam erlernen müssen, Nachahmung und Variation älterer Vorbilder galten ihr zunächst noch mindestens gleichwertig, wenn nicht höherstehend.

Gerhardt ist hierin durchaus ein Kind seiner Zeit. Daß er kraft der ihm eingeborenen Begabung, seiner Natürlichkeit und seines Gefühlsreichtums über seine Zeitgenossen hinauswuchs, wird nur wenigen derselben und kaum ihm selber völlig zum Bewußtsein gekommen sein. Hingegen ist deutlich zu sehen, wie er im Gegensatz zu jenen und eben infolge der Natürlichkeit seines Gefühls offenbar ganz bewußt alle Übertreibungen, allen Schwulst der Sprache, alle Fremdtümelei geflissentlich vermieden hat. Sogar Fremdwörter sind bei ihm äußerst selten. Von alledem strotzten förmlich die Verse der anderen. Gingen doch die Blicke aus der Armut des eigenen Vaterlandes voll Bewunderung zu den glücklicheren Nachbarn hinüber, vor allem nach Frankreich, das sich politisch und geistig soeben anschickte, die Vorherrschaft in Europa anzutreten. Alle Künstlichkeit im Gedanklichen ist Gerhardt fremd; Form und Regel befolgt er zwar genau, aber sie bleiben ihm untergeordnetes und selbstverständliches Beiwerk. Komplizierte Versmaße verwendet er sogar ganz gern. Wie er sie beherrscht und dem Inhalt dienstbar macht, dafür zeugt eins seiner frischesten Lieder: „Die güldne Sonne" und eins seiner tiefsten: „Gib dich zufrieden". Der Versbau ist dabei folgender: je zwei kurze und sich reimende Zeilen, denen eine längere fünfte sich anschließt. Die Wiederholung dieses Schemas ergibt die ganze Strophe, wobei sich Zeile 5 und Zeile 10 reimen. Komplizierter ist das Schema bei dem zweiten angegebenen Liede. Da stehen zuerst vier Zeilen, die sich paarweise reimen (mit vier Hebungen). Es folgen wiederum zwei Reimpaare, aber nur mit je zwei Hebungen. Und den Schluß der Strophe bildet jedesmal die Sentenz: „Gib dich zufrieden", reimlos an die übrigen Verse angeschlossen. Doch unterliegt auch Gerhardt wie alle anderen der Vorliebe für drastische Ausdrücke (z. B. „Sündenkot", „Stank und Mist", „hündisch ist mein Zorn und Eifer" usw.). Mit dem Versmaß schaltet Gerhardt oft sehr frei, Jamben und Anapäste finden sich sogar vermischt, aber immer dient der Rhythmus dem Inhalt, wie bei der „güldnen Sonne" die Verse etwas Beflügeltes, Frisches und Flottes, bisweilen fast Dithyrambisches erhalten. Im Gegensatz dazu geht bei „Gib dich zufrieden" der Rhythmus still und friedlich, besonnen und bedächtig einher.

Der Bedeutung der Gelegenheitsdichtung entsprechend, ist auch Gerhardt zuerst als Gelegenheitsdichter hervorgetreten; er ist es auch zeitlebens geblieben. Zu vielen seiner schönsten Gedichte war der Anlaß ein äußeres Ereignis. Aber die Anlässe treten zugunsten inneren Erlebens immer mehr in den Hintergrund, während das eigene Empfinden immer stärker hervortritt. Gerhardt unterscheidet sich insofern von den meisten Zeitgenossen, als er wohl wie sie von der gebotenen Gelegenheit ausgeht, aber es nicht dabei bewenden läßt wie jene, sondern im Verlaufe der Dichtung den Einzelfall ins Allgemeine zu erheben weiß. In gleicher Weise durchflicht er auch fremde Vorlagen mit eigenen Gedanken.

Wollte man aus solchen und ähnlichen Merkmalen, also anhand der reinen Qualität, eine chronologische Folge seiner Dichtungen ableiten, so müßte man feststellen, daß sie eine Entwicklungsübersicht in diesem Sinne keinesfalls gewährleisten. So sind z. B. bei diesem Bemühen die verschiedenen Herausgeber der Werke des Dichters auch zu ganz verschiedenen Ergebnissen gelangt. Es kommen vielmehr auch in den späteren Lebensjahren Gelegenheitsgedichte vor, die sich kaum über den allgemeinen Durchschnitt erheben, während am Anfang seiner Laufbahn bereits Perlen stehen wie „Wach auf, mein Herz, und singe", „Nun ruhen alle Wälder" und „Nun laßt uns gehn und treten" (1647). Sogar das herrliche „O Haupt voll Blut und Wunden" ist spätestens 1656 gedichtet. Entwicklung? Schon in seinen ersten Liedern ist der Dichter in Gerhardt ja schon fertig. Gleichmäßig setzt sich dann die Produktion bis in die amtslosen Jahre fort, hier zu reicher Fülle aufblühend; zuletzt in den Lübbener Jahren ist sie bereits erloschen, für einen Sechziger merkwürdig früh. Will man gleichwohl mehrere Stufen aus seinem Schaffen herauslesen, so mag man als Anfangsperiode die unter dem Einfluß lateinischer Stilvorbilder stehende bezeichnen („Ein Lämmlein geht und trägt die Schuld"), als mittlere die der Nachdichtungen der Psalmen („Befiehl du deine Wege") und als abschließende diejenige, in welcher die stoffliche und formale Selbstständigkeit erreicht ist („Die güldne Sonne", „Gib dich zufrieden").

Für die Art und Weise, in der der Künstler Gerhardt bei den erwähnten Erhebungen des Gegenständlichen zum Allgemeinen und dauernd Gültigen verfährt, sei das jedermann bekannte „Nun ruhen alle Wälder", das der frühen Schaffensperiode angehört, als das denkbar einfachste Beispiel angeführt. Von geringer Bedeutung ist es dabei, ob es sich bei diesem Liede wirklich um eine aus Vergil geschöpfte Anregung handelt oder nicht (die Nachtschilderung aus der Äneide 4, 522 ff.: „Nox erat, et placidum earpebant fessa soporem Corpora per terras, silvaeque et saeva quierant Aequora etc." – „Es war Nacht, und die ermüdeten Körper genossen des friedlichen Schlafs auf Erden, es ruhten die Wälder und die wilden Meereswogen usw.") – In jeder Strophe (6 Zeilen nach dem Reimschema a, a, b – c, c, b) sind die ersten drei Zeilen der gegenständlichen Beschreibung gewidmet, die drei letzten der daraus abgeleiteten gedanklichen Betrachtung: beide Gruppen sind also auch rhythmisch miteinander verbunden. – In der ersten Strophe wird zunächst das nächtliche Ruhen aller Welt geschildert, demgegenüber sollen auch die menschlichen Gedanken sich sammeln und zur Zwiesprache mit Gott, zum Gebet, erheben. – In der zweiten Strophe sodann: die Sonne ist untergegangen – Christus aber scheint als Sonne in unseren Herzen; – 3. die Sterne am Himmel – dereinst werden auch wir dort oben sein; – 4. der Leib legt seine Kleider ab – Christus wird ihm das unvergängliche Kleid anlegen; – 5. der Körper hat seine Tagesarbeit getan – dereinst wird er frei von allem irdischen Elend sein; – 6. der Leib legt sich zum Schlafen nieder – alsbald wird man ihn in der Erde zur Ruhe betten; – 7. der Leib liegt schlafend – derweil sei er Gott in Gnaden anempfohlen; – 8. Jesus möge uns in dieser Nacht beschützen – dann ist Satan machtlos; – 9. so kann uns kein Unfall treffen – denn Gottes Engel halten Wacht. – Ähnliche Analysen könnte man von jedem beliebigen Liede Gerhardts bringen.

Als Kuriosum sei erwähnt, daß Friedrich II. von Preußen, der auf dem Gebiete der deutschen Dichtung freilich keine Autorität, sondern geradezu der Prototyp äußerster Verständnislosigkeit war, das fromme und herzenseinfältige Abendlied als ein „tolles und törichtes Ding“ bezeichnet hat.

Viel erstaunlicher ist es, daß sogar noch ein großer Dichter der frühen Goethezeit, nämlich Klopstock, der doch eigentlich ein Geistesverwandter Gerhardts war, als er die deutschen Dichter des 17. Jahrhunderts seinen Zeitgenossen bekannt zu machen unternahm, sich nicht enthalten konnte, auch einige Verse Gerhardts zu „verbessern“. Man lese das in Ihlenfelds „Huldigung“ nach (a. a. O. S. 114 ff.).

Den breitesten Raum nehmen in den 134 [139] Liedern Gerhardts die ein, die von Kreuz und Trost handeln (29). Das ist für die auch nach dem Kriege noch lange nicht beruhigte Zeit, in der sie geschrieben wurden, nicht verwunderlich. An zweiter Stelle stehen die zu Lob und Dank (24), an dritter, die sich mit Tod und ewigem Leben befassen (19). Tod und ewiges Leben ist für Gerhardt ein einziger, untrennbarer Begriff. Die Gebets- und Bußlieder schließen sich an (16); alle übrigen, und das sind neben den genannten verhältnismäßig wenig, verteilen sich auf das Kirchenjahr und die Tageszeiten. Aus dieser Aufstellung kann man, wenn man will, eine Mentalität des Dichters ableiten. Gedichte über die Sakramente gibt es nur zwei, und überhaupt keine, die sich mit dem göttlichen Heilsplan beschäftigen, wie er in der Gestalt Christi seine Erfüllung gefunden hat. Was uns Heutigen also das erste geistliche Anliegen ist, das existierte damals als solches überhaupt nicht. Es ist dies auch nicht etwa aus persönlichen Gründen zu erklären, sondern aus der theologischen Auffassung der Zeit, die sich in festgelegten und ein für allemal, wie man meinte, gültigen Bahnen bewegte oder vielmehr feststand und Probleme solcher Art, wie sie erst wieder die Pietisten aufgegriffen haben, außer Betracht ließ. Erstaunlich ist es dagegen, daß ein Dichter, der über ein so lebendiges und anschauliches Naturgefühl verfügte („Geh aus, mein Herz, und suche Freud“), sich nicht häufiger in ähnlicher Weise über Gegenstände der Natur ausgesprochen hat. Es ist bei den wenigen, die es gibt, so, als hätte sich ein impulsiv hervorbrechendes Begeistertsein an Gottes schöner Welt beinahe unbewußt aus ihm hervorgedrängt. Es muß auch immer berücksichtigt werden, daß der Dichter in derartigen seltenen Äußerungen seiner Zeit weit vorauseilte, die die Freude an der Natur literarisch überhaupt noch nicht entdeckt hatte. Das geschah erst hundert Jahre später.

Hier offenbart sich Gerhardt vielleicht am deutlichsten als Lyriker. Wenn er sich auch gelegentlich einmal als Epiker versuchte, so hat der oberflächliche Leser zunächst wohl den Eindruck der Langatmigkeit (vgl. die eingangs erwähnten beiden Passions- und Auferstehungsgedichte), sieht er aber näher zu, so wird er inne werden, daß außer der formalen Präzision und der Bildhaftigkeit der Darstellung, der sicheren „Optik", auch hier Gedankenreichtum und Herzenswärme in Fülle vorhanden sind.

Man nennt das, was er dichtete, Gedankenlyrik. Das heißt: der Dichter gibt sich, wie wir an dem oben angeführten Beispiel sahen, angeregt durch einen Gegenstand oder ein Ereignis, z. B. aus der Bibel oder der Natur, eigenen, in unserem Falle rein religiösen Betrachtungen hin, die es nun gilt, künstlerisch in Worte zu fassen. Bei dem wundersamen „Befiehl du deine Wege" beschränkt sich die Anregung auf die erste Strophe (Psalm 37), die übrigen 11 führen den Gedanken in unnachahmlicher künstlerischer Steigerung „gedankenlyrisch" durch, um mit Tod und ewiger Seligkeit auszuklingen. Formal ist dieses Gedicht eines der schönsten Beispiele für die Durchführung der Grundtendenz durch alle 12 Strophen, indem jede dieser Strophen fortlaufend mit dem nächsten Wort der Tendenz anhebt (Akrostichon). Auch gedankliches Eigentum anderer Autoren, die Gerhardt nicht in ausgedehntem Maße wie die übrigen Dichter der Zeit, aber immerhin verwertet, durchlaufen den gleichen geistigen Werdegang wie die eigenen Einfälle und bilden sich in diesem Prozeß zum Eigentum um. Auf der religiösen Gedankenlyrik Gerhardts, durch die er Gefühle des Dankes, Trostes, der Erschütterung und Sorge und vor allem der Freude zum Ausdruck zu bringen weiß, beruht ein gut Teil seiner Dichtergröße. Denn nur wenige haben im 17. Jahrhundert das Gedankliche – wenn auch oft durch allegorische Vergleiche oder auch nur durch Metaphern oder schmückende Eigenschaftswörter bereichert – so klar und treffend, so einfach und natürlich ausgesprochen wie er. Und jedesmal hat er dafür eine dem Gedanklichen unmittelbar angeglichene und entsprechende rhythmische Form gefunden. Das ist eine weitere Eigenschaft seiner Dichterpersönlichkeit. Wie ist das Strahlen und Glitzern der „güldnen Sonne" und gleichzeitig der sieghafte und jubelnde Widerhall, den die Licht- und Wärmespenderin im Menschenherzen auslöst, rhythmisch und hymnisch lebendig gemacht; wie trauervoll, düster und schwer schreitet die Sprache in „O Haupt voll Blut und Wunden" einher, wie beruhigt und friedevoll erklingen die Verse des Abendlieds, wie zuversichtlich, bejahend und freudig, ja siegesgewiß ist der Rhythmus im Freudenlied „Ist Gott für mich, so trete", wie abgeklärt, sanftmütig und gottergeben der des späten Gedichtes „Ich bin ein Gast auf Erden", wie schlicht gibt die Sprache die tiefe Resignation im Gedicht „Ich hab oft bei mir selbst gedacht" wieder. Absichtlich sind hier Beispiele aus der frühen und aus der reifen Zeit nebeneinandergestellt. Eine natürliche, angeborene Musikalität schwingt überall unbewußt mit.

Zwar hat Gerhardt künstliche Versmaße, wie erwähnt, besonders am Anfang, gelegentlich nicht verschmäht, wie er auch lange Schachtelsätze gern anwandte, den zu seiner Zeit so sehr beliebten Alexandriner hat er jedoch fast nie benützt. Vielmehr nähert er sich eben wegen der Einheit von Inhalt und Form weitgehend dem Volkslied, dem ja ähnlicher Charakter innewohnt. Auch aus der glücklichen Mischung von Volkstümlichem und Kunstmäßigem erklärt sich die frühe und weitreichende Beliebtheit des Dichters. Schon die Zeitgenossen fühlten heraus, daß in diesen Liedern echte und wahre Herzenstöne zum Klingen gebracht waren. Jeder verstand sie, weil jeder in gleicher Weise empfand.

Der letzte und ausschlaggebende Grund aber des Erfolges der Gerhardtschen Poesie war die in ihr zum Leben erweckte lautere und schlichte Frömmigkeit. Und noch heute berührt sie über die evangelischen Kreise hinaus jeden gläubigen Menschen, den gelehrten und ungelehrten. Mag sie immerhin getragen sein von einer Zufriedenheit, die ans Kleinbürgerliche streift, so ist auf der anderen Seite das Fehlen alles Dogmatisch-Kämpferischen und Lehrhaft-Aggressiven in ihren Äußerungen – Gerhardts Zeit lag zwischen den Kämpfen der Reformation und den Streitigkeiten um das Methodische, die der Pietismus heraufbeschwor, in der Mitte – gerade für uns Heutige ein unschätzbarer Vorzug. Ihre kontemplative Stille heimelt uns an, tut uns wohl und entrückt uns aus einer Welt der Schrecken und Ungewißheiten in eine des Geborgenseins, der Kindlichkeit und naiven Glaubensseligkeit.

Denn ihr Gottesbegriff ist ganz biblisch, ihm fehlt jegliche philosophische Kompliziertheit; er prägt keine neuen Gedanken, aber er befestigt und vertieft die alten: die Vaterliebe Gottes, die Dankbarkeit dafür, den Familiensinn, die Nächsten- und die Feindesliebe, die Fröhlichkeit über die Unverlierbarkeit dieser Güter und damit in summa die Gemeinschaft mit Gott. Gedanken aus dem Bereiche der Mystik, wie sie der Zeit durchaus nicht fremd waren (Angelus Silesius, Jakob Böhme), aber erst später im Pietismus deutlicher Eingang in die Kreise der evangelischen Gläubigen fanden, klingen dabei an, z. B. bei dem aus Johann Arnds „Paradiesgärtlein“ übernommenen Ideengut, im Passions-Salve, in der letzten Strophe von „Ein Lämmlein geht und trägt die Schuld“: die Seele als Braut Christi. Gerhardts mystische Einfühlung in Gott hält sich in den gleichen Grenzen wie diejenige des jungen Luther, der die „Theologia Deutsch“ herausgab, und bleibt stets im Einklang mit der Paulinischen Heilslehre, kann also auf das hohe Mittler- und Versöhnungsamt Christi nicht verzichten. Es bereitete diesem reinen Geiste auch gar keine Schwierigkeiten, mystische Spekulationen mit der lutherischen Lehre in Einklang zu bringen.

Am liebsten aber bleibt Paul Gerhardts Frömmigkeit bei ganz realen Vorstellungen, z. B. den Feinden der Menschheit, über welche der Glaube an Gott und Christi Erlösungswerk den Sieg gewährleistet. Diese Feinde sind: die Sünde, der alle Menschen unterworfen sind, der Teufel in Person, der uns allenthalben Fallstricke legt, die arge Welt mit ihren Listen und Verführungskünsten und schließlich der Tod, dem jedermann untertan ist und der gleichwohl nur die Brücke abgibt, auf der wir zum ewigen Leben hinüberschreiten.

Indessen ist auch nicht zu bestreiten, daß es für ihn auch „Feinde“ im buchstäblichen Sinne des Wortes gab, genauso wie für die Sänger des Psalters; das kommt in den Psalm-Nachdichtungen immer wieder zum Ausdruck. Will uns das verwundern, wenn wir uns die Kriegsnöte jener Jahre vergegenwärtigen, und sind wir Menschen der Nachkriegszeit dem Verständnis dafür schon ganz entrückt?

Auch die Weltflucht Gerhardts muß aus den zeitlichen Gegebenheiten seiner Umwelt verstanden werden. Seine Generation hatte – bei der älteren unserer Tage ist es ähnlich – nicht mehr viel vom Leben zu erwarten. Um so bestimmter richteten sich die Gedanken des Alternden auf die verheißenen Freuden des Jenseits, an denen kein Frommer zweifelte.

Da aber liegt der tiefe Unterschied zwischen damals und heute, wo die Menschen, sogar die frommen, unkirchlich geworden sind, den verschiedensten „Weltanschauungen“ huldigen oder Sekten anhängen, die sich vom Evangelium mehr oder weniger entfernt haben, weil die Menschen vermeinen, auch ohne das Evangelium leben zu können, oder weil sie auf ihre eigene „Fasson“ selig oder auch nicht selig werden wollen.

Offene Abwendung vom Christentum war in Gerhardts Zeiten eine Seltenheit. Der Staat sorgte für kirchliche Ordnung, das Christentum war Staatsreligion, jedermann war auch im bürgerlichen Leben auf sie angewiesen, schon deshalb, weil die Kirche die Funktion des heutigen Standesamtes ausübte. Deswegen aber war die Welt auch für keinen damals Lebenden vollkommen. Sie wäre es gewesen, hätte der Mensch sie nicht verdorben. Zweifler hat es zu allen Zeiten gegeben. Für Gerhardt aber lagen Zweifel an der biblischen Verheißung, an Gottes Güte, an sein Weltregiment, das alles zu gutem Ende führen wird, gar nicht im Bereich der Möglichkeit. Um so mehr zweifelte er an seiner eigenen Fähigkeit, das Gute zu tun und Gottes Geboten zu genügen. Schließlich aber gab er sich zufrieden und stellte alles und jedes der himmlischen Führung anheim. In seiner letzten Schaffensperiode wurde er gar nicht müde, Vergleiche zu ziehen zwischen den Unvollkommenheiten dieser Welt, und zwar den durch die Sünden der Menschen selbstverschuldeten, und den Herrlichkeiten jener Welt. Sein letztes Ziel ist der Eingang in den „güldnen Himmelssaal", wobei sich ihm auch das Problem der Auferstehung des Fleisches auf ganz einfache und natürliche Weise löst, indem der irdische Leib sich wieder hinzufindet.

Die Menschen der Gegenwart besitzen kein einheitliches Weltbild mehr, sie stehen unter den Einflüssen der Technik, der Materie, der Politik, des Existenzialismus, des Nihilismus; sie sind sich kaum dessen bewußt, daß sie die „Mitte" verloren haben, oder sie wollen es nicht eingestehen, wie sie unter diesem Verluste leiden. Aber ihre Götter haben keinen Trost für sie. Wer die Bibel ablehnt, für den sind auch Gerhardts Lieder nichts anderes als ein „tolles und törichtes Ding".

Um so mehr wird sich auch heute noch jeder gläubige Mensch zu ihnen hingezogen fühlen. Es ist nicht nötig, daß er das Kunstmäßige daran, ihren hohen literarischen Wert erkennt. Das mag er getrost dem Literarhistoriker oder dem Ästheten überlassen. Reine Dichtung ist noch immer als solche gefühlt und gewürdigt worden. Auch der einfache Mensch empfindet unbewußt die Schönheit und den Wohllaut der Sprache, die Einfachheit der Ausdrucksweise, die Klarheit der Bilder, die Tiefe des Inhalts. „O Haupt voll Blut und Wunden … zum Spott gebunden mit einer Dornenkron" – „der Wolken, Luft und Winden gibt Wege, Lauf und Bahn". Wie könnten diese Bilder schöner und für die Vorstellung deutlicher sein? Wer sollte davon nicht angerührt werden! Wer könnte sich der Stimmung des Friedens entziehen, die dem unvergänglichen Abendlied entströmt, der Frische und Unmittelbarkeit seines Gegenstückes „Wach auf, mein Herz, und singe"? Beide sind eben echte Volkslieder.

Hunderttausende haben sich mit dem Liede „Befiehl du deine Wege" Trost ins Herz gebetet, und Hunderttausende werden es noch tun. Gewiß,

Luthers Sprache ist kraftvoller, Tersteegens und Schefflers Sprache gefühlsseliger. Gerhardt hat beides. Oder sind seine Strophen „Ist Gott für mich, so trete gleich alles wider mich“ nicht voller Kraft? Sind die Zuversicht, die Freudigkeit, die Bejahung, in denen dieses gleiche Lied ausklingt, nicht ebenbürtig der „festen Burg“ Luthers? Kann man innigere Herzenstöne finden als Gerhardt sie in seinem Adventslied „Wie soll ich dich empfangen“ gefunden hat? Kann man den Eingang ins neue Jahr schlichter, ergebungsvoller begehen als mit dem Neujahrslied „Nun laßt uns gehn und treten“? Kann man Gottes Schöpfung liebevoller besingen als in dem Liede „Geh aus, mein Herz, und suche Freud in dieser lieben Sommerszeit an deines Gottes Gaben“?

Das sind nur wenige Beispiele aus den allerbekanntesten von Gerhardts Liedern. Jeder kann, so viele er will, nach eigenem Ermessen heraussuchen. Er wird kein Ende finden. Unsere Gesangbücher enthalten natürlich nicht das ganze Werk des Dichters, aber doch genug, um sich immer wieder, zu allen Tages- und Jahreszeiten, in jeder Not, jeder Anfechtung Trost, Rat und Genügen bei ihm zu holen. Kann man mehr zum Lobe eines Dichters finden? Wenn man alles dies dem bescheidenen Mann damals gesagt hätte, würde er vermutlich ob solchen Lobes erschrocken und abwehrend die Hände erhoben haben. Und vollends, wenn ihm drüben in seinem „güldnen Himmelssaal“ das Wort zu Ohren käme, er habe schon zu seinen Lebzeiten eine Sendung erfüllt und habe erst recht heute noch eine Sendung zu erfüllen! Aber da würde er wohl demütig das Haupt senken und sprechen: „Herr, ich bin nicht wert Deiner Gnade, für deren Fülle ich nur das arme und unwürdige Gefäß bin. Führe mich nicht in Versuchung, Herr! Aber Dein Wille geschehe.“

Ja, den Liedern des Dichters ist wirklich eine Sendung zugewiesen: das Amt des Trostes und die Aufgabe, Hüter des ewigen Gutes auf Erden zu sein und die Lampen immer aufs neue zu entzünden, auf daß sie brennen beim Nahen des Bräutigams.

Nach dem Gesagten möchte die Frage erhoben werden können, ob denn Gerhardt auf so einsamer Höhe gestanden habe unter den zeitgenössischen Dichtern, oder ob er nur einer unter vielen war? Denn die Epoche, in der er lebte, gilt mit Recht als die Blütezeit der evangelischen Kirchendichtung. Zu neuem Leben erweckt hat sie Martin Luther, der die Bedeutung des Gemeindegesangs für den Gottesdienst klar erkannt und auch gleich, wie er alles mit sicherer Hand ergriff, eine ganze Reihe mittelalterlicher Lieder von großer Schönheit aus dem Lateinischen verdeutscht und zusammen mit seinen eigenen den neu gegründeten evangelischen Gemeinden zum Gebrauch überwiesen hatte. Sein Beispiel machte Schule.

Allenthalben gab es auf einmal geistliche Dichter. Meistens waren es Pastoren, die von Berufs wegen Verse ersannen. Aber es ist doch erstaunlich, wie sich in diesem als trocken und obendrein als orthodox und engherzig verschrieenen Geschlecht die deutsche Verskunst an der neuen Aufgabe entzündete, belebte und verjüngte. Neu war der Inhalt, in der Form wandelte man zunächst noch auf den alten, oft verkünstelten und geschraubten Bahnen. Das setzte sich das ganze 17. Jahrhundert hindurch bis weit ins 18. hinein fort, erst allmählich wurde der Formalismus überwunden. Aber damit war auch die Blütezeit vorbei. Schmolck und Gellert waren ein gewisser Abschluß. Aufklärung und Pietismus, die beiden durch sich selber bedingten Gegensätze, gingen andere Wege. Aber die geistlichen Liederdichter hatten die Bahn geebnet für die weltliche Liederdichtung, die nun anhub. Auch für sie ist Gerhardt Vorläufer und Beispiel gewesen.

Gewiß war er nur einer von Zahlreichen, in vielen Strophen stehen andere ihm gleich wie etwa Martin Rinckart, Johann Heermann, Simon Dach, Paul Fleming, Joh. Scheffler, Mich. Schirmer, oft bleibt Gerhardt im Mittelmäßigem befangen, sein Gesamtwerk jedoch erhebt ihn über alle anderen. Das Volksliedmäßige ist ihm allein gelungen, und an Gefühlstiefe und in der schlichten Formschönheit seiner Verse erreicht ihn keiner.

Selbstverständlich können seine Lieder bestehen, auch ohne gesungen zu werden. Aber in erster Linie sind sie eben doch gesungen gedacht, teils von der Gemeinde, teils, weil der Gemeindegesang im 17. Jahrhundert noch nicht sehr ausgebildet war, vom Chor. Nun fügte es sich, was auch zur Verbreitung der Lieder erheblich beigetragen hat, daß der Dichter nacheinander mit zwei bedeutenden Tonsetzern zusammentraf, die freudig nach seinen Gesängen griffen, um ihnen die Weise zu geben, und sie im vierstimmigen Satz zu veröffentlichen. Bei dem geringen Maß von Ehrgeiz, über das der Dichter selber verfügte, ist die Nachwelt jenen beiden zu tiefer Dankbarkeit verpflichtet. Waren sie es doch, die die Glaubenskraft seiner Gesänge, aber auch ihre Singbarkeit und Musikalität, überhaupt ihre hohe Qualität als erste erfaßt haben.

Der eine war Johann Crüger, Kantor an St. Nicolai in Berlin. Er lebte von 1598 bis 1662. Man muß ihn als den Entdecker Gerhardts und darüber hinaus als den eigentlichen Begründer des lutherischen Gesangbuchs, dieser wahrhaft einmaligen Anthologie, ansehen. Als tüchtiger und fruchtbarer Komponist, der er war, erkannte er die Aufgabe und schenkte seiner Gemeinde im Jahre 1640 das „Gesangbuch Augsburgischer Konfession". Bereits 1647 war eine neue Auflage notwendig. Sie erschien unter einem neuen, dem Engländer Bayly entlehnten Titel „Praxis pietatis melica, das ist, Übung der Gottseligkeit in christlichen und trostreichen Gesängen" bei Christoph Runge in Berlin. Zahlreiche Auflagen (1733 die 43. mit 1316 Nummern!) folgten. Die wichtigste ist die fünfte (1653), sie enthält neben Liedern von Johann Heermann, Martin Rindkart, Johann Frank und älteren Dichtern unter 498 Nummern bereits 82 von Paul Gerhardt. Die schönsten von ihnen haben sich bis heute in allen deutschen Gesangbüchern erhalten.

Der andere war Crügers Nachfolger im Amt, Johann Georg Ebeling (1637 bis 1676). Er veranstaltete die erste Gesamtausgabe der Lieder Gerhardts, zuerst in zehn kleinen Folioheften mit je 12 Liedern (1666/67), 1667 sogar als Buch verlegt, wie die „Praxis" bei Runge in Berlin, unter dem Titel „Pauli Gerhardti Geistliche Andachten". Diese Publikationen, die in des Dichters bewegter Zeit entstanden, mögen ihm Trost, Beruhigung und Freude und einen kleinen Ersatz für das verlorene Amt gewährt haben. Neuauflagen sind 1669 und 1671 in Stettin erschienen, wo Ebeling seit 1668 als Professor der Musik tätig war. In Ebelings Ausgaben sind zahlreiche ältere Lieder um einige Strophen erweitert worden, die inzwischen gedichteten sind neu hinzugekommen. Ebelings Melodien haben sich weniger im Gebrauch erhalten als die Crügerschen, wohl wegen ihres stark ariosen Charakters. Beider Verdienst um die deutsche Dichtung kann gar nicht hoch genug gewürdigt werden. Ohne ihr Zugreifen wären Gerhardts Gesänge für die Nachwelt wahrscheinlich verloren gewesen. Außerdem ist durch beide der authentische Wortlaut verbürgt.

Im 18. Jahrhundert hat Johann Heinrich Feustking, Konsistorialrat in Zerbst, eine neue Ausgabe veranstaltet, die 1707 in Zerbst gedruckt wurde. Neuauflagen erschienen nach seinem Tode 1717 und 1723 in Wittenberg. In diese Ausgaben sind eine Menge willkürlicher „Verbesserungen" aufgenommen worden, die Philipp Wackernagel, der bedeutende Germanist in der ersten Hälfte des 19. Jahrhunderts, der nächste, der sich wieder mit Gerhardts Dichtungen gründlich befaßte, zum großen Teil wieder ausgemerzt hat. Seine Sammlung erschien 1843 bei Liesching in Stuttgart, sie erlebte in den nächsten Jahrzehnten eine Reihe von Neuauflagen. Ihr Umfang beträgt 123 Gesänge. Viel gründlicher verfuhr I. F. Bachmann, sein Verdienst ist die historisch-kritische Ausgabe von 1866. Er brachte die Zahl der Lieder auf 131 und druckte auch die von ihm aufgefundenen zehn lateinischen Gedichte Gerhardts ab. Gleichfalls auf die Quellen ging Gödeke zurück (1877), doch stützte er sich im wesentlichen auf Bachmann. August Ebeling wiederholte die Ergebnisse seiner Vorgänger (1898). Die letzte grundlegende Sammlung ist die von Fischer-Tümpel (Das Kirchenlied des 17. Jahrhunderts, Bd. III, Gütersloh 1906). Petrich endlich entdeckte noch drei weitere deutsche Gedichte und vier lateinische (1914). Damit waren Gerhardts Gesänge auf 134 deutsche und 14 lateinische angewachsen. Weitere Entdeckungen im Bezug auf deutsche Lieder sind kaum mehr zu erwarten. Ein lateinisches Gedicht wurde vom Herausgeber in der ehemaligen Bibliothek des Grauen Klosters Berlin aufgefunden. – Die grundlegende und umfassende Biographie des Dichters verdanken wir dem gleichen Hermann Petrich (1914). Der Verfasser gibt darin zugleich eine kritische Analyse des Gesamtwerks vom literar-historischen und künstlerischen Standpunkt aus.

Keines der genannten Werke ist der Allgemeinheit mehr zugänglich. Unsere jetzt lebenden Generationen aber, die alte und die junge, haben das Recht und den Wunsch, wieder in den Besitz eines unerschöpflichen Schatzes deutscher Kultur zu gelangen. Die vorliegende Ausgabe bemüht sich, diesen oft und allgemein geäußerten Wunsch nach zwei Richtungen hin zu erfüllen. Erstens durch ihre Vollständigkeit wissenschaftlichen Anforderungen zu genügen, in zweiter Linie aber und erst recht ein Haus- und Volksbuch zu sein und damit in der Schwere unserer Gegenwart, aber auch ihrem wiedererwachten religiösen und kirchlichen Leben vielen Menschen als Helfer und Tröster zur Seite zu stehen. Vor die Frage gestellt, ob eine vollständige Sammlung berechtigt sei oder ob auch eine Auswahl den gleichen Dienst erfülle, entschlossen sich Herausgeber und Verlag zur Beantwortung in ersterem Sinne; sie glauben damit einer Ehrenpflicht dem großen Dichter gegenüber zu genügen. Die Gefahr, daß dabei die Qualität der bekannten, als Gemeingut im deutschen Volke lebenden Gesänge durch unbekannte und mehr oder weniger im Zeitgeschmack befangene Schaden leiden möchte, erschien gering gegen den Mangel, der jeder Unvollständigkeit anhaftet. Bei der Wortfassung wurde dem modernen Sprachgefühl, jedoch nur soweit, als es das Verständnis unbedingt erfordert, Rechnung getragen, bei der kritischen Vergleichung der Texte wurden die Ausgaben von Bachmann, Goedeke, Fischer-Tümpel und Petrich zugrunde gelegt. Die Anordnung ist systematisch, innerhalb der einzelnen Gruppen chronologisch nach dem Auftreten im Druck. Alle Anmerkungen historischer und textkritischer Art finden sich im Anhang.

Eberhard von Cranach-Sichart [1957]

1. ADVENTS-GESANG

Wie soll ich dich empfangen (Matth. 21, 8)

1. Wie soll ich dich empfangen
Und wie begegn' ich dir?
O aller Welt Verlangen,
O meiner Seelen Zier!
O Jesu, Jesu, setze
Mir selbst die Fackel bei,
Damit, was dich ergötze,
Mir kund und wissend sei.

2. Dein Zion streut dir Palmen
Und grüne Zweige hin,
Und ich will dir in Psalmen
Ermuntern meinen Sinn.
Mein Herze soll dir grünen
in stetem Lob und Preis
Und deinem Namen dienen,
So gut es kann und weiß.

3. Was hast du unterlassen
Zu meinem Trost und Freud?
Als Leib und Seele saßen
In ihrem größten Leid,
Als mir das Reich genommen,
Da Fried und Freude lacht,
Da bist du, mein Heil, kommen
Und hast mich froh gemacht.

4. Ich lag in schweren Banden,
Du kommst und machst mich los;
Ich stund in Spott und Schanden,
Du kommst und machst mich groß
Und hebst mich hoch zu Ehren
Und schenkst mir großes Gut,
Das sich nicht läßt verzehren,
Wie irdisch Reichtum tut.

5. Nichts, nichts hat dich getrieben
Zu mir vom Himmelszelt
Als das geliebte Lieben,
Damit du alle Welt
In ihren tausend Plagen
Und großen Jammerlast,
Die kein Mund kann aussagen,
So fest umfangen hast.

6. Das schreib dir in dein Herze,
Du hochbetrübtes Heer,
Bei denen Gram und Schmerze
Sich häuft je mehr und mehr.
Seid unverzagt, ihr habet
Die Hilfe vor der Tür;
Der eure Herzen labet
Und tröstet, steht allhier.

7. Ihr dürft euch nicht bemühen
Noch sorgen Tag und Nacht,
Wie ihr ihn wollet ziehen
Mit eures Armes Macht.
Er kommt, er kommt mit Willen,
Ist voller Lieb und Lust,
All Angst und Not zu stillen,
Die ihm an euch bewußt.

8. Auch dürft ihr nicht erschrecken
Vor eurer Sündenschuld. Nein,
Jesus will sie decken
Mit seiner Lieb und Huld.
Er kommt, er kommt den Sündern
Zum Trost und wahren Heil,
Schafft, daß bei Gottes Kindern
Verbleib ihr Erb und Teil.

9. Was fragt ihr nach dem Schreien
Der Feind und ihrer Tück?
Der Herr wird sie zerstreuen
In einem Augenblick.

Er kommt, er kommt, ein König,
Dem wahrlich alle Feind
Auf Erden viel zu wenig
Zum Widerstande seind.

10. Er kommt zum Weltgerichte,
Zum Fluch dem, der ihm flucht,
Mit Gnad und süßem Lichte
Dem, der ihn liebt und sucht.
Ach komm, ach komm, o Sonne,
Und hol uns allzumal
Zum ewgen Licht und Wonne
In deinen Freudensaal.

2. WARUM WILLST DU DRAUSSEN STEHEN, DU GESEGNETER DES HERRN?

(1. Mose 24, 31)

1. Warum willst du draußen stehen,
Du Gesegneter des Herrn?
Laß dir bei mir einzugehen
Wohl gefallen, du mein Stern!
Du, mein Jesu, meine Freud,
Helfer in der rechten Zeit,
Hilf, o Heiland, meinem Herzen
Von den Wunden, die mich schmerzen.

2. Meine Wunden sind der Jammer,
Welchen oftmals Tag und Nacht
Des Gesetzes starker Hammer
Mir mit seinem Schrecken macht.
O der schweren Donnerstimm,
Die mir Gottes Zorn und Grimm
Also tief ins Herze schläget,
Daß sich all mein Blut beweget.

3. Dazu kommt des Teufels Lügen,
Der mir alle Gnad absagt,
Als müßt ich nun ewig liegen
In der Höllen, die ihn plagt;
Ja auch, was noch ärger ist,
So zermartert und zerfrißt
Mich mein eigenes Gewissen
Mit vergift'ten Schlangenbissen.

4. Will ich dann mein Elend lindern
Und erleichtern meine Not
Bei der Welt und ihren Kindern.
Fall ich vollends in den Kot:
Da ist Trost, der mich betrübt,
Freude, die mein Unglück liebt,
Helfer, die mir Herzleid machen,
Gute Freunde, die mein lachen.

5. In der Welt ist alles nichtig,
Nichts ist, das nicht kraftlos wär:
Hab ich Hoheit, die ist flüchtig!
Hab ich Reichtum, was ist's mehr
Als ein Stücklein armer Erd?
Hab ich Lust, was ist sie wert?
Was ist's, das mich heut erfreuet,
Das mich morgen nicht gereuet?

6. Aller Trost und alle Freude
Ruht in dir, Herr Jesu Christ;
Dein Erfreuen ist die Weide,
Da man sich recht fröhlich ißt.
Leuchte mir, o Freudenlicht,
Ehe mir mein Herze bricht;
Laß mich, Herr, an dir erquicken;
Jesu, komm, laß dich erblicken!

7. Freu dich, Herz, du bist erhöret,
Jetzo zeucht er bei dir ein,
Sein Gang ist zu dir gekehret,
Heiß ihn nur willkommen sein

Und bereite dich ihm zu,
Gib dich ganz zu seiner Ruh,
Öffne dein Gemüt und Seele,
Klag ihm, was dich drückt und quäle.

8. Siehst du, wie sich alles setzet,
Was dir vor zuwider stund?
Hörst du, wie er dich ergötzet
Mit dem zuckersüßen Mund?
Ei, wie läßt der große Drach
All sein Tun und Toben nach!
Er muß aus dem Vorteil ziehen
Und in seinen Abgrund fliehen.

9. Nun, du hast ein süßes Leben;
Alles, was du willst, ist dein.
Christus, der sich dir ergeben,
Legt sein Reichtum bei dir ein.
Seine Gnad ist deine Kron
Und du bist sein Hütt' und Thron.
Er hat dich in sich geschlossen,
Nennt dich seinen Hausgenossen.

10. Seines Himmels güldne Decke
Spannt er um dich ringsherum,
Daß dich fort nicht mehr erschrecke
Deines Feindes Ungestüm.
Seine Engel stellen sich
Dir zur Seiten, wann du dich
Hier willst oder dorthin wenden,
Tragen sie dich auf den Händen.

11. Was du Böses hast begangen,
Das ist alles abgeschafft.
Gottes Liebe nimmt gefangen
Deiner Sünde Macht und Kraft.
Christi Sieg behält das Feld,
Und was Böses in der Welt
Sich will wider dich erregen,
Wird zu lauter Glück und Segen.

12. Alles dient zu deinem Frommen,
Was dir bös und schädlich scheint,
Weil dich Christus angenommen
Und es treulich mit dir meint.
Bleibst du deine wieder treu,
Ist's gewiß und bleibt dabei,
Daß du mit den Engeln droben
Ihn dort ewig werdest loben.

3. WIR SINGEN DIR, IMMANUEL

(Jes. 7, 14, Ps. 14, 7)

1. Wir singen dir, Immanuel,
Du Lebensfürst und Gnadenquell,
Du Himmelsblum und Morgenstern,
Du Jungfraunsohn, Herr aller Herrn!
Halleluja!

2. Wir singen dir in deinem Heer
Aus aller Kraft Lob, Preis und Ehr,
Daß du, o lang gewünschter Gast,
Dich nunmehr eingestellet hast.
Halleluja!

3. Vom Anfang, da die Welt gemacht,
Hat so manch Herz nach dir gewacht;
Dich hat gehofft so lange Jahr
Der Väter und Propheten Schar.
Halleluja!

4. Vor andern hat dein hoch begehrt
Der Hirt und König deiner Herd,
Der Mann, der dir so wohl gefiel,
Wann er dir sang auf Saitenspiel.
Halleluja!

5. Ach, daß der Herr aus Zion käm
Und unsre Bande von uns nähm!
Ach, daß die Hilfe bräch herein,
So würde Jakob fröhlich sein.
Halleluja!

6. Nun du bist hier, da liegest du,
Hältst in dem Kripplein deine Ruh;
Bist klein und machst doch alles groß,
Bekleidst die Welt und kommst doch bloß.
Halleluja!

7. Du kehrst in fremder Hausung ein,
Und sind doch alle Himmel dein;

Trinkst Milch aus deiner Mutter Brust
Und bist doch selbst der Engel Lust.
Halleluja!

8. Du hast dem Meer sein Ziel gesteckt
Und wirst mit Windeln zugedeckt;
Bist Gott und liegst auf Heu und Stroh,
Wirst Mensch und bist doch A und O.
Halleluja!

9. Du bist der Ursprung aller Freud
Und duldest so viel Herzeleid;
Bist aller Heiden Trost und Licht,
Suchst selber Trost und findst ihn nicht.
Halleluja!

10. Du bist der süße Menschenfreund,
Doch sind dir so viel Menschen feind;
Herodis Heer hält dich für Greul
Und bist doch nichts als lauter Heil.
Halleluja!

11. Ich aber, dein geringster Knecht,
Ich sag es frei und mein es recht:
Ich liebe dich, doch nicht so viel,
Als ich dich gerne lieben will.
Halleluja!

12. Der Will ist da, die Kraft ist klein;
Doch wird dir nicht zuwider sein
Mein armes Herz, und was es kann,
Wirst du in Gnaden nehmen an.
Halleluja!

13. Hast du doch selbst dich schwach gemacht,
Erwähltest, was die Welt veracht't;
Warst arm und dürftig, nahmst vorlieb
Da, wo der Mangel dich hintrieb.
Halleluja!

14. Du schliefst ja auf der Erden Schoß;
So war das Kripplein auch nicht groß;
Der Stall, das Heu, das dich umfing,
War alles schlecht und sehr gering.
Halleluja!

15. Darum so hab ich guten Mut:
Du wirst auch halten mich für gut.
O Jesulein, dein frommer Sinn
Macht, daß ich so voll Trostes bin.
Halleluja!

16. Bin ich gleich sünd- und lastervoll,
Hab ich gelebt nicht, wie ich soll,
Ei, kommst du doch deswegen her,
Daß sich der Sünder zu dir kehr.
Halleluja!

17. Hätt ich nicht auf mir Sündenschuld,
Hätt ich kein Teil an deiner Huld;
Vergeblich wärst du mir geborn,
Wenn ich nicht wär in Gottes Zorn.
Halleluja!

18. So faß ich dich nun ohne Scheu,
Du machst mich alles Jammers frei;
Du trägst den Zorn, du würgst den Tod,
Verkehrst in Freud all Angst und Not.
Halleluja!

19. Du bist mein Haupt, hinwiederum
Bin ich dein Glied und Eigentum
Und will, so viel dein Geist mir gibt,
Stets dienen dir, wie dir's beliebt.
Halleluja!

20. Ich will dein Halleluja hier
Mit Freuden singen für und für
Und dort in deinem Ehrensaal
Solls schallen ohne Zeit und Zahl.
Halleluja!

4. O Jesu Christ, dein Kripplein ist mein Paradies

1. O Jesu Christ,
Dein Kripplein ist
Mein Paradies, da meine Seele weidet!
Hier ist der Ort,
Hier liegt das Wort,
Mit unserm Fleisch persönlich angekleidet.

2. Dem Meer und Wind
Gehorsam sind,
Gibst sich zum Dienst und wird ein Knecht der Sünder.
Du, Gottes Sohn,
Wirst Erd und Ton,
Gering und schwach wie wir und unsre Kinder.

3. Du, höchstes Gut,
Hebst unser Blut
In deinen Thron hoch über alle Höhen.
Du, ewge Kraft,
Machst Brüderschaft
Mit uns, die wie ein Dampf und Rauch vergehen.

4. Was will uns nun
Zuwider tun
Der Seelenfeind mit allem Gift und Gallen?
Was wirft er mir
Und andern für,
Daß Adam ist, und wir mit ihm, gefallen?

5. Schweig arger Feind!
Da sitzt mein Freund,
Mein Fleisch und Blut, hoch in dem Himmel droben;
Was du gefällt,
Das hat der Held
Aus Jakobs Stamm zu großer Ehr erhoben.

6. Sein Licht und Heil
Macht alles heil;
Der Himmelsschatz bringt allen Schaden wieder.

Der Freudenquell
Immanuel
Schlägt Teufel, Höll und all ihr Reich darnieder.

7. Drum frommer Christ,
Wer du auch bist,
Sei gutes Muts und laß dich nicht betrüben;
Weil Gottes Kind
Dich ihm verbind't,
So kanns nicht anders sein, Gott muß dich lieben.

8. Gedenke doch,
Wie herrlich hoch
Er über alle Jammer dich geführet!
Der Engel Heer
Ist selbst nicht mehr
Als eben du mit Seligkeit gezieret.

9. Du siehest ja
Vor Augen da
Dein Fleisch und Blut die Luft und Wolken lenken;
Was will doch sich –
Ich frage dich –
Erheben, dich in Angst und Furcht zu senken?

10. Dein blöder Sinn
Geht oft dahin,
Ruft Ach und Weh, läßt allen Trost verschwinden.
Komm her und richt
Dein Angesicht
Zum Kripplein Christi, da, da wirst du's finden.

11. Wirst du geplagt?
Ei, unverzagt!
Dein Bruder wird dein Unglück nicht verschmähen;
Sein Herz ist weich
Und gnadenreich,
Kann unser Leid nicht ohne Tränen sehen.

12. Tritt zu ihm zu!
Such Hilf und Ruh!
Er wird's so machen, daß du ihm wirst danken.
Er weiß und kennt
Was beißt und brennt,
Versteht wohl, wie zu Mute sei dem Kranken.

13. Denn eben drum
Hat er den Grimm
Des Kreuzes auch am Leibe wollen tragen,
Daß seine Pein
Ihm möge sein
Ein unverrückt Erinnrung unsrer Plagen.

14. Mit einem Wort:
Er ist die Pfort
Zu dieses und des andern Lebens Freuden;
Er macht behend
Ein seligs End
An alle dem, was fromme Herzen leiden.

15. Laß aller Welt
Ihr Gut und Geld
Und siehe nur, daß dieser Schatz dir bleibe!
Wer den hier fest
Hält und nicht läßt,
Den ehrt und krönt er dort an Seel und Leibe.

5. FRÖHLICH SOLL MEIN HERZE SPRINGEN

1. Fröhlich soll mein Herze springen
Dieser Zeit,
Da vor Freud
Alle Engel singen.
Hört, hört, wie mit vollen Choren
Alle Luft
Laute ruft:
Christus ist geboren.

2. Heute geht aus seiner Kammer
Gottes Held,
Der die Welt
Reißt aus allem Jammer.
Gott wird Mensch, dir Mensch zugute;
Gottes Kind,
Das verbind't
Sich mit unserm Blute.

3. Sollt uns Gott nun können hassen,
Der uns gibt,
Was er liebt
Über alle Maßen?
Gott gibt, unserm Leid zu wehren,
Seinen Sohn
Aus dem Thron
Seiner Macht und Ehren.

4. Sollte von uns sein gekehret,
Der sein Reich
Und zugleich
Sich selbst uns verehret?
Sollt uns Gottes Sohn nicht lieben
Der jetzt kömmt,
Von uns nimmt,
Was uns will betrüben?

5. Hätte für der Menschen Orden
Unser Heil
Einen Greul,
Wär er nicht Mensch worden;
Hätt er Lust zu unserm Schaden,
Ei, so würd
Unsre Bürd
Er nicht auf sich laden.

6. Er nimmt auf sich, was auf Erden
Wir getan,
Gibt sich an,
Unser Lamm zu werden,

Unser Lamm, das für uns stirbet
Und bei Gott
Für den Tod
Gnad und Fried erwirbet.

7. Nun er liegt in seiner Krippen,
Ruft zu sich
Mich und dich,
Spricht mit süßen Lippen:
Lasset fahrn, o lieben Brüder,
Was euch quält,
Was euch fehlt;
Ich bring alles wieder.

8. Ei, so kommt und laßt uns laufen;
Stellt euch ein,
Groß und klein,
Eilt mit großen Haufen;
Liebt den, der vor Liebe brennet,
Schaut den Stern,
Der euch gern
Licht und Labsal gönnet.

9. Die ihr schwebt in großem Leiden,
Sehet, hier
Ist die Tür
Zu der wahren Freuden.
Faßt ihn wohl, er wird euch führen
An den Ort,
Da hinfort
Euch kein Kreuz wird rühren.

10. Wer sich fühlt beschwert im Herzen,
Wer empfind't
Seine Sünd
Und Gewissensschmerzen,
Sei getrost, hier wird gefunden,
Der in Eil
Machet heil
Die vergift'ten Wunden.

11. Die ihr arm seid und elende,
Kommt herbei,
Füllet frei
Eures Glaubens Hände!
Hier sind alle guten Gaben
Und das Gold,
Da ihr sollt
Euer Herz mit laben.

12. Süßes Heil, laß dich umfangen,
Laß mich dir,
Meine Zier,
Unverrückt anhangen.
Du bist meines Lebens Leben;
Nun kann ich
Mich durch dich
Wohl zufrieden geben.

13. Meine Schuld kann mich nicht drücken,
Denn du hast
Meine Last
All auf deinem Rücken.
Kein Fleck ist an mir zu finden,
Ich bin gar
Rein und klar
Aller meiner Sünden.

14. Ich bin rein um deinetwillen,
Du gibst gnug
Ehr und Schmuck,
Mich darein zu hüllen.
Ich will dich ins Herze schließen;
O mein Ruhm.
Edle Blum,
Laß dich recht genießen.

15. Ich will dich mit Fleiß bewahren,
Ich will dir
Leben hier,
Dir will ich abfahren.

Mit dir will ich endlich schweben
Voller Freud,
Ohne Zeit
Dort im andern Leben.

6. ICH STEH AN DEINER KRIPPEN HIER, O JESULEIN, MEIN LEBEN

1. Ich steh an deiner Krippen hier,
O Jesulein, mein Leben;
Ich komme, bring und schenke dir,
Was du mir hast gegeben.
Nimm hin, es ist mein Geist und Sinn,
Herz, Seel und Mut, nimm alles hin
Und laß dir's wohlgefallen.

2. Du hast mit deiner Lieb erfüllt
Mein Adern und Geblüte,
Dein schöner Glanz, dein süßes Bild
Liegt mir ganz im Gemüte.
Und wie mag es auch anders sein:
Wie könnt ich dich, mein Herzelein,
Aus meinem Herzen lassen!

3. Da ich noch nicht geboren war,
Da bist du mir geboren
Und hast mich dir zu eigen gar,
Eh ich dich kannt, erkoren.
Eh ich durch deine Hand gemacht,
Da hast du schon bei dir bedacht,
Wie du mein wolltest werden.

4. Ich lag in tiefster Todesnacht,
Du warest meine Sonne,
Die Sonne, die mir zugebracht
Licht, Leben, Freud und Wonne.
O Sonne, die das werte Licht
Des Glaubens in mir zugericht't,
Wie schön sind deine Strahlen!

5. Ich sehe dich mit Freuden an
Und kann mich nicht satt sehen,
Und weil ich nun nicht weiter kann,
So tu ich, was geschehen.
  O daß mein Sinn ein Abgrund wär
Und meine Seel ein weites Meer,
Daß ich dich möchte fassen!

6. Vergönne mir, o Jesulein,
Daß ich dein Mündlein küsse,
Das Mündlein, das den süßen Wein,
Auch Milch und Honigflüsse
  Weit übertrifft in seiner Kraft;
Es ist voll Labsal, Stärk und Saft,
Der Mark und Bein erquicket.

7. Wenn oft mein Herz im Leibe weint
Und keinen Trost kann finden,
Da ruft mir's zu:
Ich bin dein Freund,
Ein Tilger deiner Sünden!
  Was trauerst du, mein Brüderlein?
Du sollst ja guter Dinge sein,
Ich zahle deine Schulden.

8. Wer ist der Meister, der allhier
Nach Würdigkeit ausstreichet
Die Händlein, so dies Kindlein mir
Anlachende zureichet?
  Der Schnee ist hell, die Milch ist weiß,
Verlieren doch beid ihren Preis,
Wann diese Händlein blicken.

9. Wo nehm ich Weisheit und Verstand,
Mit Lobe zu erhöhen
Die Äuglein, die so unverwandt
Nach mir gerichtet stehen?
  Der volle Mond ist schön und klar,
Schön ist der güldnen Sterne Schar,
Dies' Äuglein sind viel schöner.

10. O daß doch ein so lieber Stern
Soll in der Krippen liegen!
Für edle Kinder großer Herrn
Gehören güldne Wiegen.
  Ach, Heu und Stroh ist viel zu schlecht,
Samt, Seide, Purpur wären recht,
Dies Kindlein drauf zu legen.

11. Nehmt weg das Stroh, nehmt weg das Heu,
Ich will mir Blumen holen,
Daß meines Heilands Lager sei
Auf lieblichen Violen.
  Mit Rosen, Nelken, Rosmarin
Aus schönen Gärten will ich ihn
Von obenher bestreuen.

12. Zur Seiten will ich hier und dar
Viel weißer Lilien stecken,
Die sollen seiner Äuglein Paar
Im Schlafe sanft bedecken.
  Doch liebt viel mehr das dürre Gras
Dies Kindelein, als alles das,
Was ich hier nenn und denke.

13. Du fragest nicht nach Lust der Welt
Noch nach des Leibes Freuden,
Du hast dich bei uns eingestellt,
An unsrer Statt zu leiden,
  Suchst meiner Seelen Herrlichkeit,
Durch dein selbsteignes Herzeleid,
Das will ich dir nicht wehren.

14. Eins aber, hoff ich, wirst du mir,
Mein Heiland, nicht versagen:
Daß ich dich möge für und für
In, bei und an mir tragen.
  So laß mich doch dein Kripplein sein;
Komm, komm und lege bei mir ein
Dich und all deine Freuden.

15. Zwar sollt ich denken, wie gering
Ich dich bewirten werde,
Du bist der Schöpfer aller Ding,
Ich bin nur Staub und Erde.
Doch bist du so ein frommer Gast,
Daß du noch nie verschmähest hast
Den, der dich gerne siehet.

7. SCHAUT, SCHAUT, WAS IST FÜR WUNDER DAR?

1. Schaut, schaut, was ist für Wunder dar?
Die schwarze Nacht wird hell und klar,
Ein großes Licht bricht dort herein,
Ihm weichet aller Sterne Schein.

2. Es ist ein rechtes Wunderlicht
Und gar die alte Sonne nicht,
Weils, wider die Natur, die Nacht
Zu einem hellen Tage macht.

3. Was wird hierdurch uns zeigen an
Der die Natur so ändern kann?
Es muß ein großes Werk geschehn,
Wie wir aus solchem Zeichen sehn.

4. Sollt auch erscheinen dieser Zeit
Die Sonne der Gerechtigkeit,
Der helle Stern aus Jakobs Stamm,
Der Heiden Licht, des Weibes Sam?

5. Es ist also. Des Himmels Heer,
Das bringt uns jetzt die Freudenmär,
Wie sich nunmehr hab eingestellt
Zu Bethlehem das Heil der Welt.

6. O Gütigkeit! Was lange Jahr
Ihm hat der frommen Väter Schar
Gewünscht und sehnlich oft begehrt,
Des werden wir von Gott gewährt.

7. Drum auf, ihr Menschenkinder, auf!
Auf, auf, und nehmet euren Lauf
Mit mir hin zu der Stell und Ort,
Davon gemeld't der Engel Wort.

8. Schaut hin, dort liegt im finstern Stall,
Des Herrschaft gehet überall!
Da Speise vormals sucht ein Rind,
Da ruht jetzt der Jungfrauen Kind.

9. O Menschenkind, betracht es recht
Und strauchle nicht, dieweil so schlecht,
So elend scheint dies Kindelein;
Es ist und soll auch uns groß sein.

10. Es wird im Fleisch hier vorgestellt,
Der alles schuf und noch erhält.
Das Wort, so bald im Anfang war
Bei Gott, selbst Gott, das lieget dar.

11. Es ist der eingeborne Sohn
Des Vaters, unser Gnadenthron,
Das A und O, der große Gott,
Der Siegsfürst, der Herr Zebaoth.

12. Denn weil die Zeit nunmehr erfüllt,
Da Gottes Zorn muß sein gestillt,
Wird sein Sohn Mensch, trägt unsre Schuld,
Wirbt uns durch sein Blut Gottes Huld.

13. Dies ist die rechte Freudenzeit.
Weg Trauern, weg, weg alles Leid!
Trotz dem, der ferner uns verhöhnt!
Gott selbst ist Mensch. Wir sind versöhnt.

14. Der Sünden Büßer ist nun hier,
Den Schlangentreter haben wir,
Der Höllen Pest, des Todes Gift,
Des Lebens Fürsten man hier trifft.

15. Es hat mit uns nun keine Not,
Weil Sünde, Teufel, Höll und Tod
Zu Spott und Schanden sind gemacht
In dieser großen Wundernacht.

16. O selig, selig alle Welt,
Die sich an dieses Kindlein hält!
Wohl dem, der dieses recht erkennt
Und gläubig seinen Heiland nennt!

17. Es danke Gott, wer danken kann,
Der unser sich so hoch nimmt an
Und sendet aus des Himmels Thron
Uns, seinen Feinden, seinen Sohn.

18. Drum stimmt an mit der Engel Heer:
Gott in der Höhe sei nun Ehr!
Auf Erden Frieden jederzeit!
Den Menschen Wonn und Fröhlichkeit!

8. WEIHNACHTS-GESANG

Kommt und laßt uns Christum ehren (Luk. 2, 15)

1. Kommt und laßt uns Christum ehren,
Herz und Sinnen zu ihm kehren:
Singet fröhlich, laßt euch hören,
  Wertes Volk der Christenheit!

2. Sünd und Hölle mag sich grämen,
Tod und Teufel mag sich schämen,
Wir, die unser Heil annehmen,
  Werfen allen Kummer hin.

3. Sehet, was hat Gott gegeben!
Seinen Sohn zum ewgen Leben.
Dieser kann und will uns heben
  Aus dem Leid ins Himmels Freud.

4. Seine Seel ist uns gewogen,
Lieb und Gunst hat ihn gezogen
Uns, die Satanas betrogen,
Zu besuchen aus der Höh.

5. Jakobs Stern ist aufgegangen,
Stillt das sehnliche Verlangen,
Bricht den Kopf der alten Schlangen
Und zerstört der Höllen Reich.

6. Unser Kerker, da wir saßen
Und mit Sorgen ohne Maßen
Uns das Herze selbst abfraßen,
Ist entzwei und wir sind frei.

7. O du hochgesegnte Stunde,
Da wir das von Herzensgrunde
Glauben und mit unserm Munde
Danken dir, o Jesulein!

8. Schönstes Kindlein in dem Stalle,
Sei uns freundlich, bring uns alle
Dahin, da mit süßem Schalle
Dich der Engel Heer erhöht.

9. CHRIST-WIEGENLIED

Alle, die ihr, Gott zu ehren, unsere Christlust wollt vermehren, steht und hört

1. Alle, die ihr, Gott zu ehren,
Unsre Christlust wollt vermehren,
Eya, eya,
Steht und hört vor allen Dingen
Gottes Mutter fröhlich singen
Bei dem Kripplein ihres Sohns:
Eya, eya,
Schlaf und ruhe,
Schlaf, schlaf, liebes Jesulein!

2. Schlaf, du großer Weltberater,
Bräutgam, Sohn und selbst auch Vater,
Eya, eya,
Bett und Lager, das dich träget,
Hab ich dir zurecht geleget,
Schlaf, du schönstes Kindelein!
Eya, eya,
Schlaf und ruhe,
Schlaf, schlaf, trautes Herzelein!

3. Schlaf, mein Krönlein! Licht und Leben,
Was dir lieb, will ich dir geben,
Eya, eya,
Schlaf, du Ausbund aller Gaben,
Laß dich speisen, laß dich laben
Bei der armen Krippen hier!
Eya, eya,
Schlaf und ruhe,
Schlaf, schlaf, du mein Ehr und Ruhm!

4. Schlaf, o bestes aller Güter,
Schlaf, o Perle der Gemüter,
Eya, eya,
Schlaf mein Trost, dem nichts zu gleichen,
Milch und Honig muß dir weichen,
Schlaf, du edler Herzensgast!
Eya, eya,
Schlaf und ruhe,
Schlaf, schlaf, werte Lilienblum!

5. Schlaf, o Kind, den Gott erkoren,
Schlaf, o Schatz, den ich geboren,
Eya, eya,
Schlaf, du frommer Seelen Weide,
Schlaf, du frommer Herzen Freude,
Schlaf, du meines Leibes Frucht!
Eya, eya,
Schlaf und ruhe,
Schlaf, schlaf, allersüß'stes Lieb!

6. Ich will dir dein Bettlein zieren,
Ganz mit Blumen überführen,
Eya, eya,
Schlaf, du Lust, die wir erwählen,
Schlaf, du Paradies der Seelen,
Schlaf, du wahres Himmelsbrot!
Eya, eya,
Schlaf und ruhe,
Schlaf, schlaf, Heiland aller Welt!

10. NEUJAHRS-GESANG

Nun laßt uns gehn und treten

1. Nun laßt uns gehn und treten
Mit Singen und mit Beten
Zum Herrn, der unserm Leben
Bis hierher Kraft gegeben.

2. Wir gehn dahin und wandern
Von einem Jahr zum andern
Wir leben und gedeihen
Vom alten bis zum neuen;

3. Durch soviel Angst und Plagen,
Durch Zittern und durch Zagen,
Durch Krieg und große Schrecken,
Die alle Welt bedecken.

4. Denn wie von treuen Müttern
In schweren Ungewittern
Die Kindlein hier auf Erden
Mit Fleiß bewahret werden:

5. Also auch nichts minder
Läßt Gott ihm seine Kinder,
Wenn Not und Trübsal blitzen,
In seinem Schoße sitzen.

6. Ach Hüter unsers Lebens,
Fürwahr, es ist vergebens
Mit unserm Tun und Machen,
Wo nicht dein Augen wachen.

7. Gelobt sei deine Treue,
Die alle Morgen neue,
Lob sei den starken Händen,
Die alles Herzleid wenden.

8. Laß ferner dich erbitten,
O Vater, und bleib mitten

In unserm Kreuz und Leiden
Ein Brunnen unsrer Freuden.

9. Gib mir und allen denen,
Die sich von Herzen sehnen
Nach dir und deiner Hulde,
Ein Herz, das sich gedulde.

10. Schleuß zu die Jammerpforten
Und laß an allen Orten
Auf so viel Blutvergießen
Die Freudenströme fließen.

11. Sprich deinen milden Segen
Zu allen unsern Wegen,
Laß Großen und auch Kleinen
Die Gnadensonne scheinen.

12. Sei der Verlaßnen Vater,
Der Irrenden Berater,
Der Unversorgten Gabe,
Der Armen Gut und Habe.

13. Hilf gnädig allen Kranken,
Gib fröhliche Gedanken
Den hochbetrübten Seelen,
Die sich mit Schwermut quälen.

14. Und endlich, was das Meiste,
Füll uns mit deinem Geiste,
Der uns hier herrlich ziere
Und dort zum Himmel führe.

15. Das alles wollst du geben,
O meines Lebens Leben,
Mir und der Christen Schare
Zum selgen neuen Jahre.

11. VON DER BESCHNEIDUNG CHRISTI

Warum machet solche Schmerzen

1. Warum machet solche Schmerzen,
Warum machet solche Pein,
Der von unbeschnittnem Herzen,
Dir, herzliebstes Jesulein,
   Mit Beschneidung, da du doch
Frei von des Gesetzes Joch.
Weil du, einem Menschenkinde
Zwar gleich, doch ganz ohne Sünde?

2. Für dich darfst du dies nicht dulden,
Du bist ja des Bundes Herr,
Unsre, unsre große Schulden,
Die so grausam, die so schwer
   Auf uns liegen, daß es dich
Jammert herz- und inniglich,
Die trägst du ab, uns zu retten,
Die sonst nichts zu zahlen hätten.

3. Freut, ihr Schuldner, euch deswegen,
Ja, sei fröhlich alle Welt,
Weil heut anhebt zu erlegen
Gottes Sohn das Lösegeld;
   Das Gesetz wird heut erfüllt,
Heut wird Gottes Zorn gestillt.
Heut macht uns, so sollten sterben,
Gottes Blut zu Gottes Erben.

4. Wer mag recht die Gnad erkennen?
Wer kann dafür dankbar sein?
Herz und Mund soll stets dich nennen
Unsern Heiland, Jesulein!
   Deine Güte wollen wir
Nach Vermögen preisen hier,
Weil wir in der Schwachheit wallen;
Dort soll baß dein Lob erschallen.

12. EIN LÄMMLEIN GEHT UND TRÄGT DIE SCHULD DER WELT

(Joh. 1, 29 und Jes. 53, 4-7)

1. Ein Lämmlein geht und trägt die Schuld
Der Welt und ihrer Kinder;
Es geht und büßet in Geduld
Die Sünden aller Sünder.
Es geht dahin, wird matt und krank,
Ergibt sich auf die Würgebank,
Verzeiht sich allen Freuden;
Es nimmet an Schmach, Hohn und Spott,
Angst, Wunden, Striemen, Kreuz und Tod
Und spricht: Ich wills gern leiden.

2. Das Lämmlein ist der große Freund
Und Heiland meiner Seelen;
Den, den hat Gott zum Sündenfeind
Und Sühner wollen wählen.
„Geh hin, mein Kind, und nimm dich an
Der Kinder, die ich ausgetan
Zur Straf und Zornesruten;
Die Straf ist schwer, der Zorn ist groß;
Du kannst und sollst sie machen los
Durch Sterben und durch Bluten."

3. „Ja, Vater, ja von Herzensgrund,
Leg auf, ich will dirs tragen.
Mein Wollen hängt an deinem Mund;
Mein Wirken ist dein Sagen."
O Wunderlieb, o Liebesmacht,
Du kannst, was nie kein Mensch gedacht,
Gott seinem Sohn abzwingen.
O Liebe, Liebe, du bist stark,
Du strecktest den in Grab und Sarg,
Vor dem die Felsen springen.

4. Du marterst ihn am Kreuzesstamm
Mit Nägeln und mit Spießen;
Du schlachtest ihn als wie ein Lamm,
Machst Herz und Adern fließen:

Das Herze mit der Seufzer Kraft,
Die Adern mit dem edlen Saft
Des purpurroten Blutes.
O süßes Lamm, was soll ich dir
Erweisen dafür, daß du mir
Erweisest so viel Gutes?

5. Mein Lebetage will ich dich
Aus meinem Sinn nicht lassen;
Dich will ich stets, gleich wie du mich,
Mit Liebesarmen fassen.
Du sollst sein meines Herzens Licht,
Und wenn mein Herz in Stücken bricht,
Sollst du mein Herze bleiben.
Ich will mich dir, mein höchster Ruhm,
Hiermit zu deinem Eigentum
Beständiglich verschreiben.

6. Ich will von deiner Lieblichkeit
Bei Nacht und Tage singen,
Mich selbst auch dir nach Möglichkeit
Zum Freudenopfer bringen.
Mein Bach des Lebens soll sich dir
Und deinem Namen für und für
In Dankbarkeit ergießen;
Und was du mir zu gut getan,
Das will ich stets, so tief ich kann,
In mein Gedächtnis schließen.

7. Erweitre dich, mein Herzensschrein,
Du sollst ein Schatzhaus werden
Der Schätze, die viel größer sein
Als Himmel, Meer und Erden.
Weg mit dem Gold Arabia!
Weg Kalmus, Myrrhen, Kassia!
Ich hab ein Bessers funden:
Mein großer Schatz, Herr Jesu Christ,
Ist dieses, was geflossen ist
Aus deines Leibes Wunden.

8. Das soll und will ich mir zu nutz
Zu allen Zeiten machen;
Im Streite soll es sein mein Schutz,
In Traurigkeit mein Lachen,
In Fröhlichkeit mein Saitenspiel,
Und wenn mir nichts mehr schmecken will,
Soll mich dies Manna speisen.
Im Durst solls sein mein Wasserquell,
In Einsamkeit mein Sprachgesell
Zu Haus und auch auf Reisen.

9. Was schadet mir des Todes Gift?
Dein Blut, das ist mein Leben.
Wenn mich der Sonnen Hitze trifft,
So kann mirs Schatten geben.
Setzt mir der Wehmut Schmerzen zu,
So find ich bei dir meine Ruh
Als auf dem Bett ein Kranker.
Und wenn des Kreuzes Ungestüm
Mein Schifflein treibet üm und üm,
So bist du dann mein Anker.

10. Wenn endlich ich soll treten ein
In deines Reiches Freuden,
So soll dies Blut mein Purpur sein,
Ich will mich darin kleiden;
Es soll sein meines Hauptes Kron,
In welcher ich will vor dem Thron
Des höchsten Vaters gehen
Und dir, dem er mich anvertraut,
Als eine wohlgeschmückte Braut
An deiner Seite stehen.

13. O WELT, SIEH HIER DEIN LEBEN

1. O Welt, sieh hier dein Leben
Am Stamm des Kreuzes schweben!
Dein Heil sinkt in den Tod!

Der große Fürst der Ehren
Läßt willig sich beschweren
Mit Schlägen, Hohn und großem Spott.

2. Tritt her und schau mit Fleiße:
Sein Leib ist ganz mit Schweiße
Des Blutes überfüllt;
Aus seinem edlen Herzen
Vor unerschöpften Schmerzen
Ein Seufzer nach dem andern quillt.

3. Wer hat dich so geschlagen,
Mein Heil, und dich mit Plagen
So übel zugericht't?
Du bist ja nicht ein Sünder
Wie wir und unsre Kinder,
Von Übeltaten weißt du nicht.

4. Ich, ich und meine Sünden,
Die sich wie Körnlein finden
Des Sandes an dem Meer,
Die haben dir erreget
Das Elend, das dich schläget,
Und das betrübte Marterheer.

5. Ich bins, ich sollte büßen,
An Händen und an Füßen
Gebunden, in der Höll;
Die Geißeln und die Banden
Und was du ausgestanden,
Das hat verdienet meine Seel.

6. Du nimmst auf deinen Rücken
Die Lasten, die mich drücken
Viel schwerer als ein Stein.
Du wirst ein Fluch, dagegen
Verehrst du mir den Segen;
Dein Schmerzen muß mein Labsal sein.

7. Du setzest dich zum Bürgen,
Ja lässest dich gar würgen
Für mich und meine Schuld;
  Mir lässest du dich krönen
Mit Dornen, die dich höhnen,
Und leidest alles mit Geduld.

8. Du springst ins Todes Rachen,
Mich frei und los zu machen
Von solchem Ungeheur.
  Mein Sterben nimmst du abe,
Vergräbst es in dem Grabe,
O unerhörtes Liebesfeur!

9. Ich bin, mein Heil, verbunden
All Augenblick und Stunden
Dir überhoch und sehr.
  Was Leib und Seel vermögen,
Das soll ich billig legen
Allzeit an deinen Dienst und Ehr.

10. Nun, ich kann nicht viel geben
In diesem armen Leben;
Eins aber will ich tun:
  Es soll dein Tod und Leiden
Bis Leib und Seele scheiden,
Mir stets in meinem Herzen ruhn.

11. Ich wills vor Augen setzen,
Mich stets daran ergötzen,
Ich sei auch, wo ich sei;
  Es soll mir sein ein Spiegel
Der Unschuld und ein Siegel
Der Lieb und unverfälschten Treu.

12. Wie heftig unsre Sünden
Den frommen Gott entzünden,
Wie Rach und Eifer gehn,
  Wie grausam seine Ruten,
Wie zornig seine Fluten,
Will ich aus diesem Leiden sehn.

13. Ich will daraus studieren,
Wie ich mein Herz soll zieren
Mit stillem, sanften Mut,
Und wie ich die soll lieben,
Die mich doch sehr betrüben
Mit Werken, so die Bosheit tut.

14. Wenn böse Zungen stechen,
Mir Glimpf und Namen brechen.
So will ich zähmen mich;
Das Unrecht will ich dulden,
Dem Nächsten seine Schulden
Verzeihen gern und williglich.

15. Ich will mich mit dir schlagen
Ans Kreuz und dem absagen,
Was meinem Fleisch gelüst't.
Was deine Augen hassen,
Das will ich fliehn und lassen,
So viel mir immer möglich ist.

16. Dein Seufzen und dein Stöhnen
Und die viel tausend Tränen,
Die dir geflossen zu,
Die sollen mich am Ende
In deinen Schoß und Hände
Begleiten zu der ewgen Ruh.

14. O MENSCH, BEWEINE DEINE SÜND

Die Passion nach Sebaldus Heyd

1. O Mensch beweine deine Sünd,
Um welcher willen Gottes Kind
Ein Mensche mußte werden;
Er kam von seines Vaters Thron,
Ward einer armen Jungfrau Sohn,
Tat große Ding auf Erden.
Die Kranken macht er frisch und stark
Und risse, was schon lag im Sarg,

Dem Tod aus seinem Radien;
Bis daß er selbst durch Feindes Händ
Am Kreuze seines Lebens End
In Schmerzen mußte machen.

2. Denn als nun wieder Ostern war,
Nahm er zu sich der Zwölfe Schar
Und sprach mit treuem Munde:
Nach zweien Tagen kommt die Nacht,
Da man das Osterlämmlein schlacht't;
Dann ist auch meine Stunde.
Da ging die ganze Klerisei
Zu Rat, wie sie ihm kämen bei,
Hingegen die ihn liebte,
Salbt ihn gar schön in Simons Haus,
Der Herr strich diese Tat heraus,
Schalt den, der sie betrübte.

3. Das war der bös Ischarioth,
Der seinen Herrn der bösen Rott
Geschworen zu verraten.
Das fromme Lamm, der Heiland, kam,
Als süßes Brot und Osterlamm,
Wie andre Juden taten.
Drauf stiftet er sein Fleisch und Blut,
Des Neuen Testamentes Gut,
Zu trinken und zu essen,
Und stund hernach von seinem Ort,
Wusch seine Jünger, redt'te Wort,
Die nimmer zu vergessen.

4. Er kam zum heilgen Öleberg;
Da, da ging an das hohe Werk
Mit Zittern und mit Zagen.
Die Erde nahm den Blutschweiß an,
Der häufig aus ihm drang und rann,
Der Himmel hört ihn sagen:
O Vaterherz, gefällt es dir,
So gehe dieser Kelch von mir;

Wo nicht, gescheh dein Wille!
Und täte das zum dritten Mal,
Indessen lag der Jünger Zahl
In Schlaf und süßer Stille.

5. Ach, sprach das liebe treue Herz,
Ihr liegt und schlaft; mich hat der Schmerz
Und Todesangst umfangen.
Ach, wacht und betet, betet, wacht!
Damit ihr von des Feindes Macht
Nicht werdet hintergangen.
Nun ist mein Stündlein vor der Tür,
Steht auf! Da kommet her zu mir
Mein jünger und Verräter!
Er hatte kaum gehöret auf,
Umringt ihn Judas und sein Hauf
Als einen Übeltäter.

6. Der Führer küßt ihn mit dem Mund,
Und war doch nichts im Herzensgrund
Als bittres Gift und Fluchen,
Doch trat der Heiland frei dahin,
Sprach klar und deutlich: seht, ich bin,
Den eure Augen suchen.
Sucht ihr denn mich, so lasset gehn,
Die ihr hier bei mir sehet stehn.
Meint hiermit seine Jünger.
Und als des Petri strenger Sinn
Den Malchum schluge, heilt er ihn
Am Ohr mit seinem Finger.

7. Steck ein das Schwert, sprach unser Licht,
Solch Arbeit dienet hieher nicht,
Mein Kelch muß sein getrunken.
Drauf ist der Richter aller Welt
Den Hohepriestern dargestellt;
Und da ist auch gesunken
Des Petri Herz und Leuenmut,
Nicht zwar durch Schwert und Feuersglut,

Nur durch ein bloßes Fragen,
Ob er nicht Jesu Jünger sei?
Da fällt sein Glaube, Lieb und Treu,
Weiß nichts als Nein zu sagen.

8. Auf diesen Fall kam große Reu,
Er fing an, da der Hahne schrei,
Sehr bitterlich zu weinen.
Das Auge, das die Herzen sieht,
Tät einen Blick, ließ Gnad und Güt
Dem armen Petro scheinen.
Die falschen Zeugen traten dar
Und red'ten viel, so nimmer wahr,
Auch niemals wird geschehen;
Drum auch der Herr unnötig schätzt,
Daß er sein Wort dagegen setzt,
Läßts durch den Wind zerwehen.

9. Dem aber, dem er ward verklagt,
Antwortet er, da er ihn fragt,
Ob er von Gott geboren:
Ja, ich bin Mensch und Gottes Sohn,
Der Welt zum Heil, zur Freud und Kron
Vorn Vater auserkoren;
Ihr werdet meine Herrlichkeit
Zur Rechten Gottes mit der Zeit
Hoch in den Wolken sehen. –
Das nennt der Lästrer Lästerwort,
Da schrie ein jeder: Tod und Mord!
Da ging es an ein Schmähen.

10. Man schlug, man spie ihm ins Gesicht.
O Wunder, Wunder, daß hier nicht
Die Erde sich zerrissen!
O Wunder, daß nicht Gottes Grimm
Mit seiner starken Donnerstimm
Vom Himmel drein geschmissen!
Sie bunden ihm die Augen zu
Und hatten weder Maß noch Ruh
Im Höhnen und im Schlagen;
Denn wenn sie schlugen, fragten sie:

Sag an, wer tats? Du kannst es je
Als ein Prophete sagen!

11. Und damit war es noch nicht aus.
Am Morgen ward er in das Haus
Pilati hingeführet.
Der Judas dacht den Sachen nach,
Sein frecher Sinn sank hin und brach,
Sein Herze ward gerühret;
Es ward ihm leid, er hatte Reu,
Weil aber war kein Trost dabei,
Ging Seel und Leib zugrunde.
Er nahm ein grausam schrecklich End,
Er und sein Name bleibt geschänd't
Noch bis auf diese Stunde.

12. Da Jesu vor Pilato stund,
War sehr viel Klag und gar kein Grund;
Das meiste, das man triebe
War, daß er nichts mehr tu und lehr,
Als was die Untertanen kehr
Vons Kaisers Pflicht und Liebe,
Dieweil er sich zum Könge macht.
Pilatus ward dahin gebracht,
Daß er den Herren fragte,
Ob er der Juden König wär?
Der Herr sprach: ja, zu Gottes Ehr,
Er wäre, was er sagte.

13. Weil nun Herodes, dessen Hand
Sonst herrscht im Galiläerland,
Gleich damals war zugegen,
Schickt ihm Pilatus Christum hin.
Des freut er sich in seinem Sinn,
Ließ ihn zum Spott anlegen
Ein weißes Kleid, ein arme Tracht,
Und da man seiner gnug gelacht,
Da schickt er ihn zurücke
Pilato heim; der ging zu Rat
Und fand ihn rein von arger Tat,
Unschuldig aller Tücke.

14. Er nahm den Mörder Barrabam
Dem jedermann sonst war sehr gram,
Den stellt er in die Mitten:
Hier sind der Übeltäter zwei,
Sprach er zum Volk, es steht euch frei,
Ihr möget einen bitten. –
Halt Jesum, schrie die tolle Schar,
Laß Barrabam, wie er vor war,
Frei ledig in das Seine. –
Was fang ich denn mit Jesu an? –
Ans Kreuz, ans Kreuz mit diesem Mann!
Antwortet die Gemeine.

15. Da gab Pilatus Jesum hin
Dem Kriegesvolk, das geißelt ihn
Ohn alle Gnad und Schonen.
Der freche Haufe trat zuhauf
Und setzen unserm Könge auf
Von Dornen eine Kronen.
Er ward gehandelt als ein Tor;
Sie äfften ihn mit einem Rohr
Und schlugen ihn nicht wenig.
Du bist ein König, sagten sie,
Drum beugen wir dir unsre Knie,
Glück zu, o Judenkönig!

16. Als er nun übel zugericht't,
Führt ihn Pilatus ins Gesicht
Des Volks und sprach darneben:
Seht, seht doch, welch ein armer Wurm!
Nun wird sich euer Grimm und Sturm
Einmal zufrieden geben. –
Nein, nein, sprach die vergallte Rott,
Zum Kreuz, zum Kreuz! Nur immer tot! –
Pilatus wusch die Hände
Und wollt im Kote reine sein;
Dem aber, der in allem rein,
Bestimmt er Tod und Ende.

17. Das Leben ging zum bittern Tod
Und mußte seine letzte Not

Mit eignen Schultern tragen.
Er trug sein Kreuz und unsern Schmerz,
Darüber führt manch Mutterherz
Ein hochbetrübtes Klagen.
  Weint nicht, sprach Christus, über mich,
Ein jeder weine über sich
Und über seine Sünde!
Es kommt die Zeit, da selig wird
Gepreiset die, so nicht gebiert
Und gar nicht weiß vom Kinde. –

18. Da man nun kam zur Schädelstatt,
Da ward, ders nicht verdienet hat,
Bis in den Tod gekränket.
Zwar also, daß ein Mörderpaar
Zur Seiten wurde hier und dar
Er mitten ein gehenket.
  Man nahm ihm Leben, Ehr und Blut;
Den sanften Sinn, den frommen Mut,
Den mußten sie ihm lassen.
Er liebte, die ihm weh getan,
Rief seinen Vater für die an,
Die ihm sein Herz zerfraßen.

19. Pilatus heftet oben an
Ein Überschrift, die jedermann,
Der bei dem Kreuz gewesen,
Hebräer, Römer, Griechenland
Und wer Vernunft hat und Verstand,
Gar wohl hat können lesen.
  Die Krieger nehmen ihm sein Kleid
Und teilen sich diese Beut,
Der Rock bleibt unzerstücket;
Er wird dem Los anheimgestellt,
Des soll er sein, wem jenes fällt;
Laßt sehen, wem es glücket.

20. Maria voller Lieb und Treu
Stund an dem Kreuz, und auch dabei,
Den unser Heiland liebte.

Sieh hier, sprach Jesus, Weib, dein Sohn!
Und Jünger, siehe deine Kron
Und Mutter, die betrübte;
Die laß dir ja befohlen sein! –
Dies Wort, das drang ins Herz hinein
Johanni, dem geliebten.
Er nahm die auf und tat ihr wohl,
Die andern machten Jammers voll
Durch Bosheit, die sie übten.

21. Viel Lästrer red'ten böse Ding,
Auch einer, der zur Seiten hing,
Goß auf ihn seinen Geifer.
Der aber an dem andern Ort
Straft ihn und seine Lästerwort
Mit großem Ernst und Eifer,
Sprach Jesum an: O Himmelsfürst,
Gedenke meiner, wenn du wirst
Nun in dein Reich eingehen! –
Fürwahr, fürwahr, ich sage dir,
Sprach Jesus, du wirst heut bei mir
Im Paradiese stehen.

22. Der Mittag kam und war doch Nacht,
Die Sonn, die alles fröhlich macht,
War selbst mit Leid erfüllet.
Des Lichtes Schöpfer fühlet Pein,
Drum mußt mit finstern Schatten sein
Das schönste Licht verhüllet.
Eli! rief Jesus, Gott, mein Gott,
Wie läßt du mich in meiner Not
Und Angst so gar alleine?
Und bald darauf: Mich dürstet sehr! –
Das alles hört der Juden Heer
Und weiß nicht, was er meine.

23. Sie sind vom Zorne taub und blind,
Hart wie ein Stein, der nichts empfindt,
Auch gar nicht zu erweichen.
Sie nehmen aus dem Essigfaß

Und machen einen Schwamm mit naß,
Den lassen sie ihm reichen.
  Ihr Herz ist voller Bitterkeit,
Und damit sind sie auch bereit,
Den, der jetzt stirbt, zu laben.
Viel machen aus dem Ernst ein Spiel
Und sprechen: halt, laß sehn, er will
Eliä Hilfe haben. –

24. Er aber sprach: Es ist vollbracht!
Und darauf ward er von der Macht
Des Todes überfallen.
Er neigte sich zur sanften Ruh,
Er schloß die schwachen Augen zu
Und schrie mit großem Schallen:
  Nimm auf, nimm auf, Herr, meinen Geist,
Du, mein herzliebster Vater, weißt,
Wie du ihn sollst bewahren! –
Und also ist der große Held,
Der Himmel, Erd und alles hält,
Von dieser Welt gefahren.

25. Er fuhr dahin. Im Augenblick
Zerriß der Vorhang in zwei Stück,
Die Erd erschrak und bebte.
Die Felsen sprangen in die Luft,
Auch öffnet sich der Gräber Gruft
Und was darinnen lebte.
  Der Juden Herzen blieben hart,
Allein der Hauptmann, dem da ward
Die Wach am Kreuz befohlen,
Der glaubt, und mit ihm sein Gesind,
Es wäre Jesus Gottes Kind
Und sagtens unverhohlen.

26. Man brach den Schächern ihre Bein,
Mein und dein Heiland blieb allein
An Beinen ungebrochen.
Das aber ist wahr und gewiß,
Daß ein Soldat mit seinem Spieß
Die Seiten ihm zerstochen,

Aus welcher Wund ein edle Flut
Von Blut und Wasser uns zugut
Alsbald herausgeflossen.
Zuletzt ward er vom Kreuz gebracht
Und, wohl beschickt, noch vor der Nacht
In Josephs Grab geschlossen.

27. Die Juden hatten wohl gehört,
Er würde, wie er selbst gelehrt,
Von Toten auferstehen;
Das halten sie für unwahr sein,
Sie bilden ihnen aber ein,
Es möchte List ergehen.
Drum siegeln sie des Grabes Tür
Und legten starke Wache für;
Umsonst und gar vergebens!
Der Herr dringt durch, kein Fels und Stein,
Kein Wächter mag zu mächtig sein
Dem Fürsten unsres Lebens.

28. Nun seh und lern ein jedermann,
Wie sehr viel Gutes uns getan
Der Bräutgam unsrer Seelen:
Er nahm auf sich all unser Schuld
Und ließ aus treuer Lieb und Huld
Sich unserthalben quälen.
Zerknirschtes Herz, betrübter Geist,
Den seine Sünde nagt und beißt,
Laß Sorg und Kummer fallen,
Weil unser Heiland Jesus Christ
Ein Sündenopfer worden ist
Dir und uns Menschen allen!

29. Du aber, der du sicher stehst,
Und ohne Buße täglich gehst
In ungescheute Sünden,
Betrachte, was für Straf und Last,
Wenn du dein Maß gefüllet hast,
Dich endlich werde finden!

Denn tut man das am grünen Baum,
So denke, was für Ort und Raum
Der dürre werd erlangen.
O Jesu, gibt uns deinen Sinn
Und bring uns alle, wo du hin
Durch deinen Tod gegangen!

15. FÜRWAHR, ER TRUG UNSERE KRANKHEIT UND LUD AUF SICH UNSERE SCHMERZEN

Siehe, mein getreuer Knecht (Jes. 52, 13 ff. u. 53)

1. Siehe, mein getreuer Knecht,
Der wird weislich handeln,
Ohne Tadel, schlecht und recht
Auf der Erden wandeln;
Sein getreuer, frommer Sinn
Wird in Einfalt gehen,
Und noch dennoch wird man ihn
An das Kreuz erhöhen.

2. Hoch am Kreuze wird mein Sohn
Große Marter leiden,
Und viel werden ihn mit Hohn
Als ein Scheusal meiden.
Aber also wird sein Blut
Auf die Heiden springen
Und das ewge wahre Gut
In ihr Herze bringen.

3. Kön'ge werden ihren Mund
Gegen ihn verhalten
Und aus innerm Herzensgrund
Ihre Hände falten.
Das verblend'te taube Heer
Wird ihn sehn und hören
Und mit Lust zu seiner Ehr
Ihren Glauben mehren.

4. Aber da, wo Gottes Licht
Reichlich wird gespüret,
Hält man sich mit nichten nicht
Wie es sich gebühret:
Denn wer glaubt im Judenland
Unsrer Predigt Worten?
Wem wird Gottes Arm bekannt
In Israels Orten?

5. Niemand will fast seinen Preis
Ihm hie lassen werden,
Denn er schießt auf wie ein Reis
Aus der dürren Erden,
Krank, verdorret, ungestalt,
Voller Blut und Schmerzen,
Daher scheut ihn jung und alt
Mit verwandtem Herzen.

6. Ei, was hat er denn getan?
Was sind seine Schulden,
Daß er da für jedermann
Solche Schmach muß dulden?
Hat er etwann Gott betrübt
Bei gesunden Tagen,
Daß er ihm anitzo gibt
Seinen Lohn mit Plagen?

7. Nein, fürwahr! Wahrhaftig nein!
Er ist ohne Sünden.
Sondern was der Mensch für Pein
Billig sollt empfinden,
Was für Krankheit, Angst und Weh
Uns von Recht gebühret,
Das ist's was ihn in die Höh
An das Kreuz geführet.

8. Daß ihn Gott so heftig schlägt,
Tut er unsertwillen,
Daß er solche Bürden trägt,
Damit will er stillen

Gottes Zorn und großen Grimm,
Daß wir Frieden haben
Durch sein Leiden und in ihm
Leib und Seele laben.

9. Wir sinds, die wir in der Irr
Als die Schafe gingen
Und noch stets zur Höllentür
Als die Tollen dringen.
Aber Gott, der fromm und treu,
Nimmt, was wir verdienen
Und legts seinem Sohne bei,
Der muß uns versühnen.

10. Nun, er tut es herzlich gern,
Ach, des frommen Herzens!
Er nimmt an den Zorn des Herrn
Mit viel tausend Schmerzen
Und ist allzeit voll Geduld,
Läßt kein Wörtlein hören
Wider die, so ohne Schuld
Ihn so hoch beschweren.

11. Wie ein Lämmlein sich dahin
Läßt zur Schlachtbank leiten
Und hat in dem frommen Sinn
Gar kein Widerstreiten,
Läßt sich handeln, wie man will,
Fangen, binden, zähmen
Und dazu in großer Still
Auch sein Leben nehmen.

12. Also läßt auch Gottes Lamm
Ohne Widersprechen
Ihm sein Herz am Kreuzesstamm
Unsertwegen brechen.
Er sinkt in den Tod hinab,
Den er selbst doch bindet,
Weil er sterbend Tod und Grab
Mächtig überwindet.

13. Er wird aus der Angst und Qual
Endlich ausgerissen,
Tritt den Feinden allzumal
Ihren Kopf mit Füßen.
  Wer will seines Lebens Läng
Immer mehr ausrechnen?
Seiner Tag und Jahre Meng
Ist nicht auszusprechen.

14. Doch ist er wahrhaftig hier
Für sein Volk gestorben
Und hat völlig mir und dir
Heil und Gnad erworben,
  Kommt auch in das Grab hinein
Herrlich eingehüllet,
Wie die, so mit Reichtum sein
In der Welt erfüllet.

15. Er wird als ein böser Mann
Vor der Welt geplaget,
Da er doch noch nie getan,
Auch noch nie gesaget,
  Was da bös und unrecht wär;
Er hat nie betrogen,
Nie verletzet Gottes Ehr,
Sein Mund nie gelogen.

16. Ach, er ist für fremde Sünd
In den Tod gegeben,
Auf daß du, o Menschenkind,
Durch ihn möchtest leben,
  Daß er mehrte sein Geschlecht,
Den gerechten Samen,
Der Gott dient und Opfer brächt
Seinem heilgen Namen.

17. Denn das ist sein höchste Freud
Und des Vaters Wille,
Daß den Erdkreis weit und breit
Sein Erkenntnis fülle,

Damit der gerechte Knecht,
Der vollkommne Sühner,
Gläubig mach und recht gerecht
Alle Sündendiener.

18. Große Menge wird ihm Gott
Zur Verehrung schenken,
Darum, daß er sich mit Spott
Für uns lassen kränken,
Da er denen gleich gesetzt,
Die sehr übertreten,
Auch die, so ihn hoch verletzt,
Bei Gott selbst verbeten.

16. DIE SIEBEN WORTE CHRISTI AM KREUZ

Hör an, mein Herz, die sieben Wort

1. Hör an, mein Herz, die sieben Wort,
Die Jesus ausgesprochen,
Da ihm durch Qual und blutgen Mord
Sein Herz am Kreuz gebrochen.
Tu auf den Schrein
Und schleuß sie ein
Als edle hohe Gaben,
So wirst du Freud
In schwerem Leid
Und Trost im Kreuze haben.

2. Sein allererste Sorge war,
Zu schützen, die ihn hassen,
Bat, daß sein Gott der bösen Schar
Wollt ihre Sünd erlassen.
Vergib, vergib,
Sprach er aus Lieb,
O Vater, ihnen allen!
Ihr keiner ist,
Der säh und wüßt,
In was für Tat sie fallen.

3. Lehrt uns hiemit, wie schön es sei,
Die lieben, die uns kränken,
Und ihnen ohne Heuchelei
All ihre Fehler schenken.
Er zeigt zugleich,
Wie gnadenreich
Und fromm sei sein Gemüte,
Daß auch sein Feind,
Der's böse meint,
Bei ihm nichts find als Güte.

4. Drauf spricht er seine Mutter an,
Die bei Johanne stunde,
Tröst't sie am Kreuz, so gut er kann,
Mit seinem schwachen Munde:
Sieh hier dein Sohn!
Weib, der wird schon
Mein Amt bei dir verwalten.
Und, Jünger, sieh,
Hie stehet, die
Du sollst als Mutter halten.

5. Ach, treues Herz, so sorgest du
Für alle deine Frommen.
Du siehst und schauest fleißig zu,
Wie sie in Trübsal kommen,
Trittst auch mit Rat
und treuer Tat
Zu ihnen auf die Seiten;
Du bringst sie fort,
Gibst ihnen Ort
Und Raum bei guten Leuten.

6. Die dritte Red hast du getan
Dem, der dich, Herr, gebeten:
Gedenk und nimm dich meiner an,
Wenn du nun wirst eintreten
In deinen Thron
Und Ehr und Kron

Als Himmelsfürst aufsetzen!
Ich will gewiß
Im Paradies,
Sprachst du, dich heut ergötzen.

7. O süßes Wort, o Freudenstimm!
Was will uns nun erschrecken?
Laß gleich den Tod mit großem Grimm
Hergehn aus allen Ecken;
Stürmt er gleich sehr,
Was kann er mehr,
Als Leib und Seele scheiden?
Indessen schwing
Ich mich und spring
Ins Paradies der Freuden.

8. Nun wohl der Schächer wird mit Freud
Aus Christi Wort erfüllet,
Er aber selbst fängt an und schreit,
Gleich als ein Leue brüllet:
Eli, mein Gott!
Welch Angst und Not
Muß ich, dein Kind, ausstehen!
Ich ruf, und du
Schweigst still dazu,
Läß'st mich zu Grunde gehen.

9. Nimm dies zur Folge, frommes Kind,
Wann Gott sich grausam stellet,
Schau, daß du, wenn sich Trübsal find't,
Nicht werdest umgefället.
Halt steif und fest:
Der dich jetzt läßt,
Wird dich gar bald erfreuen,
Sei du nur treu
Und halt dabei
Stark an mit gläubgem Schreien.

10. Der Herr fährt fort, ruft laut und hell,
Klagt, wie ihn heftig dürste:

Mich dürstet, sprach der ewge Quell
Und edle Lebensfürste.
Was meint er hier?
Er zeiget dir,
Wie matt er sich getragen
An deiner Last,
Die du ihm hast
Gemacht in Sündentagen.

11. Er deutet auch darneben an,
Wie ihn so hoch verlange,
Daß dies sein Kreuz bei jedermann
Frucht bring und wohl verfange.
Das merk mit Fleiß,
Wer sich im Schweiß
Der Seelenangst muß quälen:
Das ewge Licht
Schleußt keinen nicht
Vom Teil und Heil der Seelen.

12. Als nun des Todes finstre Nacht
Begunnt hereinzudringen,
Sprach Gottes Sohn: Es ist vollbracht
Das, was ich soll vollbringen.
Was hier und dar
Die heilge Schar
Der Väter und Propheten
Hat aufgesetzt,
Wie man zuletzt
Mich kreuzgen würd und töten.

13. Ist's dann vollbracht, was willst du nun
Dich so vergeblich plagen,
Als müßt ein Mensch mit seinem Tun
Die Sündenschuld abtragen?
Es ist vollbracht!
Das nimm in Acht,
Du darfst hie nichts zu geben,
Als daß du gläubst
Und gläubig bleibst
In deinem ganzen Leben.

14. Nun endlich redt er noch einmal,
Schreit auf ohn alle Maßen:
Mein Vater, nimm in deinen Saal
Das, was ich jetzt muß lassen:
Nimm meinen Geist,
Der hier sich reißt
Aus meinem kalten Herzen!
Und hiermit wird
Der große Hirt
Entbunden aller Schmerzen.

15. O wollte Gott, daß ich mein End
Auch also möchte enden
Und meinen Geist in Gottes Händ
Und treuen Schoß hinsenden!
Ach laß, mein Hort,
Dein letztes Wort
Mein letztes Wort auch werden!
So werd ich schön
Und selig gehn
Zum Vater von der Erden.

17. DIE GRABLEGUNG CHRISTI

Als Gottes Lamm und Leue entschlafen

1. Als Gottes Lamm und Leue
Entschlafen und verschieden,
Erwacht in Lieb und Treue
Ein Paar recht frommer Jüden.
Die machten sich zum Kreuz hinzu,
Dich, o du unser ewge Ruh,
Zu deiner Ruh zu bringen.

2. Also weiß Gott die Seinen
Am Kreuz in Acht zu nehmen
Und, die es böse meinen,
Zu rechter Zeit zu zähmen.

Das Wüten nimmt zuletzt ein End,
Und wenn die Unschuld gnug geschändt,
So findt sich, der sie ehre.

3. Dann einer aus dem Rate,
Joseph, der fromme Reiche,
Der wagt es, ging und bate
Pilatum um die Leiche.
Pilatus war bereit und gab
Befehl, daß man sie nähm herab
Und Joseph übergäbe.

4. Gesegnet sei dein Wille,
Joseph, und dein Begehren,
Gott wolle dir die Fülle
Der Freuden dort gewähren,
Daß du, den meine Seele liebt,
Vom Kreuze, da man ihn betrübt,
So freudig losgebeten.

5. Hierzu hat sich auch funden
Des Nicodemi Treue,
Der bringt bei hundert Pfunden
Der besten Spezereie,
Die Myrrhen samt der Aloe
Zu salben den, der aus der Höh
Uns salbt mit seinem Geiste.

6. Da siehst du, wie die Schwachen
Zuletzt gestärket werden.
Gott kann zu Helden machen,
Was blöd ist hie auf Erden.
Der Glaube, der im Finstern lag,
Bricht endlich an den hellen Tag
Und leuchtet wie die Sonne.

7. Nun, diese beiden Frommen
Ergreifen mit viel Weinen
Den, der vom Kreuz genommen,
Und wickeln ihn in Leinen,

Verwahren ihn zugleich dabei
Mit edler teurer Spezerei,
Wie in Judäa bräuchlich.

8. So soll man Christum ehren,
Wann er nun liegt darnieder.
Wir sollen balsamieren
Ihn und sein arme Glieder,
Die Unbekleid'ten wickeln ein
Und die, so ganz verlassen sein,
Mit unsrer Hilf annehmen.

9. Es war nicht weit von hinnen,
Wo Christus starb, zu schauen
Ein Garten und darinnen
Des Josephs Grab, gehauen
Gar neu in einem Felsenstein,
Da legten ihren Schatz hinein
Die zwei geliebten Herzen.

10. Ach Jesu, dessen Schmerzen
Mir all mein Heil erworben
Komm, ruh in meinem Herzen,
Das in der Sünd erstorben!
Laß dirs gefallen, ich will dir
Dein Grab bereiten in mir hier,
So leb und sterb ich selig.

PASSIONS-SALVE AN DIE LEIDENDEN GLIEDER CHRISTI

Nach einem mittelalterlichen lateinischen Hymnus, der fälschlich dem heiligen Bernhard von Clairvaux zugeschrieben wurde und neuerdings für Arnulph von Löwen in Anspruch genommen wird.

I. An die Füße (Salve, mundi salutare)

18. SEI MIR TAUSENDMAL GEGRÜSSET

1. Sei mir tausendmal gegrüßet,
Der mich je und je geliebt,
Jesu, der du selbst gebüßet
Das, womit ich dich betrübt.
Ach, wie ist mir doch so wohl,
Wenn ich knien und liegen soll
An dem Kreuze, da du stirbest
Und um meine Seele wirbest.

2. Ich umfange, herz und küsse
Der gekränkten Wunden Zahl
Und die purpurroten Flüsse,
Deine Füß' und Nägelmal.
O, wer kann doch, schönster Fürst,
Den so hoch nach uns gedürst't,
Deinen Durst und Liebsverlangen
Völlig fassen und umfangen?

3. Heile mich, o Heil der Seelen,
Wo ich krank und traurig bin;
Nimm die Schmerzen, die mich quälen,
Und den ganzen Schaden hin,
Den mir Adams Fall gebracht
Und ich selbsten mir gemacht.
Wird, o Arzt, dein Blut mich netzen,
Wird sich all mein Jammer setzen.

4. Schreibe deine blutgen Wunden
Mir, Herr, in das Herz hinein,
Daß sie mögen alle Stunden

Bei mir unvergessen sein.
  Du bist doch mein liebstes Gut,
Da mein ganzes Herze ruht.
Laß mich hie zu deinen Füßen
Deiner Lieb und Gunst genießen.

5. Diese Füße will ich halten
Auf das best ich immer kann;
Schaue meiner Hände Falten
Und mich selbsten freundlich an
  Von dem hohen Kreuzesbaum
Und gib meiner Bitte Raum,
Sprich: Laß all dein Trauern schwinden,
Ich, ich tilg all deine Sünden.

II. An die Knie (Salve Jesu, rex sanctorum)

19. GEGRÜSSET SEIST DU, MEINE KRON

1. Gegrüßet seist du, meine Kron
Und König aller Frommen,
Der du zum Trost von deinem Thron
Uns armen Sündern kommen!
  O wahrer Mensch, o wahrer Gott,
O Helfer, voller Hohn und Spott,
Den du doch nicht verschuldest!
  Ach, wie so arm, wie nackt und bloß
Hängst du am Kreuz, wie schwer und groß
Ist dein Schmerz, den du duldest.

2. Es fleußet deines Blutes Bach
Mit ganzem vollem Haufen,
Dein Leib ist auch mit Ungemach
Ganz durch und durch belaufen.
  O ungeschränkte Majestät,
Wie kommts, daß dirs so kläglich geht?
Das macht dein Huld und Treue.
  Wer dankt dir des? Wo ist der Mann,
Der sich, wie du für uns getan,
Für dich zu sterben freue?

3. Was soll ich dir doch immermehr,
O Liebster, dafür geben,
Daß dein Herz sich so hoch und sehr
Bemüht hat um mein Leben?
    Du rettest mich durch deinen Tod
Von mehr als eines Todes Not
Und machst mich sicher wohnen.
    Laß Höll und Teufel böse sein,
Was schad'ts? sie müssen dennoch mein
Und meiner Seele schonen.

4. Vor großer Lieb und heilger Lust,
Damit du mich erfüllet,
So wird mein Leid gestillet,
Drück ich dich an mein Herz und Brust,
    Das deinen Augen wohlbekannt.
Und das ist dir ja keine Schand,
Ein krankes Herz zu laben.
    Ach bleib mir hold und gutes Muts,
Bis mich die Ströme deines Bluts
Ganz rein gewaschen haben.

5. Sei du mein Schatz und höchste Freud,
Ich will dein Diener bleiben,
Und deines Kreuzes Herzeleid
Will ich in mein Herz schreiben.
    Verleihe du nur Kraft und Macht,
Damit, was ich bei mir bedacht,
Ich mög ins Werk auch setzen;
    So wirst du, Schönster, meinen Sinn
Und alles, was ich hab und bin,
Ohn Unterlaß ergötzen.

III. An die Hände (Salve Jesu, paster bone)

20. SEI WOHL GEGRÜSSET, GUTER HIRT

1. Sei wohl gegrüßet, guter Hirt,
Und ihr, o heilgen Hände

Voll Rosen, die
man preisen wird
Bis an des Himmels Ende.
Die Rosen, die
Ich mein allhie,
Sind deine Mal und Plagen,
Die dir am End
In deine Händ
Am Kreuze sind geschlagen.

2. Du zahlst mit beiden Händen dar
Die edlen roten Gulden
Und bringst die ganze Menschenschar
Dadurch aus allen Schulden.
Ach laß von mir,
O Liebster, dir
Dies' Hände herzlich drücken
Und mit dem Blut,
Das mir zugut
Vergossen, mich erquicken.

3. Wie freundlich tust du dich doch zu
Und greifst mit beiden Armen
Nach aller Welt, in Lieb und Ruh
Uns ewig zu erwarmen.
Ach Herr, sieh hier,
Mit was Begier
Ich Armer zu dir trete!
Sei mir bereit
Und gib mir Freud
Und Trost, darum ich bete.

4. Zeuch allen meinen Geist und Sinn
Nach dir und deiner Höhe!
Gib, daß mein Herz nur immerhin
Nach deinem Kreuze stehe,
Ja daß ich mich
Selbst williglich
Mit dir ans Kreuze binde!

Und mehr und mehr
Töt und zerstör
In mir des Fleisches Sünde.

5. Ich herz und küsse wiederum
Aus rechtem treuen Herzen,
Herr, deine Händ und sage Ruhm
Und Dank für ihren Schmerzen;
Darneben geb
Ich, weil ich leb,
In diese deine Hände
Herz, Seel und Leib,
Und also bleib
Ich dein bis an mein Ende.

IV. An die Seite (Salve Jesu, summe bonus)

21. ICH GRÜSSE DICH, DU FRÖMMSTER MANN

1. Ich grüße dich, du frömmster Mann,
Der herzlich gern vergibet,
Wie schmerzlich weh wird dir getan,
Wie wird dein Leib betrübet!
Es grüßet dich mein ganzer Geist,
Du meines Heilands Seite,
Du edler Quell, aus welchem fleußt
Das Blut, das so viel Leute
Von ihren Sünden wäschet.

2. Ich mach, Herr Jesu, mich zu dir,
Ach, halt mirs ja zugute,
Und laß mich suchen Trost für mir
In deiner Wunden Blute!
Du werte Wunde, sei gegrüßt,
Du weites Tor der Gnaden,
Daraus sich Blut und Wasser gießt
Und da all unserm Schaden
Kann abgeholfen werden.

3. Du räuchst mir süßer als der Wein
Und heilst das Gift der Schlangen,
Du flößest mir das Leben ein
Und stillst des Dursts Verlangen:
  Eröffne dich, du liebe Wund,
Und laß mein Herze trinken!
Ists möglich, laß mich gar zu Grund
In dir gehn und versinken,
So werd ich mich recht laben.

4. Mein Mund streckt sich mit aller Kraft,
Damit er dich berühre
Und ich den teuren Lebenssaft
In Mark und Beinen spüre.
  Ach wie so süße bist du doch,
Herr Jesu, meinem Herzen!
Wer dich recht liebt, dem wird das Joch
Der bittern Todesschmerzen
Gleich als wie lauter Zucker.

5. Verbirge mich und schleuß mich ein
In deiner Seiten Höhle!
Hier laß mich still und sicher sein,
Hier wärme meine Seele,
  Wann mich der kalte Tod befällt,
Und wann der höllsche Leue
Nach mir und meinem Geiste stellt,
So laß in deiner Treue
Mich dann fein ruhig bleiben.

V. An die Brust (Salve, salus mea, Deus)

22. GEGRÜSSET SEIST DU, GOTT MEIN HEIL

1. Gegrüßet seist du, Gott mein Heil,
Mein Auge, Lieb und schönstes Teil,
Gegrüßet seist du, werte Brust,
Du Gottessohn, du Menschenlust,
Du Träger aller Bürd und Last,
Du aller Müden Ruh und Rast.

2. Mein Jesu, neige dich zu mir
Mit deiner Brust, damit von dir
Mein Herz in deiner Lieb entbrenn
Und von der ganzen Welt sich trenn.
Halt Herz und Brust in Andacht reich
Und mich ganz deinem Willen gleich.

3. Mach, Herr, durch deines Herzens Quell
Mein Herz von Unflat rein und hell!
Der du bist Gottes Glanz und Bild
Und aller Armen Trost und Schild,
Teil aus den Schätzen deiner Gnad
Auch mir mit Gnade, Rat und Tat.

4. O süße Brust, tu mir die Gunst
Und fülle mich mit deiner Brunst!
Du bist der Weisheit tiefer Grund,
Dich lobt und singt der Engel Mund,
Aus dir entspringt die edle Frucht,
Die dein Johannes bei dir sucht.

5. In dir wohnt alle Gottesfüll,
Hast alles, was ich wünsch und will,
Du bist das rechte Gotteshaus,
Drum, wann zur Welt ich muß hinaus,
So schließ mich treulich in dir ein
Und laß mich ewig bei dir sein.

VI. An das Herz (Summi regis cor aveto)

23. O HERZ DES KÖNIGS ALLER WELT

1. O Herz des Königs aller Welt,
Des Herrschers in dem Himmelszelt,
Dich grüßt mein Herz in Freuden.
Mein Herze, wie dir wohl bewußt,
Hat seine größt und höchste Lust
An dir und deinem Leiden.

Ach, wie bezwang und drang dich doch
Dein edle Lieb, ins bittre Joch
Der Schmerzen dich zu geben,
Da du dich neigtest in den Tod,
Zu retten aus der Todesnot
Mich und mein armes Leben.

2. O Tod, du fremder Erdengast,
Wie warst du so ein herbe Last
Dem allersüß'sten Herzen!
Dich hat ein Weib der Welt gebracht,
Und machst dem, der die Welt gemacht,
So unerhörte Schmerzen!
Du meines Herzens Herz und Sinn,
Du brichst und fällst und stirbst dahin,
Wollst mir ein Wort gewähren:
Ergreif mein Herz und schleuß es ein
In dir und deiner Liebe Schrein.
Mehr will ich nicht begehren.

3. Mein Herz ist kalt, hart und betört
Von allem, was zur Welt gehört,
Fragt nur nach eitlen Sachen,
Drum, herzes Herze, bitt ich dich,
Du wollest dies mein Herz und mich
Warm, weich und sauber machen.
Laß deine Flamm und starke Glut
Durch all mein Herze, Geist und Mut
Mit allen Kräften dringen;
Laß deine Lieb und Freundlichkeit
Zur Gegenlieb und Dankbarkeit
Mich armen Sünder bringen.

4. Erweitre dich, mach alles voll!
Sei meine Ros und riech mir wohl,
Bring Herz und Herz zusammen,
Entzünde mich durch dich und laß
Mein Herz ohn End und alle Maß
In deiner Liebe flammen!

Wer dieses hat, wie wohl ist dem;
In dir beruhn ist angenehm,
Ach, niemand kanns gnug sagen.
Wer dich recht liebt, ergibt sich frei,
In deiner Lieb und süßen Treu
Auch wohl den Tod zu tragen.

5. Ich ruf aus aller Herzensmacht
Dich, Herz, in dem mein Herz erwacht,
Ach laß dich doch errufen!
Komm, beug und neige dich zu mir
An meines Herzens arme Tür
Und zeuch mich auf die Stufen
Der Andacht und der Freudigkeit,
Gib, daß mein Herz in Lieb und Leid
Dein eigen sei und bleibe,
Daß dir es dien an allem Ort
Und dir zu Ehren immerfort
All seine Zeit vertreibe.

6. O Herzensros', o schönste Blum!
Ach, wie so köstlich ist dein Ruhm,
Du bist nicht auszupreisen.
Eröffne dich, laß deinen Saft
Und des Geruchs erhöhte Kraft
Mein Herz und Seele speisen!
Dein Herz, Herr Jesu, ist verwundt,
Ach tritt zu mir in meinen Bund
Und gib mir deinen Orden!
Verwund auch mich, o süßes Heil,
Und triff mein Herz mit deinem Pfeil,
Wie du verwundet worden.

7. Nimm mein Herz, o mein höchstes Gut,
Und leg es hin, wo dein Herz ruht,
Da ists wohl aufgehoben.
Da gehts mit dir gleich als zum Tanz,
Da lobt es deines Hauses Glanz
Und kanns doch nicht gnug loben.

Hier setzt sichs, hier gefällts ihm wohl,
Hier freut sichs, daß es bleiben soll.
Erfüll, Herr, meinen Willen!
Und weil mein Herz dein Herze liebt,
So laß auch, wie dein Recht es gibt,
Dein Herz mein Herze stillen.

VII. An das Angesicht (Salve caput cruentatum)

24. O HAUPT VOLL BLUT UND WUNDEN

1. O Haupt voll Blut und Wunden,
Voll Schmerz und voller Hohn,
O Haupt, zu Spott gebunden
Mit einer Dornenkron!
O Haupt, sonst schön gezieret
Mit höchster Ehr und Zier,
jetzt aber hoch schimpfieret,
Gegrüßet seist du mir!

2. Du edles Angesichte,
Davor sonst schrickt und scheut
Das große Weltgewichte,
Wie bist du so bespeit,
Wie bist du so erbleichet,
Wer hat dein Augenlicht,
Dem sonst kein Licht nicht gleichet,
So schändlich zugericht?

3. Die Farbe deiner Wangen,
Der roten Lippen Pracht
Ist hin und ganz vergangen,
Des blassen Todes Macht
Hat alles hingenommen,
Hat alles hingerafft,
Und daher bist du kommen
Von deines Leibes Kraft.

4. Nun, was du, Herr, erduldet,
Ist alles meine Last,
Ich hab es selbst verschuldet,
Was du getragen hast!
Schau her, hier steh ich Armer,
Der Zorn verdienet hat,
Gib mir, o mein Erbarmer,
Den Anblick deiner Gnad.

5. Erkenne mich, mein Hüter;
Mein Hirte, nimm mich an!
Von dir, Quell aller Güter,
Ist mir viel Guts getan.
Dein Mund hat mich gelabet
Mit Milch und süßer Kost;
Dein Geist hat mich begabet
Mit mancher Himmelslust.

6. Ich will hier bei dir stehen,
Verachte mich doch nicht!
Von dir will ich nicht gehen,
Wann dir dein Herze bricht.
Wann dein Haupt wird erblassen
Im letzten Todesstoß,
Alsdann will ich dich fassen
In meinen Arm und Schoß.

7. Es dient zu meinen Freuden
Und kommt mir herzlich wohl,
Wenn ich in deinem Leiden,
Mein Heil, mich finden soll.
Ach, möcht ich, o mein Leben,
An deinem Kreuze hier
Mein Leben von mir geben,
Wie wohl geschähe mir!

8. Ich danke dir von Herzen,
O Jesu, liebster Freund,
Für deines Todes Schmerzen,
Da du's so gut gemeint.

Ach gib, daß ich mich halte
Zu dir und deiner Treu
Und, wenn ich nun erkalte,
In dir mein Ende sei.

9. Wenn ich einmal soll scheiden,
So scheide nicht von mir;
Wenn ich den Tod soll leiden,
So tritt du dann herfür.
Wenn mir am allerbängsten
Wird um das Herze sein,
So reiß mich aus den Ängsten
Kraft deiner Angst und Pein.

10. Erscheine mir zum Schilde,
Zum Trost in meinem Tod
Und laß mich sehn dein Bilde
In deiner Kreuzesnot.
Da will ich nach dir blicken,
Da will ich glaubensvoll
Dich fest an mein Herz drücken.
Wer so stirbt, der stirbt wohl.

25. ALSO HAT GOTT DIE WELT GELIEBT, DASS ER SEINEN EINGEBORNEN SOHN GAB

(Joh. 3, 16)

1. Also hat Gott die Welt geliebt –
Das merke, wer es höret –
Die Welt, die Gott so hoch betrübt,
Hat Gott so hoch geehret,
Daß er den eingebornen Sohn,
Den eingen Schatz, die einge Kron,
Das einge Herz und Leben
Mit Willen hingegeben.

2. Ach wie muß doch ein einges Kind
Bei uns hier auf der Erden,
Da man doch nichts als Bosheit findt,
So hoch geschonet werden;

Wie hitzt, wie brennt der Vatersinn,
Wie gibt und schenkt er alles hin,
Eh als er an das Schenken
Des Eingen nur will denken!

3. Gott aber schenkt, aus freiem Mut
Und mildem treuem Herzen,
Sein einges Kind, sein schönstes
Gut in mehr als tausend Schmerzen;
Er gibt ihn in den Tod hinein,
Ja in die Höll und ewge Pein,
Zu unerhörtem Leide
Stößt Gott sein einge Freude!

4. Warum doch das? Daß du,
O Welt, Frei wieder möchtest stehen
Und durch ein teures Lösegeld
Aus deinem Kerker gehen;
Denn du weißt wohl, du schnöde Braut,
Wie, da dich Gott ihm anvertraut,
Du, wider deinen Orden,
Ihm allzu untreu worden.

5. Darüber hat dich Sünd und Tod
Und Satanas Gesellen
Zu bittrer Angst und harter Not
Beschlossen in der Höllen.
Und ist hier gar kein andrer Rat
Als der, den Gott gegeben hat;
Wer den hat, wird dem Haufen
Der höllschen Feind entlaufen.

6. Gott hat uns seinen Sohn verehrt,
Daß aller Menschen Wesen,
So mit dem ewgen Fluch beschwert,
Durch diesen soll genesen.
Wen die Verdammnis hat umschränkt,
Der soll durch den, den Gott geschenkt,
Erlösung, Trost und Gaben
Des ewgen Lebens haben.

7. Ach mein Gott, mein Lebens Grund,
Wo soll ich Worte finden?
Mit was für Lobe soll mein Mund
Dein treues Herz ergründen?
  Wie ist dir immermehr geschehn?
Was hast du an der Welt ersehn,
Daß, die so hoch dich höhnet,
Du so gar hoch gekrönet?

8. Warum behieltst du nicht dein Recht
Und ließest ewig pressen
Diejenge, die dein Recht geschwächt
Und freventlich vergessen?
  Was hattest du an der für Lust,
Von welcher dir doch war bewußt,
Daß sie für dein Verschonen
Dir schändlich würde lohnen?

9. Das Herz im Leibe weinet mir
Vor großem Leid und Grämen,
Wenn ich bedenke, wie wir dir
So gar schlecht uns bequemen.
  Die meisten wollen deiner nicht,
Und was du ihnen zugericht
Durch deines Sohnes Büßen,
Das treten sie mit Füßen.

10. Du, frommer Vater, meinst es gut
Mit allen Menschenkindern,
Du ordnest deines Sohnes Blut
Und reichst es allen Sündern,
  Willst, daß sie mit der Glaubenshand
Das, was du ihnen zugewandt,
Sich völlig zu erquicken,
Fest in ihr Herze drücken.

11. Sieh aber, ist nicht immerfort
Dir alle Welt zuwider?
Du bauest hier, du bauest dort,
Die Welt schlägt alles nieder.

Darum erlangt sie auch kein Heil,
Sie bleibt im Tod und hat kein Teil
Am Reiche, da die Frommen,
Die Gott gefolgt, hinkommen.

12. An dir, o Gott, ist keine Schuld,
Du, du hast nichts verschlafen:
Der Feind und Hasser deiner Huld
Ist Ursach deiner Strafen,
Weil er den Sohn, der ihm so klar
Und nah ans Herz gestellet war,
Auch einzig helfen sollte,
Durchaus nicht haben wollte.

13. So fahre hin, du tolle Schar!
Ich bleibe bei dem Sohne.
Dem geb ich mich, des bin ich gar,
Und er ist meine Krone.
Hab ich den Sohn, so hab ich gnug,
Sein Kreuz und Leiden ist mein Schmuck,
Sein Angst ist meine Freude,
Sein Sterben meine Weide.

14. Ich freue mich, so oft und viel
Ich dieses Sohns gedenke.
Dies ist mein Lied und Saitenspiel,
Wann ich mich heimlich kränke,
Wann meine Sünd und Missetat
Will größer sein als Gottes Gnad,
Und wann mir meinen Glauben
Mein eigen Herz will rauben.

15. Ei, sprech ich, war mein Gott geneigt,
Da wir noch Feinde waren,
So wird er ja, der kein Recht beugt,
Nicht feindlich mit mir fahren
Anitzo, da ich ihm versühnt,
Da, was ich Böses je verdient,
Sein Sohn, der nichts verschuldet,
So wohl für mich erduldet,

16. Fehlts hier und dar? Ei unverzagt!
Laß Sorg und Kummer schwinden!
Der mir das Größte nicht versagt,
Wird Rat zum Kleinern finden.
Hat Gott mir seinen Sohn geschenkt
Und für mich in den Tod gesenkt:
Wie sollt er, laßt uns denken,
Nicht alles mit ihm schenken!

17. Ich bins gewiß und sterbe drauf:
Nach meines Gottes Willen
Mein Kreuz und ganzer Lebenslauf
Wird sich noch fröhlich stillen.
Hier hab ich Gott und Gottes Sohn,
Und dort bei Gottes Stuhl und Thron:
Da wird fürwahr mein Leben
In ewgen Freuden schweben.

26. AUFERSTEHUNGS-GESANG

Auf auf, mein Herz, mit Freuden nimm wahr, was heut geschicht

1. Auf auf, mein Herz, mit Freuden
Nimm wahr, was heut geschicht!
Wie kommt nach großem Leiden
Nun ein so großes Licht!
Mein Heiland war gelegt
Da, wo man uns hinträgt,
Wenn von uns unser Geist
Gen Himmel ist gereist.

2. Er war ins Grab gesenket,
Der Feind trieb groß Geschrei.
Eh ers vermeint und denket,
Ist Christus wieder frei
Und ruft Victoria!
Schwingt fröhlich hie und da
Sein Fähnlein als ein Held,
Der Feld und Mut behält.

3. Der Held steht auf dem Grabe
Und sieht sich munter um,
Der Feind liegt und legt abe
Gift, Gall und Ungestüm,
Er wirft zu Christi Fuß
Sein Höllenreich und muß
Selbst in des Siegers Band
Ergeben Fuß und Hand.

4. Das ist mir anzuschauen
Ein rechtes Freudenspiel,
Nun soll mir nicht mehr grauen
Vor allem, was mir will
Entnehmen meinen Mut
Zusamt dem edlen Gut,
So mir durch Jesum Christ
Aus Lieb erworben ist.

5. Die Höll und ihre Rotten,
Die krümmen mir kein Haar,
Der Sünden kann ich spotten,
Bleib allzeit ohn Gefahr.
  Der Tod mit seiner Macht
Wird nichts bei mir geacht't,
Er bleibt ein totes Bild,
Und wär er noch so wild.

6. Die Welt ist mir ein Lachen
Mit ihrem großen Zorn,
Sie zürnt und kann nichts machen,
All Arbeit ist verlorn.
  Die Trübsal trübt mir nicht
Mein Herz und Angesicht,
Das Unglück ist mein Glück,
Die Nacht mein Sonnenblick.

7. Ich hang und bleib auch hangen
An Christo als ein Glied,
Wo mein Haupt durch ist gangen,
Da nimmt er mich auch mit.
  Er reißet durch den Tod,
Durch Welt, durch Sünd, durch Not,
Er reißet durch die Höll:
Ich bin stets sein Gesell.

8. Er dringt zum Saal der Ehren,
Ich folg ihm immer nach
Und darf mich gar nicht kehren
An einzig Ungemach.
  Es tobe, was da kann,
Mein Haupt nimmt sich mein an,
Mein Heiland ist mein Schild,
Der alles Toben stillt.

9. Er bringt mich an die Pforten,
Die in den Himmel führt,
Daran mit güldnen Worten
Der Reim gelesen wird:

Wer dort wird mit verhöhnt,
Wird hier auch mit gekrönt,
Wer dort mit sterben geht,
Wird hier auch mit erhöht.

27. NUN FREUT EUCH HIER UND ÜBERALL

1. Nun freut euch hier und überall,
Ihr Christen, lieben Brüder!
Das Heil, das durch den Todesfall
Gesunken, stehet wieder.
Des Lebens Leben lebet noch,
Sein Arm hat aller Feinde Joch
Mit aller Macht zerbrochen.

2. Der Held, der alles hält, er lag
Im Grab als überwunden,
Er lag, bis daß der dritte Tag
Sich in die Welt gefunden;
Da dieser kam, kam auch die Zeit,
Da, der uns in dem Tod erfreut,
Sich aus dem Tod erhube.

3. Die Morgenröte war noch nicht
Mit ihrem Licht vorhanden,
Und siehe, da war schon das Licht,
Das ewig leucht', erstanden;
Die Sonne war noch nicht erwacht,
Da wacht und ging in voller Macht
Die unerschaffne Sonne.

4. Das wußte nicht die fromme Schar,
Die Christo angehangen,
Drum als nunmehr der Sabbat war
Zum End hinabgegangen,
Begunnt Maria Magdalen
Und andre mit ihr auszugehn
Und Spezerei zu kaufen.

5. Ihr Herz und Hand ist hoch bemüht,
Ein Salböl darzugeben
Für Jesu, dessen teure Güt
Uns salbt zum ewgen Leben.
Ach, liebes Herz, der seinen Geist
Vom Himmel in die Herzen geußt,
Darf keines Öls noch Salben.

6. Ja du, o heilger Jungfrausohn,
Bist schon gnug balsamieret
Als König, der im Himmelsthron
Und überall regieret!
Dein Balsam ist die ewge Kraft,
Dadurch Gott Erd und Himmel schafft,
Die läßt dich nicht verwesen.

7. Doch geht die fromme Einfalt hin
Bald in dem frühsten Morgen,
Sie gehn, und plötzlich wird ihr Sinn
Voll großer schwerer Sorgen.
Ei, sprechen sie, wer wälzt den Stein
Vons Grabes Tür und läßt uns ein
Zum Leichnam unsres Herren? –

8. So sorgten sie zur selben Zeit
Für das, was schon bestellet,
Es war der Stein ja allbereit
Erhoben und gefället
Durch einen, der des Erdreichs Wucht
Erbeben macht und in die Flucht
Des Grabes Hüter jagte.

9. Das war ein Diener aus der Höh,
Von denen, die uns schützen,
Sein Kleid war weißer als der Schnee,
Sein Ansehn gleich den Blitzen,
Der hat das fest verschlossne Grab
Eröffnet und den Stein herab
Vons Grabes Tür gewälzet.

10. Das Weiberhäuflein kam und ging
Hinein ohn alle Mühe.
Hör aber, was für Wunderding
Sich da begab! Denn siehe,
  Das, was sie suchten, findt sich nicht
Und wo ihr Herz nicht hingericht,
Das ist allda zur Stelle.

11. Sie suchten ihrer Seelen Hort
Und finden sein Gesinde,
Sie hören aus der Engel Wort
Wies gar viel anders stünde,
  Als ihr betrübtes Herz gemeint:
Daß billig wer bisher geweint,
Nun jauchzen soll und lachen.

12. Sie sehn das Grab entledigt stehn,
Und als sie das gesehen,
Da läuft Maria Magdalen,
Zu sagen, was geschehen.
  Die andre Schar ist Kummers voll
Und weiß nicht, was sie machen soll,
Verharret bei dem Grabe.

13. Da stellen sich in heller Zier
Zween edle Himmelsboten,
Die sprechen: Ei, was suchet ihr
Das Leben bei den Toten?
  Der Heiland lebt! Er ist nicht hie!
Heut ist er, glaubt uns, heute früh
Ist er vom Tod erstanden.

14. Gedenkt und sinnt ein wenig nach
Den Reden, die er triebe,
Da er so klar und deutlich sprach,
Wie er zwar würd aus Liebe
  Den Tod ausstehn und große Plag,
Jedennoch an dem dritten Tag
Er herrlich triumphieren.

15. Da dachten sie an Christi Wort
Und gingen von dem Grabe
Hin zu der elf Apostel Ort
Und sagten, was sich habe
   Erzeigt in ihrem Angesicht;
Man hielt es aber anders nicht,
Als ob es Märlein wären.

16. Maria, die betrübt', sich gibt
In schnelles Abescheiden,
Findt Petrum und den Jesus liebt,
Erzählet allen beiden:
   Ach, spricht sie, unser Herr ist hin,
Und niemand ist, der, wo man ihn
Hab hingelegt, will wissen.

17. Der Hochgeliebte läuft geschwind
Und kommt zuerst zum Grabe;
Er guckt, und da er nichts mehr findt
Als Leinen, weicht er abe.
   Da aber Simon Petrus kömmt,
Geht er ins Grab hinein und nimmt
Das Werk recht in die Augen.

18. Er sieht die Leinen für sich dar,
Zu voraus, wie mit Fleiße
Gelegt und eingewickelt war
Das Haupttuch zu dem Schweiße.
   Da ging auch, der am ersten kam,
Hinein, wie Petrus tät, und nahm,
Was er da sah ins Herze.

19. Da glauben sie nun dem Bericht,
Weil sie mit Augen schauen,
Was sie zuvor als ein Gedicht
Gehöret von den Frauen;
   Doch werden sie Verwunderns voll,
Denn keiner weiß, daß Christus soll
Von Toten auferwachen.

20. Maria steht vorm Grab und weint,
Und plötzlich wird sie innen,
Daß zween in weißen Kleidern seind
Vor ihr im Grabe drinnen,
    Die sprechen: Weib, was weinest du?
Sie haben meines Herzens Ruh,
Sprach sie, hinweggenommen.

21. Mein Herr ist weg, und ich weiß nicht,
Wo ich soll suchen gehen.
Indessen wendt sie ihr Gesicht
Und siehet Jesum stehen.
    Der spricht: O Weib, was fehlet dir?
Was weinest du, was suchst du hier? –
Sie meint, der Gärtner rede.

22. Ach, spricht sie, Herr, hast du's getan,
So sag es unverhohlen,
Wo liegt mein Herr? wo komm ich an?
So will ich mir ihn holen.
    Der Herr spricht mit gewohnter Stimm:
Maria! – Da wendt sie sich um
Und spricht: Sieh da, Rabbuni!

23. Rühr mich nicht an! Ich bin noch nicht
Zum Vater aufgefahren,
Geh aber hin, sprach unser Licht,
Sags meiner Brüder Scharen.
    Ich fahr als eures Todes Tod
Zu meinem und zu eurem Gott
Und unser aller Vater.

24. Maria ist das arme Weib,
Von welcher unser Meister,
Der starke Helfer, vormals treib
Auf einmal sieben Geister.
    Die, die ists, welcher Jesus Christ
Am ersten Mal erschienen ist
Am heilgen Ostertage.

25. Nun, sie ging hin, täts denen kund,
Die mit ihr Jesum liebten
Und über ihn von Herzensgrund
Sich grämten und betrübten.
Kein einzger aber fiel ihr bei,
Ein jeder hielts für Fantasei,
Und wollt es niemand glauben.

26. Es gingen auch ins Grab hinein
Die andre Schar der Frauen,
Da gab sich ihrem Augenschein
Ein Jüngling anzuschauen
In einem langen weißen Kleid,
Der sprach: Habt Freud und Trost und seid
Ohn alle Furcht und Schrecken.

27. Ihr sucht den Held von Nazareth,
Der doch hie nicht vorhanden;
Seht, das ist seines Lagers Stätt,
Von der er auferstanden.
Geht schnell, sagts Petro und der Zahl
Der andern Jünger allzumal:
Ihr Herr und Meister lebe. –

28. Die Weiber eilen schnell davon,
Den Jüngern Post zu bringen,
Und siehe da, die Freudensonn,
Nach der sie alle gingen,
Die geht daher, und sehen sie
Im Leben, den sie also früh
Als einen Toten suchten.

29. Sein süßer Mund macht all ihr Leid
Mit seinem Grüßen süße,
Sie treten zu mit großer Freud
Und greifen seine Füße.
Er aber spricht: Seid guten Muts!
Geht hin, sagt meinen Brüdern Guts,
Verrichtet, was ihr sahet.

30. Sprecht, daß sie nunmehr also fort
In Galiläum gehen,
Allda will ich, kraft meiner Wort,
Vor ihren Augen stehen. –
Und hiemit schloß er sein Gebot.
Die Weiber gehn und loben Gott,
Verrichten, was befohlen.

31. O Lebensfürst, o starker Leu
Aus Judä Stamm erstanden,
So bist du nun wahrhaftig frei
Von Todes Strick und Banden.
Du hast gesiegt und trägst zu Lohn
Ein allzeit unverwelkte Kron
Als Herr all deiner Feinde.

32. Was fragst du nach des Teufels Spott
Und ungereimten Klagen!
Man hat, spricht er und seine Rott,
Ihn heimlich weggetragen.
Die Jünger haben ihn bei Nacht
Gestohlen und bei Seit gebracht,
Indem wir feste schliefen.

33. O Bosheit! War dein Schlaf so fest,
Wie hast du können sehen?
Ist denn dein Auge wach gewest,
Wie läßt du's so geschehen,
Daß durch der Jünger schwache Hand
Der Stein und seines Siegels Band
Werd auf- und abgelöset?

34. Es ist dein hart verstockter Sinn,
Der dich zum Lügen leitet,
So fahr auch nun zum Abgrund hin,
Da dir dein Lohn bereitet!
Ich aber will, Herr Jesu Christ,
So lang ein Leben in mir ist,
Bekennen, daß du lebest.

35. Ich will dich rühmen, wie du seist
Die Pest und Gift der Höllen,
Ich will auch, Herr, durch deinen Geist
Mich dir zur Seiten stellen
   Und mit dir sterben, wie du stirbst,
Und was du in dem Sieg erwirbst,
Soll meine Beute bleiben.

36. Ich will von Sünden auferstehn,
Wie du vom Grab aufstehest:
Ich will zum andern Leben gehn,
Wie du zum Himmel gehest.
   Dies Leben ist doch lauter Tod,
Drum komm und reiß aus aller Not
Uns in das rechte Leben!

28. SEI FRÖHLICH ALLES WEIT UND BREIT

1. Sei fröhlich alles weit und breit,
Was vormals war verloren,
Weil heut der Herr der Herrlichkeit,
Den Gott selbst auserkoren
   Zum Sündenbüßer, der sein Blut
Am Kreuz vergossen uns zu gut,
Vom Tod ist auferstanden.

2. Wie schön hast du durch deine Macht,
Du wilder Feind des Lebens,
Den Lebensfürsten umgebracht:
Dein Stachel ist vergebens
   Durch ihn geschossen, schnöder Feind,
Du hättest wahrlich wohl gemeint,
Er würd im Staube bleiben.

3. Nein, nein! Er trägt sein Haupt empor,
Ist mächtig durchgedrungen
Durch deine Bande, durch dein Tor,
Ja hat im Sieg verschlungen

Dich selbst, daß, wer an ihn nur gläubt,
Von dir jetzt ein Gespötte treibt
Und spricht: wo ist dein Stachel?

4. Denn deine Macht, die ist dahin
Und keinen Schaden bringet
Dem, der sich stets mit Herz und Sinn
Zu diesem Fürsten schwinget,
Der fröhlich spricht: Ich leb, und ihr
Sollt mit mir leben für und für,
Weil ich es euch erworben.

5. Der Tod hat keine Kraft nicht mehr,
Ihr dürfet ihn nicht scheuen,
Ich bin sein Siegsfürst und sein Herr,
Des sollt ihr euch erfreuen.
Dazu so bin ich euer Haupt,
Drum werdet ihr, wenn ihr mir glaubt,
Als Glieder mit mir leben.

6. Der Höllen Sieg, der ist auch mein,
Ich habe sie zerstöret,
Es darf nicht fürchten ihre Pein,
Wer mich und mein Wort höret.
Und weil des Teufels Macht und List
Gedämpft, sein Kopf zertreten ist,
Mag er ihm auch nicht schaden.

7. Nun Gott sei Dank, der uns den Sieg
Durch Jesum hat gegeben
Und uns den Frieden für den Krieg
Und für den Tod das Leben
Erworben, der die Sünd und Tod,
Welt, Teufel, Höll und was in Not
Uns stürzet, überwunden.

29. PFINGSTLIED

Zeuch ein zu deinen Toren

1. Zeuch ein zu deinen Toren,
Sei meines Herzens Gast,
Der du, da ich geboren,
Mich neu geboren hast,
  O hochgeliebter Geist
Des Vaters und des Sohnes,
Mit beiden gleichen Thrones,
Mit beiden gleich gespeist.

2. Zeuch ein, laß mich empfinden
Und schmecken deine Kraft,
Die Kraft, die uns von Sünden
Hilf und Errettung schafft.
  Entsündge meinen Sinn,
Daß ich mit reinem Geiste
Dir Ehr und Dienste leiste,
Die ich dir schuldig bin.

3. Ich war ein wilder Reben,
Du hast mich gut gemacht,
Der Tod durchdrang mein Leben,
Du hast ihn umgebracht
  Und in der Tauf erstickt,
Als wie in einer Flute,
Mit dessen Tod und Blute,
Der uns im Tod erquickt.

4. Du bist das heilig Öle,
Dadurch gesalbet ist
Mein Leib und meine Seele
Dem Herren Jesu Christ
  Zum wahren Eigentum,
Zum Priester und Propheten,
Zum Könge, den in Nöten
Gott schützt vom Heiligtum.

5. Du bist ein Geist, der lehret,
Wie man recht beten soll,

Dein Beten wird erhöret,
Dein Singen klinget wohl.
  Es steigt zum Himmel an,
Es steigt und läßt nicht abe,
Bis der geholfen habe,
Der allen helfen kann.

6. Du bist ein Geist der Freuden,
Von Trauern hältst du nicht,
Erleuchtest uns im Leiden
Mit deines Trostes Licht.
  Ach ja, wie manchesmal
Hast du mit süßen Worten
Mir aufgetan die Pforten
Zum güldnen Freudensaal.

7. Du bist ein Geist der Liebe,
Ein Freund der Freundlichkeit,
Willst nicht, daß uns betrübe Zorn,
Zank, Haß, Neid und Streit;
  Der Feindschaft bist du feind,
Willst, daß durch Liebesflammen
Sich wieder tun zusammen
Die voller Zwietracht seind.

8. Du, Herr, hast selbst in Händen
Die ganze weite Welt,
Kannst Menschenherzen wenden,
Wie es dir wohlgefällt:
  So gib doch deine Gnad
Zum Fried und Liebesbanden,
Verknüpf in allen Landen,
Was sich getrennet hat.

9. Ach, edle Friedensquelle,
Schleuß deinen Abgrund auf
Und gib dem Frieden schnelle
Hier wieder seinen Lauf.
  Halt ein die große Flut,
Die Flut, die eingerissen

So, daß man siehet fließen,
Wie Wasser, Menschenblut.

10. Laß deinem Volk erkennen
Die Vielheit seiner Sünd,
Auch Gottes Grimm so brennen,
Daß er bei uns entzünd
   Den ernsten bittern Schmerz
Und Buße, die bereuet,
Des sich zuerst gefreuet
Ein weltergebnes Herz.

11. Auf Buße folgt der Gnaden,
Auf Reu der Freuden Blick,
Sich bessern heilt den Schaden,
Fromm werden bringet Glück.
   Herr, tus zu deiner Ehr,
Erweiche Stahl und Steine,
Auf daß das Herze weine,
Das böse sich bekehr.

12. Erhebe dich und steure
Dem Herzleid auf der Erd,
Bring wieder und erneuere
Die Wohlfahrt deiner Herd!
   Laß blühen wie zuvorn
Die Länder, so verheeret,
Die Kirchen, so zerstöret
Durch Krieg und Feuerszorn.

13. Beschirm die Polizeien,
Bau unsers Fürsten Thron,
Daß er und wir gedeihen,
Schmück, als mit einer Kron,
   Die Alten mit Verstand,
Mit Frömmigkeit die Jugend,
Mit Gottesfurcht und Tugend
Das Volk ganzen Land.

14. Erfülle die Gemüter
Mit reiner Glaubenszier,
Die Häuser und die Güter
Mit Segen für und für.
   Vertreib den bösen Geist,
Der dir sich widersetzet
Und was dein Herz ergötzet,
Aus unserm Herzen reißt.

15. Gib Freudigkeit und Stärke,
Zu stehen in dem Streit,
Den Satans Reich und Werke
Uns täglich anerbeut,
   Hilf kämpfen ritterlich,
Damit wir überwinden
Und ja zum Dienst der Sünden
Kein Christ ergebe sich.

16. Richt unser ganzes Leben
Allzeit nach deinem Sinn,
Und wenn wirs sollen geben
In Todes Rachen hin,
   Wenns mit uns hie wird aus,
So hilf uns fröhlich sterben
Und nach dem Tod ererben
Des ewgen Lebens Haus.

30. O DU ALLERSÜSS'STE FREUDE, O DU ALLERSCHÖNSTES LICHT

1. O du allersüß'ste Freude!
O du allerschönstes Licht!
Der du uns in Lieb und Leide
Unbesuchet lässest nicht,
   Geist des Höchsten! höchster Fürst,
Der du hältst und halten wirst
Ohn Aufhören alle Dinge,
Höre, höre, was ich singe!

2. Du bist ja die beste Gabe,
Die ein Mensche nennen kann;
Wenn ich dich erwünsch und habe,
Geb ich alles Wünschen an.
Ach, ergib dich, komm zu mir
In mein Herze, das du dir,
Da ich in die Welt geboren,
Selbst zum Tempel auserkoren.

3. Du wirst aus des Himmels Throne
Wie ein Regen ausgeschütt,
Bringst vom Vater und vom Sohne
Nichts als lauter Segen mit;
Laß doch, o du werter Gast,
Gottes Segen, den du hast
Und verwaltst nach deinem Willen,
Mich an Leib und Seele füllen.

4. Du bist weis und voll Verstandes,
Was geheim ist, ist dir kund,
Zählst den Staub des kleinen Sandes,
Gründst des tiefen Meeres Grund.
Nun, du weißt auch zweifelsfrei,
Wie verderbt und blind ich sei;
Drum gib Weisheit und vor allen,
Wie ich möge Gott gefallen.

5. Du bist heilig, läßt dich finden,
Wo man rein und sauber ist,
Fleuchst hingegen Schand und Sünden,
Wie die Tauben Stank und Mist.
Mache mich, o Gnadenquell,
Durch dein Waschen rein und hell;
Laß mich fliehen, was du fliehest,
Gib mir, was du gerne siehest.

6. Du bist, wie ein Schäflein pfleget,
Frommes Herzens, sanftes Muts,
Bleibst im Lieben unbeweget,
Tust uns Bösen alles Guts.

Ach, verleih und gib mir auch
Diesen edlen Sinn und Brauch,
Daß ich Freund und Feinde liebe,
Keinen, den du liebst, betrübe.

7. Mein Hort, ich bin wohl zufrieden,
Wenn du mich nur nicht verstößt,
Bleib ich von dir ungeschieden,
Ei, so bin ich gnug getröst.
Laß mich sein dein Eigentum,
Ich versprech hinwiederum,
Hier und dort all mein Vermögen
Dir zu Ehren anzulegen.

8. Ich entsage alle deme,
Was dir deinen Ruhm benimmt,
Ich will, daß mein Herz annehme
Nun allein, was von dir kömmt.
Was der Satan will und sucht,
Will ich halten als verflucht,
Ich will seinen schnöden Wegen
Mich mit Ernst zuwiderlegen.

9. Nur allein daß du mich stärkest
Und mir treulich stehest bei;
Hilf, mein Helfer, wo du merkest,
Daß mir Hilfe nötig sei.
Brich des bösen Fleisches Sinn,
Nimm den alten Willen hin,
Mach ihn allerdinge neue,
Daß sich mein Gott meiner freue.

10. Sei mein Retter! Halt mich eben;
Wenn ich sinke, sei mein Stab!
Wenn ich sterbe, sei mein Leben,
Wenn ich liege, sei mein Grab!
Wenn ich wieder auferstеh,
Ei, so hilf mir, daß ich geh
Hin, da du in ewgen Freuden
Wirst dein' Auserwählten weiden.

31. GOTT VATER, SENDE DEINEN GEIST

1. Gott Vater, sende deinen Geist,
Den uns dein Sohn erbitten heißt,
Aus deines Himmels Höhen.
   Wir bitten, wie er uns gelehrt:
Laß uns doch ja nicht unerhört
Von deinem Throne gehen!

2. Kein Menschenkind hier auf der Erd
Ist dieser edlen Gabe wert,
Bei uns ist kein Verdienen.
   Hier gilt gar nichts als Lieb und Gnad,
Die Christus uns verdienet hat
Mit Büßen und Versühnen.

3. Es jammert deinen Vatersinn
Der große Jammer, da wir hin
Durch Adams Fall gefallen.
   Durch dieses Fallen ist die Macht
Des bösen Geistes leider bracht
Auf ihn und auf uns allen.

4. Wir halten, Herr, an unserm Heil
Und sind gewiß, daß wir dein Teil
In Christo werden bleiben,
   Die wir durch seinen Tod und Blut
Des Himmels Erb und höchstes Gut
Zu haben treulich gläuben.

5. Und das ist auch ein Gnadenwerk
Und deines heilgen Geistes Stärk,
In uns ist kein Vermögen.
   Wie bald würd unser Glaub und Treu,
Herr, wo du uns nicht stündest bei,
Sich in die Aschen legen.

6. Dein Geist hält unsres Glaubens Licht,
Wenn alle Welt dawider ficht
Mit Sturm und vielen Waffen,

Und wenn auch gleich der Fürst der Welt
Selbst wider uns sich legt ins Feld,
So kann er doch nichts schaffen.

7. Wo Gottes Geist ist, da ist Sieg,
Wo dieser hilft, da wird der Krieg
Gewißlich wohl ablaufen.
Was ist doch Satans Reich und Stand?
Wann Gottes Geist erhebt die Hand,
Fällt alles übern Haufen.

8. Er reißt der Höllen Band entzwei,
Er tröst't und macht das Herze frei,
Von allem, was uns kränket;
Wenn uns des Unglücks Wetter schreckt,
So ist ers, der uns schützt und deckt
Viel besser, als man denket.

9. Er macht das bittre Kreuze süß,
Ist unser Licht in Finsternis,
Führt uns als seine Schafe,
Hält über uns sein Schild und wacht,
Daß seine Herd in tiefer Nacht
Mit Ruh und Frieden schlafe.

10. Den Geist, den Gott vom Himmel gibt,
Der leitet alles, was ihn liebt,
Auf wohlgebahnten Wegen,
Er setzt und richtet unsern Fuß,
Daß er nicht anders treten muß,
Als wo man findt den Segen.

11. Er macht geschickt und rüstet aus
Die Diener, die des Herren Haus
In diesem Leben bauen;
Er ziert ihr Herz, Mund und Verstand,
Läßt ihnen, was uns unbekannt,
Zu unserm Besten schauen.

12. Er öffnet unsers Herzens Tor,
Wenn sie sein Wort in unser Ohr
Als edlen Samen streuen,
Er gibet Kraft demselben Wort,
Und wenn es fället, bringt ers fort
Und lässets wohl gedeihen.

13. Er lehret uns die Furcht des Herrn,
Liebt Reinigkeit und wohnet gern
In frommen keuschen Seelen.
Was niedrig ist, was Tugend ehrt,
Was Buße tut und sich bekehrt,
Das pflegt er zu erwählen.

14. Er ist und bleibet stets getreu,
Er steht uns auch im Tode bei,
Wenn alle Ding abstehen;
Er lindert unsre letzte Qual,
Läßt uns hindurch ins Himmels Saal
Getrost und fröhlich gehen.

15. O selig, wer in dieser Welt
Läßt diesem Gaste Haus und Zelt
In seiner Seel aufschlagen!
Wer ihn aufnimmt in dieser Zeit,
Den wird er dort zur ewgen Freud
In Gottes Hütte tragen.

16. Nun, Herr und Vater aller Güt,
Hör unsern Wunsch: Geuß ins Gemüt
Uns allen diese Gabe!
Gib deinen Geist, der uns allhier
Regiere und dort für und für
Im ewgen Leben labe!

32. DREIFALTIGKEIT

Was alle Weisheit in der Welt nicht lallen kann

1. Was alle Weisheit in der Welt
Bei uns hier kann kaum lallen,
Das läßt Gott aus dem Himmelszelt
In alle Welt erschallen:
Daß er alleine König sei,
Hoch über alle Götter,
Groß, mächtig, freundlich, fromm und treu
Der Frommen Schutz und Retter,
Ein Wesen, drei Personen.

2. Gott Vater, Sohn und heilger Geist
Heißt sein hochheilger Name,
So kennt, So nennt, so rühmt und preist
Ihn der gerechte Same,
Gott Abraham, Gott Isaak,
Gott Jacob, den er liebet,
Herr Zebaoth, der Tag und Nacht
Uns alle Gaben gibet
Und Wunder tut alleine.

3. Der Vater hat von Ewigkeit
Den Sohn, sein Bild, erzeuget;
Der Sohn hat in der Füll der Zeit
Im Fleische sich gezeiget.
Der Geist geht ohne Zeit herfür
Vom Vater und vom Sohne,
Mit beiden gleicher Ehr und Zier,
Gleich ewig, gleicher Krone
Und ungeteilter Stärke.

4. Sieh hier, mein Herz, das ist dein Gut,
Dein Schatz, dem keiner gleichet!
Das ist dein Freund, der alles tut,
Was dir zum Heil gereichet,
Der dich gebaut nach seinem Bild,

Für deine Schuld gebüßet,
Der dich mit wahrern Glauben füllt
Und all dein Kreuz durchsüßet
Mit seinen heilgen Worten.

5. Erhebe dich! Steig zu ihm zu
Und lern ihn recht erkennen!
Denn solch Erkenntnis bringt dir Ruh
Und macht die Seele brennen
In reiner Liebe, die uns nährt
Zum ewgen Freudenleben,
Da, was allhier kein Ohr gehört,
Gott wird zu schauen geben
Den Augen seiner Kinder.

6. Weh aber dem verstockten Heer,
Das sich hie selbst verblendet,
Gott von sich stößt und seine Ehr
Auf Kreaturen wendet!
Dem wird gewiß des Himmels Tür
Einmal verschlossen bleiben;
Denn wer Gott von sich treibt allhier,
Den wird er dort auch treiben
Von seinem heilgen Throne.

7. Ei nun so gib, du großer Held,
Gott Himmels und der Erden,
Daß alle Menschen in der Welt
Zu dir bekehret werden.
Erleuchte, was verblendet geht,
Bring wieder, was verirret,
Reiß aus, was uns im Wege steht
Und freventlich verwirret
Die Schwachen in dem Glauben,

8. Auf daß wir also allzugleich
Zur Himmelspforte dringen
Und dermaleinst in deinem Reich
Ohn alles Ende singen,

Daß du alleine König seist
Hoch über alle Götter,
Gott Vater, Sohn und heilger Geist,
Der Frommen Schutz und Retter,
Ein Wesen, drei Personen.

33. DU VOLK, DAS DU GETAUFET BIST – NIMMS WOHL IN ACHT

1. Du Volk, das du getaufet bist
Und deinen Gott erkennest,
Auch nach dem Namen Jesu Christ
Dich und die Deinen nennest,
   Nimms wohl in Acht und denke dran,
Wie viel dir Gutes sei getan
Am Tage deiner Taufe.

2. Du warst, noch eh du wurdst geborn
Und eh du Milch gesogen,
Verdammt, verstoßen und verlorn,
Darum daß du gezogen
   Aus deiner Eltern Fleisch und Blut
Ein Art, die sich vom höchsten Gut,
Dem ewgen Gott, stets wendet.

3. Dein Leib und Seel war mit der Sünd
Als einem Gift durchkrochen,
Und du warst nicht mehr Gottes Kind,
Nachdem der Bund gebrochen,
   Den unser Schöpfer aufgericht,
Da er uns seines Bildes Licht
Und herrlichs Kleid erteilet.

4. Der Zorn, der Fluch, der ewge Tod,
Und was in diesen allen
Enthalten ist für Angst und Not,
Das war auf dich gefallen;
   Du warst des Satans Sklav und Knecht,
Der hielt dich fest nach seinem Recht
In seinem Reich gefangen.

5. Das alles hebt auf einmal auf
Und schlägt und drückt es nieder
Das Wasserbad der heilgen Tauf,
Ersetzt dagegen wieder,

Was Adam hat verderbt gemacht
Und was wir selbsten durchgebracht
Bei unserm bösen Wesen.

6. Es macht dies Bad von Sünden los
Und gibt die rechte Schöne.
Die Satans Kerker vor beschloß,
Die werden frei und Söhne
Des, der da trägt die höchste Kron;
Der läßt sie, was sein einger Sohn
Ererbt, auch mit ihm erben.

7. Was von Natur vermaledeit
Und mit dem Fluch umfangen,
Das wird hier in der Tauf erneut,
Den Segen zu erlangen.
Hier stirbt der Tod und würgt nicht mehr,
Hier bricht die Höll, und all ihr Heer
Muß uns zu Füßen liegen.

8. Hier ziehn wir Jesum Christum an
Und decken unsre Schanden
Mit dem, was er für uns getan
Und willig ausgestanden;
Hier wäscht uns sein hochteures Blut
Und macht uns heilig, fromm und gut
In seines Vaters Augen.

9. O großes Werk! O heilges Bad,
O Wasser, dessengleichen
Man in der ganzen Welt nicht hat,
Kein Sinn kann dich erreichen!
Du hast recht eine Wunderkraft,
Und die hat der, so alles schafft,
Dir durch sein Wort geschenket.

10. Du bist kein schlichtes Wasser nicht,
Wies unsre Brunnen geben:
Was Gott mit seinem Munde spricht,
Das hast du in dir leben.

Du bist ein Wasser, das den Geist
Des Allerhöchsten in sich schleußt
Und seinen großen Namen.

11. Das halt, o Mensch, in allem wert
Und danke für die Gaben,
Die dein Gott dir darin beschert
Und die uns alle laben,
Wenn nichts mehr sonst uns laben will,
Die laß, bis daß des Todes Ziel
Dich trifft, nicht ungepreiset.

12. Brauch alles wohl, und weil du bist
Nun rein in Christo worden,
So leb und tu auch als ein Christ
Und halte Christi Orden,
Bis daß dort in der ewgen Freud
Er dir das Ehr- und Freudenkleid
Um deine Seele lege!

34. HERR JESU, MEINE LIEBE

1. Herr Jesu, meine Liebe,
Ich hätte nimmer Ruh und Rast,
Wo nicht fest in mir bliebe
Was du für mich geleistet hast;
Es müßt in meinen Sünden,
Die sich sehr hoch erhöhn,
All meine Kraft verschwinden
Und wie ein Rauch vergehn,
Wenn sich mein Herz nicht hielte.
Zu dir und deinem Tod,
Und ich nicht stets mich kühlte
An deines Leidens Not.

2. Nun weißt du meine Plagen
Und Satans, meines Feindes, List.
Wenn meinen Geist zu nagen,
Er emsig und bemühet ist,
Da hat er tausend Künste,
Von dir mich abzuziehn:
Bald treibt er mir die Dünste
Des Zweifels in den Sinn,
Bald nimmt er mir dein Meinen
Und Wollen aus der Acht
Und lehrt mich ganz verneinen,
Was du doch fest gemacht.

3. Solch Unheil abzuweisen,
Hast du, Herr, deinen Tisch gesetzt,
Da lässest du mich speisen,
So daß sich Mark und Bein ergötzt.
Du reichst mir zu genießen
Dein teures Fleisch und Blut
Und lässet Worte fließen,
Da all mein Herz auf ruht.
Komm, sprichst du, komm und nahe
Dich ungescheut zu mir,
Was ich dir geb, empfahe
Und nimms getrost zu dir.

4. Hier ist beim Brot vorhanden
Mein Leib, der dargegeben wird
Zum Tod – und Kreuzesbanden
Für dich, der sich von mir verirrt.
Beim Wein ist, was geflossen
Zu Tilgung deiner Schuld,
Mein Blut, das ich vergossen
In Sanftmut und Geduld.
Nimms beides mit dem Munde
Und denk auch mit darbei,
Wie fromm im Herzensgrunde
Ich, dein Erlöser, sei.

5. Herr, ich will dein gedenken,
So lang ich Luft und Leben hab,
Und bis man mich wird senken
An meinem End ins finstre Grab.
Ich sehe dein Verlangen
Nach einem ewgen Heil,
Am Holz bist du gehangen
Und hast so manchen Pfeil
Des Trübsals lassen dringen
In dein unschuldigs Herz,
Auf daß ich möcht entspringen
Des Todes Pein und Schmerz.

6. So hast du auch befohlen,
Daß, was den Glauben stärken kann,
Ich bei dir solle holen,
Und soll doch ja nicht zweifeln dran,
Du habst für alle Sünden,
Die in der ganzen Welt
Bei Menschen je zu finden,
Ein völligs Lösegeld
Und Opfer, das bestehet
Vor dem, der alles trägt,
In dem auch alles gehet,
Bezahlet und erlegt.

7. Und daß ja mein Gedanke,
Der voller Falschheit und Betrug,
Nicht im geringsten wanke,
Als wär es dir nicht Ernst genug:
So neigst du dein Gemüte
Zusamt der rechten Hand
Und gibst mit großer Güte
Mir das hochwerte Pfand
Zu essen und zu trinken.
Ist das nicht Trost und Licht
Dem, der sich läßt bedünken,
Du wollest seiner nicht?

8. Ach Herr, du willst uns alle,
Das sagt uns unser Herze zu,
Die, so der Feind zu Falle
Gebracht, rufst du zu deiner Ruh.
Ach hilf, Herr, hilf uns eilen
Zu dir, der jederzeit
Uns allesamt zu heilen
Geneigt ist und bereit!
Gib Lust und heilges Dürsten
Nach deinem Abendmahl,
Und dort mach uns zu Fürsten
Im güldnen Himmelssaal.

35. WACH AUF, MEIN HERZ, UND SINGE!

1. Wach auf, mein Herz, und singe
Dem Schöpfer aller Dinge,
Dem Geber aller Güter,
Dem frommen Menschenhüter.

2. Heut, als die dunklen Schatten
Mich ganz umgeben hatten,
Hat Satan mein begehret,
Gott aber hats gewehret.

3. Ja, Vater, als er suchte,
Daß er mich fressen möchte,
War ich in deinem Schoße,
Dein Flügel mich beschlosse.

4. Du sprachst: Mein Kind, nun liege
Trotz dem, der dich betrüge,
Schlaf wohl, laß dir nicht grauen,
Du sollst die Sonne schauen.

5. Dein Wort, das ist geschehen,
Ich kann das Licht noch sehen,
Für Not bin ich befreiet,
Dein Schutz hat mich erneuet.

6. Du willst ein Opfer haben:
Hier bring ich meine Gaben;
Mein Weihrauch und mein Widder
Sind mein Gebet und Lieder.

7. Die wirst du nicht verschmähen,
Du kannst ins Herze sehen;
Denn du weißt, daß zur Gabe
Ich ja nichts Bessers habe.

8. So wollst du nun vollenden
Dein Werk an mir und senden,
Der mich an diesem Tage
Auf seinen Händen trage.

9. Sprich ja zu meinen Taten,
Hilf selbst das Beste raten,
Den Anfang, Mitt und Ende,
Ach Herr, zum besten wende.

10. Mich segne, mich behüte,
Mein Herz sei deine Hütte,
Dein Wort sei meine Speise,
Bis ich gen Himmel reise.

36. MORGENLIED

Lobet den Herren alle, die ihn ehren

1. Lobet den Herren Alle,
die ihn fürchten!
Laßt uns mit Freuden seinem Namen singen
Und Preis und Dank zu seinem Altar bringen!
Lobet den Herren!

2. Der unser Leben,
Das er uns hat geben,
In dieser Nacht so väterlich bedecket
Und aus dem Schlaf uns fröhlich auferwecket.
Lobet den Herren!

3. Daß unsre Sinnen
Wir noch brauchen können
Und Händ und Füße, Zung und Lippen regen,
Das haben wir zu danken seinem Segen.
Lobet den Herren!

4. Daß Feuersflammen
Uns nicht allzusammen
Mit unsern Häusern unversehns gefressen,
Das machts, daß wir in seinem Schoß gesessen.
Lobet den Herren!

5. Daß Dieb und Räuber
Unser Gut und Leiber
Nicht angetast't und grausamlich verletzet,
Dawider hat sein Engel sich gesetzet.
Lobet den Herren!

6. O treuer Hüter,
Brunnen aller Güter,
Ach laß doch ferner über unser Leben
Bei Tag und Nacht dein Hut und Güte schweben.
Lobet den Herren!

7. Gib, daß wir heute,
Herr, durch dein Geleite
Auf unsern Wegen unverhindert gehen
Und überall in deiner Gnade stehen.
Lobet den Herren!

8. Treib unsern Willen,
Dein Wort zu erfüllen,
Lehr uns verrichten heilige Geschäfte,
Und wo wir schwach sind, da gib du uns Kräfte.
Lobet den Herren!

9. Richt unsre Herzen,
Daß wir ja nicht scherzen
Mit deinen Strafen, sondern fromm zu werden
Vor deiner Zukunft uns bemühn auf Erden.
Lobet den Herren!

10. Herr, du wirst kommen
Und alle deine Frommen,
Die sich bekehren, gnädig dahin bringen,
Da alle Engel ewig, ewig singen.
Lobet den Herren!

37. DIE GÜLDNE SONNE

1. Die güldne Sonne
Voll Freud und Wonne
Bringt unsern Grenzen
Mit ihrem Glänzen
Ein herzerquickendes liebliches Licht.
  Mein Haupt und Glieder,
Die lagen darnieder,
Aber nun steh ich,
Bin munter und fröhlich,
Schaue den Himmel mit meinem Gesicht.

2. Mein Auge schauet,
Was Gott gebauet
Zu seinen Ehren
Und uns zu lehren,
Wie sein Vermögen sei mächtig und groß,
  Und wo die Frommen
Dann sollen hinkommen,
Wenn sie mit Frieden
Von hinnen geschieden
Aus dieser Erden vergänglichem Schoß.

3. Lasset uns singen,
Dem Schöpfer bringen
Güter und Gaben;
Was wir nur haben,
Alles sei Gotte zum Opfer gesetzt.
  Die besten Güter
Sind unsre Gemüter;
Dankbare Lieder
Sind Weihrauch und Widder,
An welchen er sich am meisten ergötzt.

4. Abend und Morgen
Sind seine Sorgen;
Segnen und mehren,
Unglück verwehren
Sind seine Werke und Taten allein.

Wann wir uns legen,
So ist er zugegen,
Wann wir aufstehen,
So läßt er aufgehen
Über uns seiner Barmherzigkeit Schein.

5. Ich hab erhoben
Zu dir hoch droben
All meine Sinnen;
Laß mein Beginnen
Ohn allen Anstoß und glücklich ergehn!
Laster und Schande,
Des Luzifers Bande,
Fallen und Tücke
Treib ferne zurücke,
Laß mich auf deinen Geboten bestehn!

6. Laß mich mit Freuden
Ohn alles Neiden
Sehen den Segen,
Den du wirst legen
In meines Bruders und Nähesten Haus;
Geiziges Brennen,
Unchristliches Rennen
Nach Gut mit Sünde,
Das tilge geschwinde
Von meinem Herzen und wirf es hinaus!

7. Menschliches Wesen,
Was ist's? Gewesen.
In einer Stunde
Geht es zu Grunde,
Sobald das Lüftlein des Todes drein bläst.
Alles in allen
Muß brechen und fallen,
Himmel und Erden
Die müssen das werden,
Was sie vor ihrer Erschöpfung gewest.

8. Alles vergehet,
Gott aber stehet
Ohn alles Wanken;
Seine Gedanken,
Sein Wort und Willen hat ewigen Grund,
  Sein Heil und Gnaden,
Die nehmen nicht Schaden,
Heilen im Herzen
Die tödlichen Schmerzen,
Halten uns zeitlich und ewig gesund.

9. Gott, meine Krone,
Vergib und schone;
Laß meine Schulden
In Gnad und Hulden
Aus deinen Augen sein abegewandt.
  Sonsten regiere,
Mich lenke und führe,
Wie dirs gefället.
Ich habe gestellet
Alles in deine Beliebung und Hand.

10. Willst du mir geben,
Womit mein Leben
Ich kann ernähren,
So laß mich hören
Allzeit im Herzen dies heilige Wort:
  Gott ist das Größte,
Das Schönste und Beste,
Gott ist das Süßte
Und Allergewißte,
Aus allen Schätzen der edelste Hort.

11. Willst du mich kränken,
Mit Gallen tränken,
Und soll von Plagen
Ich auch was tragen:
Wohlan, so mach es, wie dir es beliebt.

Was gut und tüchtig,
Was schädlich und nichtig
Meinem Gebeine,
Das weißt du alleine,
Hast niemals keinen zu sehre betrübt.

12. Kreuz und Elende,
Das nimmt ein Ende;
Nach Meeresbrausen
Und Windessausen
Leuchtet der Sonnen gewünschtes Gesicht.
Freude die Fülle
Und selige Stille
Hab ich zu warten
Im himmlischen Garten;
Dahin sind meine Gedanken gericht.

38. NUN RUHEN ALLE WÄLDER

1. Nun ruhen alle Wälder,
Vieh, Menschen, Städt und Felder,
Es schläft die ganze Welt;
Ihr aber, meine Sinnen,
Auf auf, ihr sollt beginnen,
Was eurem Schöpfer wohlgefällt.

2. Wo bist du, Sonne, blieben?
Die Nacht hat dich vertrieben,
Die Nacht, des Tages Feind;
Fahr hin! Ein ander Sonne,
Mein Jesus, meine Wonne,
Gar hell in meinem Herzen scheint.

3. Der Tag ist nun vergangen,
Die güldnen Sterne prangen
Am blauen Himmelssaal;
Also werd ich auch stehen,
Wenn mich wird heißen gehen
Mein Gott aus diesem Jammertal.

4. Der Leib eilt nun zur Ruhe,
Legt ab das Kleid und Schuhe,
Das Bild der Sterblichkeit;
Die zieh ich aus. Dagegen
Wird Christus mir anlegen
Den Rock der Ehr und Herrlichkeit.

5. Das Haupt, die Füß und Hände
Sind froh, daß nun zu Ende
Die Arbeit kommen sei;
Herz, freu dich, du sollst werden
Vom Elend dieser Erden
Und von der Sünden Arbeit frei.

6. Nun geht, ihr matten Glieder,
Geht hin und legt euch nieder,
Der Betten ihr begehrt;

Es kommen Stund und Zeiten,
Da man euch wird bereiten
Zur Ruh ein Bettlein in der Erd.

7. Mein Augen stehn verdrossen,
Im Hui sind sie geschlossen,
Wo bleibt denn Leib und Seel?
Nimm sie zu deinen Gnaden,
Sei gut für allem Schaden,
Du Aug und Wächter Israel.

8. Breit aus die Flügel beide,
O Jesu, meine Freude,
Und nimm dein Küchlein ein!
Will Satan mich verschlingen,
So laß die Englein singen:
Dies Kind soll unverletzet sein.

9. Auch euch, ihr meine Lieben,
Soll heute nicht betrüben
Ein Unfall noch Gefahr.
Gott laß euch selig schlafen,
Stell euch die güldnen Waffen
Ums Bett und seiner Engel Schar.

39. ABENDSEGEN

Der Tag mit seinem Lichte fleucht hin

1. Der Tag mit seinem Lichte
Fleucht hin und wird Zunichte;
Die Nacht kommt angegangen,
Mit Ruhe zu umfangen
Den matten Erdenkreis.
Der Tag, der ist geendet,
Mein Herz zu dir sich wendet,
Der Tag und Nacht geschaffen
Zum Wachen und zum Schlafen,
Will singen deinen Preis.

2. Wohlauf, wohlauf, mein Psalter,
Erhebe den Erhalter,
Der mir an Leib und Seelen
Viel mehr, als ich kann zählen,
Hat heute Guts getan.
All Augenblick und Stunden
Hat sich gar viel gefunden,
Womit er sein Gemüte
Und unerschöpfte Güte
Mir klar gezeiget an.

3. Gleichwie des Hirten Freude,
Ein Schäflein an der Weide,
Sich unter seiner Treue
Ohn alle Furcht und Scheue
Ergetzet in dem Feld
Und sich mit Blumen füllet,
Den Durst mit Quellen stillet:
So hat mich heut geführet,
Mit manchem Gut gezieret
Der Hirt in aller Welt.

4. Gott hat mich nicht verlassen,
Ich aber hab ohn Maßen
Mich nicht gescheut, mit Sünden
Und Unrecht zu entzünden
Das treue Vaterherz.
Ach Vater, laß nicht brennen
Den Eifer, noch, mich trennen
Von deiner Hand und Seiten:
Mein Tun und überschreiten
Erweckt mir Reu und Schmerz.

5. Erhöre, Herr, mein Beten
Und laß mein übertreten
Zur Rechten und zur Linken
Ins Meeres Tiefe sinken
Und ewig untergehn;
Laß aber, laß hergegen
Sich deine Engel legen

Um mich mit ihren Waffen!
Mit dir will ich entschlafen,
Mit dir auch auferstehn.

6. Darauf so laß ich nieder
Mein Haupt und Augenlider,
Will ruhen ohne Sorgen,
Bis daß der güldne Morgen
Mich wieder munter macht.
Dein Flügel wird mich decken,
So wird mich nicht erschrecken
Der Feind mit tausend Listen,
Der mich und alle Christen
Verfolget Tag und Nacht.

7. Ich lieg hier oder stehe,
Ich sitz auch oder gehe,
So bleib ich dir ergeben,
Und du bist auch mein Leben:
Das ist ein wahres Wort.
Was ich beginn und mache,
Ich schlaf ein oder wache,
Wohn ich als wie im Schlosse
In deinem Arm und Schoße,
Bin selig hier und dort.

40. GEH AUS, MEIN HERZ, UND SUCHE FREUD

1. Geh aus, mein Herz, und suche Freud
In dieser lieben Sommerzeit
An deines Gottes Gaben;
Schau an der schönen Gärten Zier
Und siehe, wie sie mir und dir
Sich ausgeschmücket haben.

2. Die Bäume stehen voller Laub,
Das Erdreich decket seinen Staub
Mit einem grünen Kleide;
Narzissus und die Tulipan,
Die ziehen sich viel schöner an
Als Salomonis Seide.

3. Die Lerche schwingt sich in die Luft,
Das Täublein fleugt aus seiner Kluft
Und macht sich in die Wälder;
Die hochbegabte Nachtigall
Ergötzt und füllt mit ihrem Schall
Berg, Hügel, Tal und Felder.

4. Die Glucke führt ihr Völklein aus,
Der Storch baut und bewohnt sein Haus,
Das Schwälblein speist die Jungen;
Der schnelle Hirsch, das leichte Reh
Ist froh und kommt aus seiner Höh
Ins tiefe Gras gesprungen.

5. Die Bächlein rauschen in dem Sand
Und malen sich in ihrem Rand
Mit schattenreichen Myrten;
Die Wiesen liegen hart dabei
Und klingen ganz von Lustgeschrei
Der Schaf und ihrer Hirten.

6. Die unverdroßne Bienenschar
Fleucht hin und her, sucht hie und dar
Ihr edle Honigspeise.

Des süßen Weinstocks starker Saft
Bringt täglich neue Stärk und Kraft
In seinem schwachen Reise.

7. Der Weizen wächset mit Gewalt,
Darüber jauchzet Jung und Alt
Und rühmt die große Güte
Des, der so überflüssig labt
Und mit so manchem Gut begabt
Das menschliche Gemüte.

8. Ich selbsten kann und mag nicht ruhn;
Des großen Gottes großes Tun
Erweckt mir alle Sinnen;
Ich singe mit, wenn alles singt,
Und lasse, was dem Höchsten klingt,
Aus meinem Herzen rinnen.

9. Ach, denk ich, bist du hier so schön
Und läßt du uns so lieblich gehn
Auf dieser armen Erden,
Was will doch wohl nach dieser Welt
Dort in dem festen Himmelszelt
Und güldnen Schlosse werden!

10. Welch hohe Lust, welch heller Schein
Wird wohl in Christi Garten sein!
Wie muß es da wohl klingen,
Da so viel tausend Seraphim
Mit eingestimmtern Mund und Stimm
Ihr Halleluja singen!

11. O wär ich da, o stünd ich schon,
Ach, süßer Gott, vor deinem Thron
Und trüge meine Palmen,
So wollt ich nach der Engel Weis
Erhöhen deines Namens Preis
Mit tausend schönen Psalmen!

12. Doch gleichwohl will ich, weil ich noch
Hier trage dieses Leibes Joch,
Auch nicht gar stille schweigen;
  Mein Herze soll sich fort und fort
An diesem und an allem Ort
Zu deinem Lobe neigen.

13. Hilf mir und segne meinen Geist
Mit Segen, der vom Himmel fleußt,
Daß ich dir stetig blühe!
  Gib, daß der Sommer deiner Gnad
In meiner Seelen früh und spat
Viel Glaubensfrücht erziehe!

14. Mach in mir deinem Geiste Raum,
Daß ich dir werd ein guter Baum,
Und laß mich wohl bekleiben;
  Verleihe, daß zu deinem Ruhm
Ich deines Gartens schöne Blum
Und Pflanze möge bleiben!

15. Erwähle mich zum Paradeis
Und laß mich bis zur letzten Reis
An Leib und Seele grünen;
  So will ich dir und deiner Ehr
Allein und sonsten keinem mehr
Hier und dort ewig dienen.

41. O HERRSCHER IN DEM HIMMELSZELT

„Buß- und Betgesang bei unzeitiger Nässe und betrübtem Gewitter"

1. O Herrscher in dem Himmelszelt,
Was ist es doch, das unser Feld
Und was es uns hervorgebracht,
So ungestalt und traurig macht?

2. Nichts anders, traun, als daß die Schar
Der Menschen sich so ganz und gar

Bis in den tiefsten Grund verkehrt
Und täglich ihre Schuld vermehrt.

3. Die, so, als Gottes Eigentum,
Stets preisen sollten Gottes Ruhm
Und lieben seines Wortes Kraft,
Sind gleich der blinden Heidenschaft.

4. Drum wird uns auch der Himmel blind,
Des Firmamentes Glanz verschwind't,
Wir warten, wann der Tag anbricht,
Aufs Tageslicht und kommt doch nicht.

5. Man zankt noch immer fort und fort,
Es bleibet Krieg an allem Ort,
In allen Winkeln Haß und Neid,
In allen Ständen Streitigkeit.

6. Drum strecken auch all Element
Hier wider uns aus ihre Händ,
Angst kommt uns aus der Tief und See
Angst kommt uns aus der Luft und Höh.

7. Es ist ein hochbetrübte Zeit;
Man plagt und jagt die armen Leut,
Eh als es Zeit, zur Grube zu
Und gönnet ihnen keine Ruh.

8. Drum trauert auch der Freudenquell,
Die Sonn, und scheint uns nicht so hell;
Die Wolken gießen allzumal
Die Tränen ohne Maß und Zahl.

9. Ach, wein auch du, o Menschenkind,
Und traure über deine Sünd;
Halt doch von deinen Lastern ein
Und mache dich durch Buße rein.

10. Fall auf die Knie, fall in die Arm
Des Herrn, daß sich sein Herz erbarm

Und der so wohl verdienten Rach
In Gnaden bald ein Ende mach!

11. Er ist ja fromm und bleibet fromm,
Begehrt nichts mehr, als daß man komm
Und mit geneigter Furcht und Scheu
Ihn bitt um Gnad und Vatertreu.

12. Ach Vater, Vater, höre doch
Und lös uns aus dem Sündenjoch
Und zeuch uns aus der Welt herfür
Und kehr uns selbsten du zu dir!

13. Erweiche unsern harten Mut
Und mach uns Böse fromm und gut;
Wen du bekehrst, der wird bekehrt,
Und wer dich hört, der wird erhört.

14. Laß deine Augen freundlich sein
Und nimm mit gnädgen Ohren ein
Das Angstgeschrei, das von der Erd
Aus unserm Herzen zu dir fährt.

15. Reiß weg das schwarze Zorngewand,
Erquicke uns und unser Land
Und der so schönen Früchte Kranz
Mit süßem, warmem Sonnenglanz.

16. Verleih uns bis in unsern Tod
Alltäglich unser liebes Brot
Und dermaleinst nach dieser Zeit
Das süße Brot der Ewigkeit!

42. NUN IST DER REGEN HIN

Danklied vor einem gnädigen Sonnenschein

1. Nun ist der Regen hin;
Wohlauf, mein Herz und Sinn,

Sing nach betrübtem Leiden
Gott, deinem Herrn, mit Freuden!
Gott hat sein Herz gekehret
Und unser Bitt erhöret.

2. Sein Zorn war sehr entbrannt
Auf uns und unser Land;
Er sprach: Ihr Menschenkinder,
Geht, seid und bleibet Sünder,
Wollt von der Bosheit Straßen
Euch gar nicht wenden lassen.

3. Drum soll mein Himmelslicht
Sein klares Angesicht
In schwarze trübe Decken
Und dunkle Wolken stecken
Und für das helle Scheinen
Nur immer zu euch weinen.

4. Bald aber fiel sein Grimm
Durch unsers Seufzens Stimm;
Das ewige Gemüte
Dacht an sein ewge Güte
Und ließ auf unser Schreien
Ihm seinen Zorn gereuen.

5. Die Wolken flohen weg,
Der feuchten Winde Steg,
Daher die Wasser flossen,
Nahm ab und ward verschlossen;
Des hohen Himmels Tiefen,
Die hörten auf zu triefen.

6. Steh auf, du mattes Feld,
Aus deinem Trauerzelt,
Steh auf und laß nun wieder
Die süßen Sommerlieder
Zu deines Schöpfers Ehren
Mit Lust und Freuden hören.

7. Sie hie, der Sonnen Zier
Geht wieder schön herfür,
Bringt nach dem Schlag und Regen
Den lieben warmen Segen
Und wirkt auf Berg und Talen
Mit wunderlichen Strahlen.

8. Die Erde wird erquickt,
Und was durch Näß erstickt,
Das wird nun wieder leben
Und reife Früchte geben:
Die Acker gut Getreide,
Die Wiesen Gras und Weide.

9. Die Bäume werden schön
In ihrer Fülle stehn,
Die Berge werden fließen
Und Wein und Öle gießen,
Das Bienlein wird wohl tragen
Bei guten warmen Tagen.

10. Davon wird unser Teil
Das ewge Gut und Heil
Uns allensamt zumessen,
Wir werdens sehn und essen
Und mit dem Gut der Erden
Zur Gnüg ersättigt werden.

11 . Nun, Gott ist fromm und treu,
Sein Huld ist immer neu
Und läßt sich leicht versühnen,
Gibt, was wir nicht verdienen,
Läßt gnädiglich sich finden
Und nicht nach unsern Sünden.

12. Darum so richte nun,
O Mensch, auch du dein Tun
Zu Gottes Lob und Liebe,
Daß dein Herz nicht betrübe
Mit mehrem Zorn und Schmerze
Das allerfrömmste Herze.

43. NUN GEHT FRISCH DRAUF, ES GEHT NACH HAUS

1. Nun geht frisch drauf, es geht nach Haus,
Ihr Rößlein, regt die Bein;
Ich will dem, der uns ein und aus
Begleitet, dankbar sein.

2. Ich will ihm singen Lob und Preis,
So viel ich singen kann,
Ich will sein Werk, so gut ichs weiß,
Mit Freuden zeigen an.

3. Es ist fürwahr nicht Menschenkunst,
Auf sichern Wegen gehn,
Führt uns nicht Gott und Gottes Gunst,
Würds oftmals seltsam stehn.

4. Wie manches Leid, wie manche Not,
Wie manches Jammerheer
Brächt uns in Angst, tät uns den Tod,
Wo Gott nicht bei uns wär.

5. Wie mancher Feind, wie mancher Dieb,
Wo ihn nicht Gott gerührt,
Hätt uns das Unsre, das uns lieb,
Genommen und entführt.

6. Wie mancher böser schwarzer Geist
Hätt unser Leib und Seel,
Wo uns der Herr nicht Gnad erweist,
Erschreckt aus seiner Höhl.

7. Es ist der alte große Drach
Doch allzeit ohne Ruh,
Wohin wir gehn, da geht er nach
Und setzt uns heftig zu.

8. Er sucht zu Haus, er sucht zu Feld,
Er sucht zur See und Land,

Er sucht uns in der ganzen Welt
Mit unverdroßner Hand.

9. Noch dennoch trifft er uns nicht an,
Sein Anschlag geht zurück,
Denn Gottes Schutz hegt unsre Bahn
Für unsres Feindes Tück.

10. Es zeucht der heilgen Engel Schar,
Mit Waffen ausgerüst,
Und wehren fleißig hie und dar
Des Tausendkünstlers List.

11. Es müssen ja noch immerfort
Die Mahanaim gehn
Und Gottes Volk auf Gottes Wort
Zu Dienst und Willen stehn.

12. Wenn Gott mir meiner Augen Licht
Mit Licht erfüllen wollt,
Als wie dem Jakob, der sich nicht
Für Esau fürchten sollt.

13. Ach, was für Wunder würd ich hier
Auf meinen Reisen sehn,
Wie schön, wie lieblich würde mir
In solchem Sehn geschehn.

14. Nun, was den Augen nicht vergunnt,
Das sieht mein Herz und Geist,
Dem Gott der heilgen Weisheit Grund
In seinem Geiste weist.

15. Es ist sein Wort, er hats gesagt:
Sein Heervolk sei bereit,
Uns zu umlagern, wenn uns plagt
Des Satans Neid und Streit.

16. Was Gott geredt, das ist vollbracht,
Mein Herz, sei wohlgemut

Und laß ja nimmer aus der Acht,
Was dein Gott an dir tut.

17. Du siehst und greifst, wie gut er sei
Dem, der ihn ehrt und liebt,
Er ziert mit Lieb, er führt mit Treu
Ein Herz, das ihm sich gibt.

18. Er trägt uns, wie (wenn einher schlägt
Blitz, Hagel, Sturm und Wind)
Ein treuer frommer Vater trägt
Sein kleines zartes Kind.

19. Er deckt uns zu mit seiner Hand,
Wie eine Mutter tut,
In derer Schoß das süßte Pfand
Der keuschen Liebe ruht.

20. Er räumt aus unsern Wegen weg
Des Unglücks scharfen Stein
Und schafft, daß unsre Bahn und Steg
Fein schlicht und eben sein.

21. Er führt uns über Berg und Tal,
Und wenns nun rechte Zeit,
So führt er uns in seinen Saal
Zur ewgen Himmelsfreud.

22. Alsdann werd ich die letzte Reis
Und schönste Heimfahrt tun
Und nach dem sauren Erdenschweiß,
In süßer Stille ruhn.

44. DER ALLER HERZ UND WILLEN LENKT

Oda: Hochzeitsgedicht für Joachim Fromm und Sabina Barthold 1643

1. Der aller Herz und Willen lenkt
Und wie er will regieret,
Der ists, der euch, Herr Bräutgam, schenkt
Die man euch hier zuführet.
Glück zu, Glück zu, ruft jedermann,
Gott gebe, daß es sei getan
Zu beider Wohlergehen!

2. Wie sollte nicht sein wohlgetan,
Was Gott denkt zu vollbringen?
Sein Will und Rat nicht fehlen kann,
Es wird ihm nichts mißlingen.
Er regt den Mund und spricht ein Wort,
So geht das Werk und dringet fort,
Muß alles wohl geraten.

3. Wie Gott will, brennen auf der Erd
Die ehelichen Flammen.
Wie eins dem andern ist beschert,
So kommen sie zusammen.
Im Himmel wird der Schluß gemacht,
Auf Erden wird das Werk vollbracht:
Das gibt ein schönes Leben.

4. Ein Leben, daß sehr hoch beliebt
Dem, der es hat erfunden,
Da er auch seinen Segen gibt
Und mehret alle Stunden.
Das ist und bleibet sein Gebrauch:
Was er gestift't, das hält er auch
Und lässet es nicht fallen.

5. Die Bäumlein, die man fortgesetzt
In wohlbestallten Garten,
Die pfleget man zur Erst und Letzt
Vor allem wohl zu warten.

Ihr Bäumlein Gottes, freuet euch!
Der Gärtner ist von Liebe reich,
Der ihm euch hat erwählet.

6. Was er gepflanzt mit seiner Hand,
Hält er in großen Ehren;
Sein Sinn und Aug ist stets gewandt,
Dasselbe zu vermehren,
Kommt oft und sieht aus reiner Treu,
Was seines Gartens Zustand sei,
Was seine Reislein machen.

7. Und wenn denn unterweilen will
Ein rauhes Lüftlein wehen,
Ist er bald da, setzt Maß und Ziel,
Läßts eilend übergehen.
Wenn er betrübt, ists gut gemeint,
Er stellt sich hart und ist doch Freund
Voll süßer Gnad und Hulde.

8. O selig der, wenns Gott gefällt,
Ein Wölklein einzuführen,
Ein treues, fröhlich Herz behält,
Läßt keinen Unmut spüren!
Ein Wölklein geht ja bald vorbei,
Es währt ein Stündlein oder zwei,
So kommt die Sonne wieder.

9. Ein Schifflein, das im Meere läuft,
Muß manchen Sturm erfahren,
Und bleibet dennoch überhäuft
Mit edlem Gut und Waren;
Es streicht dahin, und Gottes Hand,
Die führt und bringt es an das Land
Bei gutem Wind und Wetter.

10. Ein Röslein, wenns im Lenzen lacht
Und in den Farben pranget,
Wird oft vom Regen matt gemacht,
Daß es sein Köpflein hanget,

Doch wenn die Sonne leucht herfür,
Siehts wieder auf und bleibt die Zier
Und Fürstin aller Blumen.

11. Wohlan, laß Regen, Reif und Wind
Bald oder lang ansetzen,
Wer Gott liebt, bleibet Gottes Kind,
Kein Fall wird ihn verletzen.
Er sitzet in des Vaters Arm,
Er gibt ihm Schutz, der hält ihn warm,
Und spricht: Sei unerschrocken!

12. Wer fromm ist, hat schon großen Teil
Der Wohlfahrt in den Händen,
Gott gönnt ihm Guts und kann sein Heil
Von ihme nicht abwenden.
Herr Fromm ist fromm, das weiß man wohl,
Drum er nichts anders haben soll
Als lauter Glück und Freude.

13. Die auch, die ihm zur Seiten geht
Und die Gott selbst gezieret,
Was Menschenseelen wohl ansteht
Und Himmelsgunst gebieret;
Was Tugend bringt, was Tugend heißt,
Was Tugend auch selbst lobt und preist,
Das findt sich hier beisammen:

14. Ein züchtig Herz, ein reiner Mut,
Von denen angeboren,
Die ihnen Gottesfurcht zum Gut
Und Schätzen auserkoren.
Was ist doch gut ohn diesem Gut?
Wenn dies Gut nicht im Herzen ruht,
Ist alles Gut verworfen.

15. Die Augen Gottes sehen bald,
Die ihm sein Herz erfreuen,
Wen er nun findet recht gestalt,
Dem gibt er sein Gedeihen,

Ja schütts mit vollen Händen aus,
Da wird denn ein gesegntes Haus,
Dems nicht kann übel gehen.

16. Und dieses wird o edles Paar,
Euch beiden auch geschehen!
Was Gott verspricht, ist ja und wahr,
Man wirds mit Augen sehen.
Es fehlt ihm nicht an Gütigkeit,
Auch fehlts ihm nicht an Möglichkeit,
Wie sollt er Guts versagen?

17. So gehet nun mit Freuden ein
Zu eurem Stand und Orden!
Der Weg wird ohne Schaden sein,
Der euch gezeuget worden:
Es geht ein Englein vornen an,
Und wo es geht, bestreuts die Bahn
Mit Rosen und Violen.

18. Ein einzig Wunsch vermag den Saal
Des Himmels durch zu dringen,
Hier gehn die Wünsch in voller Zahl,
Sie werden Gutes bringen
Der Frommen Lohn, der euch bereit,
Euch, die ihr tragt die Frömmigkeit
Im Herzen und im Namen.

45. FRAUENLOB

Ein Weib, das Gott den Herren liebt (Spr. Sal. 31, 10-30)

1. Ein Weib, das Gott den Herren liebt
Und sich stets in der Tugend übt,
Ist viel mehr Lobs und Liebens wert
Als alle Perlen auf der Erd.

2. Ihr Mann darf mit dem Herzen frei
Verlassen sich auf ihre Treu,

Sein Haus ist voller Freud und Licht,
An Nahrung wirds ihm mangeln nicht.

3. Sie tut ihm Liebes und kein Leid,
Durchsüßet seine Lebenszeit,
Sie nimmt sich seines Kummers an
Mit Trost und Rat, so gut sie kann.

4. Die Woll und Flachs sind ihre Lust,
Was hierzu dien, ist ihr bewußt,
Ihr Händlein greifet selber zu,
Hat oftmals Müh und selten Ruh.

5. Sie ist ein Schifflein auf dem Meer,
Wann dieses kommt, so kommts nicht leer:
So schafft auch sie aus allem Ort
Und setzet ihre Nahrung fort.

6. Sie schläft mit Sorg, ist früh heraus,
Gibt Futter, wo sie soll, im Haus
Und speist die Dirnen, derer Hand
Zu ihren Diensten ist gewandt.

7. Sie gürtet ihre Lenden fest
Und stärket ihre Arm aufs best,
Ist froh, wenns wohl von statten geht,
Worauf ihr Sinn und Herze steht.

8. Wenn andre löschen Feur und Licht,
Verlöscht doch ihre Leuchte nicht,
Ihr Herze wachet Tag und Nacht
Zu dem, der Tag und Nacht gemacht.

9. Sie nimmt den Wocken, setzt sich hin
Und schämt sich nicht, daß sie ihn spinn,
Ihr Finger faßt die Spindel wohl
Und macht sie schnell mit Garne voll.

10. Sie hört gar leicht der Armen Bitt,
Ist gütig, teilet gerne mit,

Ihr Haus und alles Hausgesind
Ist wohl verwahrt vor Schnee und Wind.

11. Sie näht, sie sitzt, sie wirkt mit Fleiß,
Macht Decken nach der Künstler Weis,
Hält sich selbst sauber; weiße Seid
Und Purpur ist ihr schönes Kleid.

12. Ihr Mann ist in der Stadt berühmt,
Bestellt sein Amt, wie sichs geziemt,
Er geht, steht und sitzt obenan,
Und was er tut, ist wohlgetan.

13. Ihr Schmuck ist, daß sie reinlich ist,
Ihr Ehr ist, daß sie ausgerüst
Mit Fleiße, der gewiß zuletzt
Den, der ihn liebet, hoch ergötzt.

14. Sie öffnet ihren weisen Mund,
Tut Kindern und Gesinde kund
Des Höchsten Wort und lehrt sie fein
Fromm, ehrbar und gehorsam sein.

15. Sie schauet, wies im Hause steht
Und wie es hier und dort ergeht,
Sie ißt ihr Brot und sagt dabei,
Wie so groß Unrecht Faulsein sei.

16. Die Söhne, die ihr Gott beschert,
Die halten sie hoch, lieb und wert,
Ihr Mann, der lobt sie spat und früh
Und preiset selig sich und sie.

17. Viel Töchter bringen Geld und Gut,
Sind zart am Leib und stolz am Mut,
Du aber, meine Kron und Zier,
Gehst wahrlich ihnen allen für.

18. Was hilft der äußerliche Schein?
Was ists doch, schön und lieblich sein?

Ein Weib, das Gott liebt, ehrt und scheut,
Das soll man loben weit und breit.

19. Die Werke, die sie hier verricht,
Sind wie ein schönes helles Licht,
Sie dringen bis zur Himmelspfort
Und werden leuchten hier und dort.

46. DER WUNDERVOLLE EHESTAND

Voller Wunder, voller Kunst

1. Voller Wunder, voller Kunst,
Voller Weisheit, voller Kraft,
Voller Hulde, Gnad und Gunst,
Voller Labsal, Trost und Saft,
Voller Wunder, sag ich noch,
Ist der keuschen Liebe Joch.

2. Die sich nach dem Angesicht
Niemals hiebevor gekannt,
Auch sonst im geringsten nicht
Mit Gedanken zugewandt,
Derer Herzen, derer Hand
Knüpft Gott in ein Liebesband.

3. Dieser Vater zeucht sein Kind,
Jener seins dagegen auf,
Beide treibt ihr sonder Wind,
Ihre sondre Bahn und Lauf.
Aber wenn die Zeit nun dar,
Wirds ein wohlgeratnes Paar.

4. Hier wächst ein geschickter Sohn,
Dort ein edle Tochter zu,
Eines ist des andern Kron,
Eines ist des andern Ruh,
Eines ist des andern Licht,
Wissens aber beide nicht.

5. Bis solang es dein beliebt,
Der die Welt im Schoße hält,
Und zur rechten Stunde gibt
Jedem, der ihm wohlgefällt;
  Da erscheint im Werk und Tat
Der so tief verborgne Rat.

6. Da wählt Ahasverus Blick
Ihm die stille Esther aus,
Den Tobias führt das Glück
In der frommen Sara Haus,
  Davids bald gewandter Will
Holt die klug Abigail.

7. Jakob fleucht vor Esaus Schwert
Und trifft seine Rahel an,
Joseph dient auf fremder Erd
Und wird Asnath Herr und Mann,
  Mose spricht bei Jethro ein,
Da wird die Zipora sein.

8. Jeder findet, jeder nimmt,
Was der Höchst ihm ausersehn,
Was im Himmel ist bestimmt,
Pflegt auf Erden zu geschehn,
  Und was denn nun so geschicht,
Das ist sehr wohl ausgericht.

9. Öfters denkt man dies und dies
Hätte können besser sein,
Aber wie die Finsternis
Nicht erreicht der Sonnen Schein,
  Also geht auch Menschensinn
Hinter Gottes Weisheit hin.

10. Laßt zusammen, was Gott fügt,
Der weiß, wies am besten sei,
Unser Denken fehlt und trügt,
Sein Gedank ist mangelfrei.
  Gottes Werk hat festen Fuß,
Wann sonst alles fallen muß.

11. Siehe frommen Kindern zu,
Die im heilgen Stande stehn,
Wie so wohl Gott ihnen tu,
Wie so schön er lasse gehn
  Alle Taten ihrer Händ
Auf ein gutes selges End.

12. Ihrer Tugend werter Ruhm
Steht in steter voller Blüt,
Wann sonst aller Liebe Blum,
Als ein Schatten, sich verzieht;
  Und wann aufhört alle Treu,
Ist doch ihre Treue neu.

13. Ihre Lieb ist immer frisch
Und verjüngt sich fort und fort,
Liebe zieret ihren Tisch
Und verzuckert alle Wort;
  Liebe gibt dem Herzen Rast
In der Müh- und Sorgenlast.

14. Gehts nicht allzeit wie es soll,
Ist doch diese Liebe still,
Hält sich in dem Kreuze wohl,
Denkt, es sei des Herren Will,
  Und versichert sich mit Freud
Einer künftig bessern Zeit.

15. Unterdessen geht und fleußt
Gottes reicher Sagenbach,
Speist die Leiber, tränkt den Geist,
Stärkt des Hauses Grund und Dach,
  Und was klein, gering und bloß,
Macht er mächtig, viel und groß.

16. Endlich wenn nun ganz vollbracht,
Was Gott hier in dieser Welt
Frommen Kindern zugedacht,
Nimmt er sie ins Himmelszelt
  Und drückt sie mit großer Lust
Selbst an seinen Mund und Brust.

17. Nun so bleibt ja voller Gunst,
Voller Labsal, Trost und Saft,
Voller Wunder, voller Kunst,
Voller Weisheit, voller Kraft,
  Voller Wunder, sag ich noch,
Bleibt der keuschen Liebe Joch.

47. TROSTGESANG CHRISTLICHER EHELEUTE

Wie schön ists doch, Herr Jesu Christ, im Stande heilger Ehe

1. Wie schön ists doch, Herr Jesu Christ,
Im Stande, da dein Segen ist,
Im Stande heilger Ehe!
  Wie steigt und neigt sich deine Gab
Und alles Gut so mild herab
Aus deiner heilgen Höhe,
    Wenn sich
    An dich
    Fleißig halten
    Jung und Alten,
    Die im Orden
    Eines Lebens einig worden!

2. Wenn Mann und Weib sich wohl begehn
Und unverrückt beisammen stehn
Im Bande reiner Treue:
  Da geht das Glück in vollem Lauf,
Da sieht man wie der Engel Hauf
Im Himmel selbst sich freue.
    Kein Sturm,
    Kein Wurm
    Kann zerschlagen,
    Kann zernagen
    Was Gott gibet
    Dem Paar, das in ihm sich liebet.

3. Vor allen gibt er seine Gnad
In derer Schoß er früh und spat

Sein hoch Geliebten heget:
Da spannt sein Arm sich täglich aus,
Da faßt er uns und unser Haus
Gleich als ein Vater pfleget.
Da muß
Ein Fuß
Nach dem andern
Gehn und wandern,
Bis sie kommen
In das Zelt und Sitz der Frommen.

4. Der Mann wird einem Baume gleich
An Ästen schön, an Zweigen reich,
Das Weib gleich einem Reben,
Der seine Träublein trägt und nährt
Und sich je mehr und mehr vermehrt
Mit Früchten, die da leben.
Wohl dir,
O Zier,
Mannes Sonne,
Hauses Wonne,
Ehrenkrone!
Gott denkt dein bei seinem Throne.

5. Dich, dich hat er sich auserkorn,
Daß aus dir ward herausgeborn
Das Volk, das sein Reich bauet.
Sein Wunderwerk geht immer fort,
Und seines Mundes starkes Wort
Macht, daß dein Auge schauet
Schöne
Söhne
Und die Tocken,
Die den Wocken
Abespinnen
Und mit Kunst die Zeit gewinnen.

6. Sei gutes Muts! Wir sind es nicht,
Die diesen Orden aufgericht,

Es ist ein höhrer Vater,
  Der hat uns je und je geliebt
Und bleibt, wenn unsre Sorg uns trübt,
Der beste Freund und Rater.
    Anfang,
    Ausgang
    Aller Sachen,
    Die zu machen
    Wir gedenken,
    Wird er wohl und weislich lenken.

7. Zwar bleibts nicht aus, es kommt ja wohl
Ein Stündlein, da man Leides voll
Die Tränen lässet schießen;
  Jedennoch wer sich in Geduld
Ergibt, des Leid wird Gottes Huld
In großen Freuden schließen.
    Sitze,
    Schwitze
    Nur ein wenig!
    Unser König
    Wird behende
    Machen, daß die Angst sich wende.

8. Wohlher, mein König, nah herzu,
Gib Rat in Kreuz, in Nöten Ruh,
In Ängsten Trost und Freude!
  Des sollst du haben Ruhm und Preis,
Wir wollen singen bester Weis
Und danken alle beide,
    Bis wir
    Bei dir,
    Deinen Willen
    Zu erfüllen,
    Deinen Namen Ewig loben werden. Amen.

An Joachim Pauli

48. UNTER ALLEN, DIE DA LEBEN, HAT EIN JEDER SEINEN FLEISS

(Am Schluß der „Vier geistlichen Lieder" von Joachim Pauli, Berlin o. J. – wahrscheinlich 1665)

1. Unter allen, die da leben,
Hat ein jeder seinen Fleiß
Und weiß dessen Frucht zu geben;
Doch hat der den größten Preis,
Der dem Höchsten Ehre bringt
Und von Gottes Namen singt.

2. Unter allen, die da singen
Und mit wohlgefaßter Kunst
Ihrem Schöpfer Opfer bringen,
Hat ein jeder seine Gunst;
Doch ist der am besten dran,
Der mit Andacht singen kann.

An den Landphysikus Samuel Sturm in Lukau

49. TAPFERE LEUTE SOLL MAN LOBEN

(Aus „Fünfzehn-ästiger Nieder-Lausitzer Palm-Baum" des Samuel Sturm, 1675)

1. Tapfre Leute soll man loben,
Und was Tugend hat erhoben,
  Hebt auch billig unser Fleiß.
Laß, was schnöd ist, unten liegen,
Was die Welt hat überstiegen,
  Deme bleibt sein Ruhm und Preis.

2. Also wer, was andre haben
Von des edlen Himmels Gaben,
Weiß gebührlich anzuziehn,

Dem gebührt vor andern allen,
Daß zu seinem Wohlgefallen
Harf und Saiten sich bemühn.

3. Er, Herr Sturm, pflanzt Palmenbäume;
Billig, daß hier keiner säume,
Ihm ein Ehr und Dank zu tun.
Ich kann nichts mehr als nur bitten,
Daß er stets mög in der Mitten
Aller Tugendpalmen ruhn.

50. SELBSTERNIEDRIGUNG

Herr, ich will gar gerne bleiben, wie ich bin, dein armer Hund (Matth. 15, 21 u. Mark. 7, 28)

Nach den lateinischen Distichen des
Nathan Chyträus „Sum canis indignus" 1568

1. Herr, ich will gar gerne bleiben,
Wie ich bin, dein armer Hund,
Will auch anders nicht beschreiben
Mich und meines Herzens Grund.
Denn ich fühle, was ich sei:
Alles Böse wohnt mir bei,
Ich bin aller Schand ergeben,
Unrein ist mein ganzes Leben.

2. Hündisch ist mein Zorn und Eifer,
Hündisch ist mein Neid und Haß,
Hündisch ist mein Zank und Geifer,
Hündisch ist mein Raub und Fraß;
Ja, wenn ich mich recht genau,
Als ich billig soll, beschau,
Halt ich mich in vielen Sachen
Ärger, als die Hund es machen.

3. Ich will auch nicht mehr begehren,
Als mir zukommt und gebührt,
Wollst mich nur des Rechts gewähren,
Das ein Hund im Hause führt!
Deine Heilgen, die sich dir
Hier ergeben für und für,
Mögen oben an der Spitzen
Deiner Himmelstafel sitzen.

4. Deine Kinder, die dich ehren
Und in voller Tugend stehn,
Mögen sich von Wollust nähren
Und im Erbe sich erhöhn,
Das du ihnen in dem Licht
Deines Saals hast zugericht't,
Ich will, wenn ich nur kann liegen
Unterm Tisch, mir lassen gnügen.

5. Ich will ins Verborgne kriechen,
Da die Nacht den Tag verhüllt,
Und hin nach der Erden riechen,
Suchen, was den Hunger stillt;
Ich will mit den Brosamlein,
Die ich finde, friedlich sein
Und mich freuen über allen,
Was die Herren lassen fallen.

6. Murren will ich auch und bellen,
Aber gleichwohl weiter nicht,
Als nur wenn in Sündenfällen
Dir von mir ein Schimpf geschicht,
Wenn mein Fleisch mich übereilt
Und zur Buße, die uns heilt,
Sich viel träger als zur Sünden
Und zur Bosheit lässet finden.

7. Dennoch will ohn alles Heucheln,
Das so fest sonst in uns steckt,
Ich dir auch hinwieder schmeicheln,
Wenn ich deinen Zorn erweckt
Und du meinen Übermut
Strafest mit der scharfen Rut.
Ach Herr, schone, will ich sprechen,
Laß mein Wort dein Herze brechen!

8. Mache mich zum wackern Hüter,
Dessen Augen offen sein,
Wenn das schönste deiner Güter,
Deine Kinder, schlafen ein.
Wenn das Haus zu Bette geht
Und der Dieb mit Listen steht
Nach des Nächsten Gut und Gelde,
Ei, so gib, daß ich ihn melde!

9. Mehre meinen kleinen Glauben
Und wehr allem, das da will
Dieses Schatzes mich berauben;
Führe mich zum rechten Ziel!

Laß mich sein, o ewges Heil,
Deines Hauses kleines Teil
Auch den Kleinsten unter allen,
Die nach deinem Reiche wallen.

10. Hab ich dies, so ruht mein Wille,
Denn ich habe selber dich,
Dich, du unvermessne Fülle
Dessen, was mich ewiglich
In dem Himmel laben soll.
Wohl mir, wohl und aber wohl!
Soll mich Gottes Fülle laben,
Woran will ich Mangel haben?

51. BUSS- UND TROSTLIED

Weg, mein Herz, mit den Gedanken als ob du verstoßen wärst (Luc. 15)

1. Weg, mein Herz, mit den Gedanken,
Als ob du verstoßen wärst;
Bleib in Gottes Wort und Schranken,
Da du anders reden hörst.
Bist du bös und ungerecht,
Ei, so ist Gott fromm und schlecht;
Hast du Zorn und Tod verdienet,
Sinke nicht! Gott ist versühnet.

2. Du bist, wie die Menschen alle,
Angesteckt mit Sündengift,
Welches Adam mit dem Falle
Samt der Schlangen hat gestift't;
Aber so du kehrst zu Gott
Und dich besserst, hats nicht Not!
Sei getrost! Gott wird dein Flehen
Und Abbitten nicht verschmähen.

3. Er ist ja kein Bär noch Leue,
Der sich nur nach Blute sehnt,
Sein Herz ist zu lauter Treue
Und zur Sanftmut angewöhnt.

Gott hat einen Vatersinn,
Unser Jammer jammert ihn,
Unser Unglück ist sein Schmerze,
Unser Sterben kränkt sein Herze.

4. „So wahrhaftig als ich lebe,
Will ich keines Menschen Tod,
Sondern, daß er sich ergebe
An mir aus dem Sündenkot."
Gottes Freud ist, wenn auf Erd
Ein Verirrter wiederkehrt;
Will nicht, daß aus seiner Herde
Das Geringst entzogen werde.

5. Kein Hirt kann so fleißig gehen
Nach dem Schaf, das sich verläuft;
Sollst du Gottes Herze sehen,
Wie sich da der Kummer häuft,
Wie es dürstet, jächt und brennt
Nach dem, der sich abgewendt
Von ihm und auch von den Seinen,
Würdest du für Liebe weinen.

6. Gott, der liebt nicht nur die Frommen,
Die in seinem Hause seind,
Sondern auch die ihm genommen
Durch den grimmen Seelenfeind,
Der dort in der Hölle sitzt
Und der Menschen Herz erhitzt
Wider den, der, wenn sich reget
Sein Fuß, alle Welt beweget.

7. Dennoch bleibt in Liebesflammen
Sein Verlangen allzeit groß,
Ruft und locket uns zusammen
In den weiten Himmelsschoß;
Wer sich nun da stellet ein,
Suchet frei und los zu sein
Aus des Satans Reich und Rachen,
Der macht Gott und Engel lachen.

8. Gott und alles Heer hoch droben,
Dem der Himmel schweigen muß,
Wenn sie ihren Schöpfer loben,
Jauchzen über unsre Buß.
  Aber was gesündigt ist,
Das verdeckt er, und vergißt,
Wie wir ihn beleidigt haben;
Alles, Alles ist vergraben.

9. Kein See kann sich so ergießen,
Kein Grund mag so grundlos sein,
Kein Strom so gewaltig fließen,
Gegen Gott ist alles klein,
  Gegen Gott und seine Huld,
Die er über unsre Schuld
Alle Tage lässet schweben
Durch das ganze Sündenleben.

10. Nun, so ruh und sei zufrieden,
Seele, die du traurig bist,
Was willst du dich viel ermüden,
Da es nicht vonnöten ist.
  Deiner Sünden großes Meer,
Wie dirs scheinet, ist nicht mehr
(Gegen Gottes Herz zu sagen)
Als was wir mit Fingern tragen.

11. Wären tausend Welt zu finden,
Von dem Höchsten zugericht't,
Und du hättest alle Sünden,
Die darinnen sind, verricht't,
  Wär es viel; doch lange nicht
So viel, daß das volle Licht
Seiner Gnaden hier auf Erden
Dadurch könnt erlöschet werden.

12. Mein Gott, öffne mir die Pforten
Solcher Gnad und Gütigkeit,
Laß mich allzeit aller Orten
Schmecken deine Süßigkeit;

Liebe mich und treib mich an,
Daß ich dich, so gut ich kann,
Wiederum umfang und liebe
Und ja nun nicht mehr betrübe!

52. DER 143. PSALM

Herr, höre, was mein Mund spricht

1. Herr, höre, was mein Mund
Aus innerm Herzensgrund
Ohn alle Falschheit spricht,
Wend, Herr, dein Angesicht,
Vernimm meine Bitte!

2. Ich bitte nicht um Gut,
Das auf der Welt beruht,
Auch endlich mit der Welt
Bricht und zu Boden fällt
Und mag gar nicht retten.

3. Der Schatz, den ich begehr,
Ist deine Gnad, o Herr,
Die Gnade, die dein Sohn,
Mein Heil und Gnadenthron,
Mir sterbend erworben.

4. Du bist rein und gerecht,
Ich bin ein böser Knecht,
Ich bin in Sünden tot,
Du bist der fromme Gott,
Der Sünde vergibet.

5. Laß deine Frömmigkeit
Sein meinen Trost und Freud,
Laß über meine Schuld
Dein edle Lieb und Huld
Sich reichlich ergießen.

6. Betrachte, wer ich bin,
Im Hui fahr ich dahin,

Zerbrechlich wie ein Glas,
Vergänglich wie ein Gras,
  Ein Wind kann mich fällen.

7. Willst du nichts sehen an
Als was ein Mensch getan,
So wird kein Menschenkind
Von wegen seiner Sünd
  Im Himmel bestehen.

8. Sieh an, wie Jesus Christ
Für mich gegeben ist,
Der hat, was ich nicht kann,
Erfüllt und gnug getan
  Im Leben und im Leiden.

9. Du liebest Reu und Schmerz,
Schau her, hier ist mein Herz,
Das seine Sünd erkennt
Und wie im Feuer brennt
  Vor Angst, Leid und Sorgen.

10. Ich lechze wie ein Land,
Dem deine milde Hand
Den Regen lang entzeucht,
Bis Saft und Kraft entweicht
  Und alles verdorret.

11. Gleich wie auch auf der Heid
Ein Hirsch begehrlich schreit
Nach frischem Wasserquell,
So ruf ich laut und hell
  Nach dir, o mein Leben.

12. Erquicke mein Gebein,
Geuß Trost und Labsal ein
Und sprich mir freundlich zu,
Daß meine Seele ruh
  Im Schoß deiner Liebe.

13. Gib mir getrosten Mut,
Wenn meiner Sünden Flut
Aufsteiget in die Höh,
Ersäuf all Angst und Weh
Im Meer deiner Gnaden.

14. Treib weg den bösen Feind,
Der mich zu stürzen meint,
Du bist mein Hirt, und ich
Will bleiben ewiglich
Ein Schaf deiner Weide.

15. So lang auf dieser Erd
Ich Atem holen werd,
O Herr, so will ich dein
Und deines Willens sein
Gehorsamer Diener.

16. Ich will dir dankbar sein,
Doch ist mein Können klein,
Allein in deiner Kraft,
Die Tun und Wollen schafft,
Steht all mein Vermögen.

17. Drum sende deinen Geist,
Der deinen Kindern weist
Den Weg, der dir gefällt;
Wer den bewahrt und hält,
Wird nimmermehr fehlen.

18. Ich richte mich nach dir,
Du sollst mir gehen für.
Du sollst mir schließen auf
Die Bahn im Tugendlauf,
Ich will treulich folgen.

19. Und wenn des Himmels Pfort
Ich werd ergreifen dort,
So will im Engelheer
Ich ewig deiner Ehr
In Freuden lobsingen.

53. DER 25. PSALM

Nach dir, o Herr, verlanget mich

1. Nach dir, o Herr, verlanget mich,
Du bist mein Gott, ich hoff auf dich,
Ich bog und bin der Zuversicht,
Du werdest mich beschämen nicht.

2. Der wird zu Schanden, der dich schändt
Und sein Gemüte von dir wendt,
Der aber, der sich dir ergibt
Und dich recht liebt, bleibt unbetrübt.

3. Herr, nimm dich meiner Seelen an
Und führe sie die rechte Bahn,
Laß deine Wahrheit leuchten mir
Im Steige, der uns bringt zu dir.

4. Denn du bist ja mein einigs Licht,
Sonst weiß ich keinen Helfer nicht,
Ich harre dein bei Tag und Nacht:
Was ists, das dich so säumend macht?

5. Ach wende, Herr, dein Augen ab
Von dem, wo ich geirret hab.
Was denkst du an den Sündenlauf,
Den ich geführt von Jugend auf?

6. Gedenk an deine Gütigkeit
Und an die große Süßigkeit,
Damit dein Herz zu trösten pflegt
Das, was sich dir zu Füßen legt.

7. Der Herr ist fromm und herzlich gut
Dem, der sich prüft und Buße tut,
Wer seinen Bund und Zeugnis hält,
Der wird erhalten, wenn er fällt.

8. Ein Herz, das Gott von Herzen scheut,
Das wird in seinem Leid erfreut,

Und wenn die Not am tiefsten steht,
So wird sein Kreuz zur Wonn erhöht.

9. Nun, Herr, ich bin dir wohlbekannt,
Mein Geist, der schwebt in deiner Hand,
Du siehst, wie meine Seele tränt
Und sich nach deiner Hilfe sehnt.

10. Die Angst, die mir mein Herze dringt
Und daraus soviel Seufzer zwingt,
Ist groß; du aber bist der Mann,
Dem nichts zu groß entstehen kann.

11. Drum steht mein Auge stets nach dir
Und trägt dir mein Begehren für.
Ach laß doch, wie du pflegst zu tun,
Dein Aug auf meinen Augen ruhn.

12. Wann ich dein darf, so wende nicht
Von mir dein Aug und Angesicht,
Laß deiner Antwort Gegenschein
Mit meinem Beten stimmen ein.

13. Die Welt ist falsch, du bist mein Freund,
Ders treulich und von Herzen meint,
Der Menschen Gunst steht nur im Mund,
Du aber liebst von Herzensgrund.

14. Zerreiß die Netz, heb auf die Strick
Und brich des Feindes List und Tück,
Und wenn mein Unglück ist vorbei,
So gib, daß ich auch dankbar sei.

15. Laß mich in deiner Furcht bestehn,
Fein schlecht und recht stets einhergehn;
Gib mir die Einfalt, die dich ehrt
Und lieber duldet als beschwert.

16. Regier und führe mich zu dir,
Auch andre Christen neben mir,
Nimm, was dir mißfällt, von uns hin,
Gib neue Herzen, neuen Sinn.

17. Wasch ab all unsern Sündenkot,
Erlös aus aller Angst und Not,
Und führ uns bald mit Gnaden ein
Zum ewgen Fried und Freudenschein.

54. AUS DEN SPRÜCHEN SALOMONIS

(30, 7-9)
Zweierlei bitt ich von dir

1. Zweierlei bitt ich von dir,
Zweierlei trag ich dir für,
Dir, der alles reichlich gibt,
Was uns dient und dir beliebt;
Gib mein Bitten, das du weißt,
Eh ich sterb und sich mein Geist
Aus des Lebens Banden reißt.

2. Gib, daß ferne von mir sei
Lügen und Abgötterei.
Armut, das die Maße bricht,
Und groß Reichtum gib mir nicht.
Allzu arm und allzu reich
Ist nicht gut, stürzt beides gleich
Unsre Seel ins Sündenreich.

3. Laß mich aber, o mein Heil,
Nehmen mein bescheiden Teil
Und beschere mir zur Not
Hier mein täglich, Bißlein Brot.
Ein klein wenig, da der Mut
Und ein gut Gewissen ruht,
Ist fürwahr ein großes Gut.

4. Sonsten möcht im Überfluß
Ich empfinden Überdruß,
Dich verleugnen, dir zum Spott
Fragen: Wer ist Herr und Gott?
Denn das Herz in Frechheit voll
Weiß oft nicht, wann ihm ist wohl,
Wie es sich erheben soll.

5. Wiederum, wenns stehet bloß
Und die Armut wird zu groß,
Wird es untreu, stiehlt und stellt
Nach des Nächsten Gut und Geld,

Tut Gewalt, braucht Ränk und List,
Ist mit Unrecht ausgerüst't,
Fragt gar nicht, was christlich ist.

6. Ach, mein Gott, mein Schatz, mein Licht,
Dieser keines ziemt mir nicht:
Beides schändet deine Ehr,
Beides stürzt ins Höllenmeer.
Drum so gib mir Füll und Hüll
Also, wie dein Herze will,
Nicht zu wenig, nicht zu viel.

55. SIRACHS GEBET UM FLECKENLOSEN WANDEL

(Sirach 23, 1-6)
O Gott, mein Schöpfer, edler Fürst

1. O Gott, mein Schöpfer, edler Fürst
Und Vater meines Lebens,
Wo du mein Leben nicht regierst,
So leb ich hier vergebens.
Ja lebendig bin ich auch tot,
Der Sünden ganz ergeben,
Wer sich wälzt in dem Sündenkot,
Der hat das rechte Leben
Noch niemals recht gesehen.

2. Darum so wende deine Gnad
Zu deinem armen Kinde
Und gib mir allzeit guten Rat,
Zu meiden Schand und Sünde;
Behüte meines Mundes Tür,
Daß mir ja nicht entfahre
Ein solches Wort, dadurch ich dir
Und deiner frommen Schare
Verdrießlich sei und schade.

3. Bewahr, o Vater, mein Gehör
Auf dieser schnöden Erde
Vor allem, dadurch deine Ehr
Und Reich beschimpfet werde;
Laß mich der Lästrer Gall und Gift
Ja nimmermehr berühren,
Denn wen ein solcher Unflat trifft,
Den pflegt er zu verführen,
Auch wohl gar umzukehren.

4. Regiere meiner Augen Licht,
Daß sie nichts Arges treiben,
Ein unverschämtes Angesicht
Laß ferne von mir bleiben;
Was ehrbar ist, was Zucht erhält,
Wonach die Englein trachten,
Was dir beliebt und wohlgefällt,
Das laß auch mich hochachten,
All Üppigkeit verlachen.

5. Gib, daß ich mich nicht lasse ein
Zum Schlemmen und zum Prassen,
Laß deine Lust mein eigen sein,
Die andre fliehn und hassen.
Die Lust, die unser Fleisch ergötzt,
Die zeucht uns nach der Höllen,
Und was die Welt für Freude schätzt,
Pflegt Seel und Geist zu fällen
Und ewiglich zu quälen.

6. O selig ist, der stets sich nährt
Mit Himmels Speis und Tränken,
Der nichts mehr schmeckt, nichts sieht und hört,
Auch nichts begehrt zu denken,
Als nur was zu dem Leben bringt,
Da man bei Gotte lebet
Und bei der Schar, die fröhlich singt
Und in der Wollust schwebet,
Die keine Zeit aufhebet.

56. DER 121. PSALM

Ich erhebe, Herr, zu dir meiner beiden Augen Licht

1. Ich erhebe, Herr, zu dir
Meiner beiden Augen Licht,
Mein Gesicht ist für und für
Zu den Bergen aufgericht't,
Zu den Bergen, da herab
Ich mein Heil und Hilfe hab.

2. Meine Hilfe kommt allein
Von des Höchsten Händen her,
Der so künstlich, hübsch und fein
Himmel, Erde, Luft und Meer,
Und was in den allen ist,
Uns zum Besten ausgerüst't.

3. Er nimmt deiner Füße Tritt,
O mein Herze, wohl in Acht,
Wenn du gehest, geht er mit
Und bewahrt dich Tag und Nacht.
Sei getrost! Das Höllenheer
Wird dir schaden nimmermehr.

4. Siehe, wie sein Auge wacht,
Wenn du liegest in der Ruh,
Wenn du schläfest, kommt mit Macht
Auf dein Bett geflogen zu
Seiner Engel güldne Schar,
Daß sie deiner nehmen wahr.

5. Alles was du bist und hast,
Ist umringt mit seiner Hut,
Deiner Sorgen schwere Last
Nimmt er weg, macht alles gut;
Leib und Seel hält er verdeckt,
Wenn dich Sturm und Wetter schreckt.

6. Wenn der Sonnen Hitze brennt
Und des Leibes Kräfte bricht,
Wenn dich Stern und Monde blendt
Mit dem klaren Angesicht,

Hat er seine starke Hand
Dir zum Schatten vorgewandt.

7. Nun, er fahre immer fort,
Der getreue fromme Hirt,
Bleibe stets dein Schild und Hort,
Wenn dein Herz geängstet wird;
Wenn die Not wird viel und groß,
Schließt er dich in seinen Schoß.

8. Wenn du sitzest, wenn du stehst,
Wenn du redest, wenn du hörst,
Wenn du aus dem Hause gehst
Und zurücke wieder kehrst,
Wenn du trittst aus oder ein,
Woll er dein Gefährte sein.

57. ODE: WELTSKRIBENTEN UND POETEN

Vorspruch zu: Michael Schirmer, Biblische Lieder und Lehrsprüche, Berlin 1650

1. Weltskribenten und Poeten
Haben ihren Glanz und Schein,
Mögen auch zu lesen sein,
Wenn wir leben außer Nöten;
In dein Unglück, Kreuz und Übel
Ist nichts Bessers als die Bibel.

2. Cato deuchte sich zu stellen
In der Angst mit Plato Buch,
Aber Gottes Zorn und Fluch
Drückt ihn gleichwohl bis zur Höllen;
Sein verirrter blinder Sinn
Ging und wußte nicht wohin.

3. Was Homerus hat gesungen
Und des Maro hoher Geist,
Wird gerühmet und gepreist
Und hat alle Welt durchdrungen;

Aber wenn der Tod uns trifft,
Was hilft da Homerus' Schrift?

4. Gottes Wort, das ists vor allen,
So uns, wenn des Herz erschrickt,
Wie ein kühler Tau erquickt,
Daß wir nicht zu Boden fallen.
Wenn die ganze Welt verzagt,
Steht und siegt, was Gott gesagt.

5. Wenn die Scharen aller Teufel
Sich empören und bemühn,
Dich von Christo abzuziehn
Und zu stürzen in den Zweifel,
Und du sprichst nur: So spricht Gott!
Werden sie zu Schand und Spott.

6. Darum liebt, ihr lieben Herzen,
Gottes Schriften, die gewiß
In der Herzensfinsternis
Besser sind als alle Kerzen;
Hier sind Strahlen, hier ist Licht,
Das durch alles Herzleid bricht.

7. Unser Schirmer wirds euch lehren,
Wenn ihr, was sein heilger Fleiß
Ihm zum Trost und Gott zum Preis
Hier gesetzet, werdet hören.
Lobt das Werk und liebt den Mann,
Der das gute Werk getan.

58. VERTRAUEN AUF GOTTES WILLEN

Ich weiß, mein Gott, daß all mein Tun und Werk auf deinem Willen ruhn (Jer. 10, 23)

1. Ich weiß, mein Gott, daß all mein Tun
Und Werk in deinem Willen ruhn,

Von dir kommt Glück und Segen;
Was du regierst, das geht und steht
Auf rechten, guten Wegen.

2. Es steht in keines Menschen Macht,
Daß sein Rat werd ins Werk gebracht
Und seines Gangs sich freue;
Des Höchsten Rat, der machts allein,
Daß Menschenrat gedeihe.

3. Oft denkt der Mensch in seinem Mut,
Dies oder jenes sei ihm gut,
Und ist doch weit gefehlet;
Oft sieht er auch für schädlich an,
Was doch Gott selbst erwählet.

4. So fängt auch mancher weise Mann
Ein gutes Werk zwar fröhlich an
Und bringts doch nicht zum Stande;
Er baut ein Schloß und festes Haus,
Doch nur auf lauterm Sande.

5. Wie mancher ist in seinem Sinn
Fast über Berg und Spitzen hin,
Und eh er sichs versiehet,
So liegt er da und hat sein Fuß
Vergeblich sich bemühet.

6. Drum, lieber Vater, der du Kron
Und Zepter trägst in deinem Thron
Und aus den Wolken blitzest,
Vernimm mein Wort und höre mich
Vom Stuhle, da du sitzest.

7. Verleihe mir das edle Licht,
Das sich von deinem Angesicht
In fromme Seelen strecket
Und da der rechten Weisheit Kraft
Durch deine Kraft erwecket.

8. Gib mir Verstand aus deiner Höh,
Auf daß ich ja nicht ruf und steh
Auf meinem eignen Willen;
  Sei du mein Freund und treuer Rat,
  Was recht ist, zu erfüllen.

9. Prüf alles wohl, und was mir gut,
Das gib mir ein; was Fleisch und Blut
Erwählet, das verwehre;
  Der Höchste Zweck, das beste Teil
  Sei deine Lieb und Ehre.

10. Was dir gefällt, das laß auch mir,
O meiner Seelen Sonn und Zier,
Gefallen und belieben;
  Was dir zuwider, laß mich nicht
  Im Werk und Tat verüben.

11. Ists Werk von dir, so hilf zu Glück;
Ists Menschentum, so treibs zurück
Und ändre meine Sinnen;
  Was du nicht wirkst, pflegt von ihm selbst
  In kurzem zu zerrinnen.

12. Sollt aber dein und unser Feind
An dem, was dein Herz gut gemeint,
Beginnen sich zu rächen:
  Ist das mein Trost, daß seinen Zorn
  Du leichtlich könnest brechen.

13. Tritt zu mir zu und mache leicht,
Was mir sonst fast unmöglich deucht,
Und bring zum guten Ende,
  Was du selbst angefangen hast,
  Durch Weisheit deiner Hände.

14. Ist ja der Anfang etwas schwer,
Und muß ich auch ins tiefe Meer
Der bittern Sorgen treten,

So treib mich nur ohn Unterlaß
Zu seufzen und zu beten.

15. Wer fleißig betet und dir traut,
Wird alles, da ihm sonst vor graut,
Mit tapferm Mut bezwingen;
Sein Sorgenstein wird in der Eil
In tausend Stücke springen.

16. Der Weg zum Guten ist fast wild,
Mit Dorn und Hecken ausgefüllt,
Doch wer ihn freudig gehet,
Kommt endlich, Herr, durch deinen Geist,
Wo Freud und Wonne stehet.

17. Du bist mein Vater, ich dein Kind,
Was ich bei mir nicht hab und find,
Hast du zu aller Gnüge,
So hilf nur, daß ich meinen Stand
Wohl halt und herrlich siege.

18. Dein soll sein aller Ruhm und Ehr,
Ich will dein Tun je mehr und mehr
Aus hocherfreuter Seelen
Vor deinem Volk und aller Welt,
So lang ich leb, erzählen.

59. ICH DANKE DIR DEMÜTIGLICH

Nach Johann Arnds „Paradiesgärtlein", Goslar 1621, III, 17:
„Gebet um zeitliche und ewige Wohlfahrt"

1. Ich danke dir demütiglich,
O Gott, mein Vater, daß du dich
Von deinem Zorn gewendet
Und deinen Sohn
Zur Freud und Kron
Uns in die Welt gesendet.

2. Er ist gekommen, hat sein Blut
Vergossen und in solcher Flut
All unser Sünd ersticket.
Wer ihn nur faßt,
Wird aller Last
Benommen und erquicket.

3. Ich bitte, was ich bitten kann,
Herzlieber Vater, nimm mich an
In diesen edlen Orden,
Der durch dies Blut
Gerecht und gut
Und ewig selig worden.

4. Laß meines Glaubens Aug und Hand
Ergreifen dieses werte Pfand
Und nimmermehr verlieren;
Laß dieses Licht
Mein Angesicht
Zum ewgen Lichte führen!

5. Bereite meiner Seelen Haus,
Wirf allen Kot und Unflat aus,
Bau in mir deine Hütte,
Daß deine Güt
In mein Gemüt
All ihre Lieb ausschütte!

6. Wann ich dich hab, ist alles mein;
Du kannst nicht ohne Gaben sein,
Hast tausend Weg und Weisen,
Dein arme Herd
Auf dieser Erd
Zu nähren und zu speisen.

7. Gib mir, daß ich an meinem Ort
Allstets dich fürcht in deinem Wort
Und meinen Stand so führe,
Daß Glaub und Treu
Stets bei mir sei
Und all mein Leben ziere!

8. Gib nur ein gnügsam Herz und Sinn!
Denn das ist ja ein großer Gwinn,
In steter Andacht liegen
   Und, wenn Gott gibt
   Was ihm beliebt,
   Ihm lassen gern genügen.

9. Das Wen'ge, das durch Gottes Hand
Ein Frommer und Gerechter hat,
Ist vielmal mehr geehret
   Als alles Geld,
   Davon die Welt
   Mit frechem Herzen zehret.

10. Die Frommen sind dir, Herr, bewußt;
Du bist ihr und sie deine Lust
Und werden nicht zuschanden,
   Kommt teure Zeit,
   Findt sich bereit
   Ihr Brot in allen Landen.

11 . Gott hat den, der ihn fürchtet, lieb,
Sieht zu, daß ihn kein Unfall trüb,
Hat Lust zu seinen Wegen;
   Und wenn er fällt,
   Steht Gott und hält
   Ihn fest in seinem Segen.

12. Des Höchsten Auge sieht auf die,
So auf ihn hoffen spat und früh,
Daß er sie schütz und rette
   Aus aller Not'
   Wann sie der Tod
   Auch selbst verschlungen hätte.

13. Herr, du kannst nichts als Güte sein,
Du wollest deiner Güte Schein
Uns und all denen gönnen,
   Die sich mit Mund
   Und Herzensgrund
   Allein zu dir bekennen!

14. Insonderheit nimm wohl in Acht
Den Fürsten, den du uns gemacht
Zu unsers Landes Krone,
Laß immerzu
Sein Fried und Ruh
Auf seinem Stuhl und Throne.

15. Halt unser liebes Vaterland
In deinem Schoß und starker Hand!
Behüt uns allzusammen
Vor falscher Lehr
Und Feindes Heer,
Vor Pest und Feuersflammen.

16. Nimm all der Meinen eben wahr,
Treib, Herr, die böse Höllenschar
Von Jungen und von Alten,
Daß deine Herd
Hie zeitlich werd
Und ewig dort erhalten.

60. O Jesu Christ, mein schönstes Licht

Nach Johann Arnds „Paradiesgärtlein", Goslar 1621, 11, 5: „Gebet um die Liebe Christi"

1. O Jesu Christ, mein schönstes Licht,
Der du in deiner Seelen
So hoch mich liebst, daß ich es nicht
Aussprechen kann noch zählen:
Gib, daß mein Herz dich wiederum
Mit Lieben und Verlangen
Mög umfangen
Und als dein Eigentum
Nur einzig an dir hangen!

2. Gib, daß sonst nichts in meiner Seel
Als deine Liebe wohne,
Gib, daß ich deine Lieb erwähl
Als meinen Schatz und Krone;

Stoß alles aus, nimm alles hin,
Was mich und dich will trennen
Und nicht gönnen,
Daß all mein Mut und Sinn
In deiner Liebe brennen!

3. Wie freundlich, selig, süß und schön
Ist, Jesu, deine Liebe!
Wann diese steht, kann nichts entstehn,
Das meinen Geist betrübe.
Drum laß nichts anders denken mich,
Nichts sehen, fühlen, hören,
Lieben, ehren
Als deine Lieb und dich,
Der du sie kannst vermehren.

4. O, daß ich dieses hohe Gut
Möcht ewiglich besitzen!
Gebet und christliches Leben
O, daß in mir dies' edle Glut
Ohn Ende möchte hitzen!
Ach, hilf mir wachen Tag und Nacht
Und diesen Schatz bewahren
Vor den Scharen,
Die wider uns mit Macht
Aus Satans Reiche fahren!

5. Mein Heiland, du bist mir zulieb
In Not und Tod gegangen
Und hast am Kreuz als wie ein Dieb
Und Mörder da gehangen,
Verhöhnt, verspeit und sehr verwundt;
Ach, laß mich deine Wunden
Alle Stunden
Mit Lieb im Herzensgrund
Auch ritzen und verwunden.

6. Dein Blut, daß dir vergossen ward,
Ist köstlich, gut und reine,
Mein Herz hingegen böser Art

Und hart gleich einem Steine.
O laß doch deines Blutes Kraft
Mein hartes Herze zwingen,
Wohl durchdringen
Und diesen Lebenssaft
Mir deine Liebe bringen!

7. O daß mein Herze offen stünd
Und fleißig möcht auffangen
Die Tröpflein Bluts, die meine Sünd
Im Garten dir abdrangen!
Ach daß sich meiner Augen Brunn
Auftät und mit Stöhnen
Heiße Tränen
Vergösse, wie die tun,
Die sich in Liebe sehnen.

8. O daß ich wie ein kleines Kind
Mit Weinen dir nachginge
So lange, bis dein Herz entzündt
Mit Armen mich umfinge
Und deine Seel in mein Gemüt
In voller süßer Liebe
Sich erhübe
Und also deiner Güt
Ich stets vereinigt bliebe!

9. Ach zeuch, mein Liebster, mich nach dir,
So lauf ich mit den Füßen;
Ich lauf und will dich mit Begier
In meinem Herzen küssen.
Ich will aus deines Mundes Zier
Den süßen Trost empfinden,
Der die Sünden
Und alles Unglück hier
Kann leichtlich überwinden.

10. Mein Trost, mein Schatz, mein Licht und Heil,
Mein höchstes Gut und Leben,
Ach nimm mich auf zu deinem Teil,

Dir hab ich mich ergeben.
  Denn außer dir ist lauter Pein,
Ich find hier überalle
  Nichts denn Galle;
Nichts kann mir tröstlich sein,
Nichts ist, das mir gefalle.

11. Du aber bist die rechte Ruh,
In dir ist Fried und Freude,
Gib, Jesu, gib, daß immerzu
Mein Herz in dir sich weide!
  Sei meine Flamm und brenn in mir,
Mein Balsam, wollest eilen,
  Lindern, heilen
Den Schmerzen, der allhier
Mich seufzen macht und heulen.

12. Was ists, o Schönster, das ich nicht
In deiner Liebe habe?
Sie ist mein Stern, mein Sonnenlicht,
Mein Quell, da ich mich labe,
  Mein süßer Wein, mein Himmelsbrot,
Mein Kleid vor Gottes Throne
  Meine Krone,
Mein Schutz in aller Not,
Mein Haus, darin ich wohne.

13. Ach, liebstes Lieb, wann du entweichst,
Was hilft mir sein geboren?
Wann du mir deine Lieb entzeuchst,
Ist all mein Gut verloren.
  So gib, daß ich dich, meinen Gast,
Wohl such und bester Maßen
  Möge fassen
Und, wenn ich dich gefaßt,
In Ewigkeit nicht lassen!

14. Du hast mich je und je geliebt
Und auch nach dir gezogen;
Eh ich noch etwas Guts geübt,

Warst du mir schon gewogen.
  Ach, laß doch ferner, edler Hort,
Mich diese Liebe leiten
  Und begleiten,
Daß sie mir immerfort
Beisteh auf allen Seiten!

15. Laß meinen Stand, darin ich steh,
Herr, deine Liebe zieren
Und, wo ich etwa irre geh,
Alsbald zurechte führen;
  Laß sie mir allzeit guten Rat
Und gute Werke lehren,
  Steuern, wehren
Der Sünd, und nach der Tat
Bald wieder mich bekehren!

16. Laß sie sein meine Freud im Leid,
In Schwachheit mein Vermögen,
Und wann ich nach vollbrachter Zeit
Mich soll zur Ruhe legen,
  Alsdann laß deine Liebestreu,
Herr Jesu, bei mir stehen,
  Luft zuwehen,
Daß ich getrost und frei
Mög in dein Reich eingehen!

61. DER 1. PSALM

Wohl dem Menschen, der nicht wandelt

1. Wohl dem Menschen, der nicht wandelt
In gottloser Leute Rat!
Wohl dem, der nicht unrecht handelt
Noch tritt auf der Sünder Pfad;
  Der der Spötter Freundschaft fleucht
Und von ihren Stühlen weicht,
Der hingegen herzlich ehret
Was uns Gott vom Himmel lehret.

2. Wohl dem, der mit Lust und Freuden
Das Gesetz des Höchsten treibt
Und hie, als auf süßer Weiden,
Tag und Nacht beständig bleibt;
Dessen Segen wächst und blüht
Wie ein Palmbaum, den man sieht
Bei den Flüssen an der Seiten
Seine frischen Zweig ausbreiten.

3. Also, sag ich, wird auch grünen,
Wer in Gottes Wort sich übt,
Luft und Sonne wird ihm dienen,
Bis er reiche Früchte gibt.
Seine Blätter werden alt
Und doch niemals ungestalt.
Gott gibt Glück zu seinen Taten,
Was er macht, muß wohl geraten.

4. Aber wen die Sünd erfreuet,
Mit dem gehts viel anders zu:
Er wird wie die Spreu zerstreuet
Von dem Wind im schnellen Nu.
Wo der Herr sein Häuflein richt't,
Da bleibt kein Gottloser nicht.
Surnma: Gott liebt alle Frommen,
Und wer bös ist, muß umkommen.

62. DER 49. PSALM

Hört an, ihr Völker, hört doch an

1. Hört an, ihr Völker, hört doch an,
Hört alle, die ihr lebet,
Arm, reich, Herr, Diener, Frau und Mann
Und was auf Erden schwebet:
Mein Mund soll reden von Verstand
Und rechte Weisheit lehren;
Wir wollen, was mein Herz erfand,
Ein fein Gedichte hören
Und spielen auf der Harfen.

2. Was sollt ich fürchten meinen Feind
In meinen bösen Tagen,
Da mich, ders böse mit mir meint,
Umgibt mit vielen Plagen,
Wann mich mein Untertreter drückt
Mit seinen Missetaten
Und sich, weil ihm sein Tun geglückt
Und alles wohl geraten,
Erhebet, pocht und prahlet?

3. Was hilft ihm all sein Hab und Gut,
Wann sich der Tod herfindet?
Da gilt kein Geld, kein hoher Mut,
All Hilf und Rat verschwindet.
Und wenn auch gleich sein
Bruder wollt ihm an die Seite treten,
Doch kann ihn weder rotes Gold
Noch Bruders Blut erbeten,
Er muß dem Tod herhalten.

4. Der Tod ist gar ein treuer Mann,
Fragt nichts nach gutem Willen;
Wann einer gleich gibt, was er kann,
Noch läßt er sich nicht stillen.
Und sieht er auch schon manchem zu,
Läßt ihn viel Jahr erlangen,
Doch bricht er endlich solche Ruh,
Er kommt einmal gegangen
Und holt die alten Greisen.

5. Denn solche Weisen müssen doch
Sowohl als wie die Narren
Sich lassen in des Grabes Loch
Versenken und verscharren;
Da kommt denn, was sie an sich bracht,
In andrer Leute Hände,
Und also gehet ihre Pracht
Und Herrlichkeit zu Ende,
Viel anders, als sie wünschen.

6. Dies ist ihr Herz, das ist ihr Sinn,
Daß ihr Haus ewig bleibe,
Ihr Ehr und Würd auch immerhin
Sich mehr und wohl erkleibe;
Noch dennoch aber können sie
Nichts überall erhalten,
Sie müssen fort und wie ein Vieh
Hinunter und erkalten.
Das ist ein töricht Wesen,

7. Doch gleichwohl wird es hoch gerühmt
Mit Lippen der Nachkommen
Und gar nicht, wie es sich geziemt,
Zur Beßrung angenommen.
Sie liegen in der Höllen Grund
In einem bösen Schlafe,
Der Tod, der nagt sie wie ein Hund
Und wie ein Wolf die Schafe,
Die keine Hilfe haben.

8. Die Bösen sind des Teufels Beut
Und müssen Marter leiden,
Die Frommen wird der Herr mit Freud
Im Himmelsreiche weiden.
Der Trotz der unverschämten Rott
Muß brechen und vergehen,
Wer aber treu bleibt seinem Gott,
Der soll dort ewig stehen
Im Chor der Auserwählten.

9. Darum, mein allerliebstes Kind,
Laß dich nicht irre machen,
Ob einer reich wird und mit Sünd
Erlangt viel teure Sachen;
Denn wann er stirbt, bleibt alles hier,
Er kann nichts mit sich nehmen.
Sein Herrlichkeit, sein Ehr und Zier
Verschwindet wie ein Schemen
Und will ihm nicht nachfolgen.

10. Die Welt liebt ihren Kot und Stank,
Hält viel von schnöden Dingen.
Und also gehn sie auch den Gang,
Den ihre Väter gingen,
Und sehen hinfort nimmermehr
Das Licht, das uns ernähret;
Kurz: Wann ein Mensch hat Würd und Ehr
Und ist nicht fromm, so fähret
Er wie ein Vieh von hinnen,

63. DER 112. PSALM

Wohl dem, der den Herren scheuet

1. Wohl dem, der den Herren scheuet
Und sich fürcht't vor seinem Gott,
Selig, der sich herzlich freuet,
Zu erfüllen sein Gebot!
Wer den Höchsten liebt und ehrt,
Wird erfahren, wie sich mehrt
Alles, was in seinem Leben
Ihm vom Himmel ist gegeben.

2. Seine Kinder werden stehen
Wie die Rosen in der Blüt,
Sein Geschlecht wird einhergehen
Voller Gnad und Gottes Güt;
Und was diesen Leib erhält,
Wird der Herrscher aller Welt
Reichlich und mit vollen Händen
Ihnen in die Häuser senden.

3. Das gerechte Tun der Frommen
Steht gewiß und wanket nicht;
Sollt auch gleich ein Wetter kommen,
Bleibt doch Gott der Herr ihr Licht,
Tröstet, stärket, schützt und macht,
Daß nach ausgestandner Nacht
Und nach hochbetrübtem Weinen
Freud und Sonne wieder scheinen.

4. Gottes Gnad, Huld und Erbarmen
Bleibt den Frommen immer fest.
Wohl dem, der die Not der Armen
Sich zu Herzen gehen läßt
Und mit Liebe Gutes tut;
Den wird Gott, das höchste Gut,
Gnädiglich in seinen Armen
Als ein liebster Vater wärmen.

5. Wenn die schwarzen Wolken blitzen
Vor dem Donner in der Luft,
Wird er ohne Sorgen sitzen
Wie ein Vöglein in der Kluft.
Er wird bleiben ewiglich,
Auch wird sein Gedächtnis sich
Hie und da auf allen Seiten
Wie die edlen Zweig ausbreiten.

6. Wenn das Unglück an will kommen,
Das die rohen Sünder plagt,
Bleibt der Mut ihm unbenommen
Und das Herze unverzagt;
Unverzagt, ohn Angst und Pein
Bleibt das Herze, das sich fein
Seinem Gott und Herren ergibet
Und die, so verlassen, liebet.

7. Wer betrübte gern erfreuet,
Wird vom Höchsten wohl ergötzt,
Was die milde Hand ausstreuet,
Wird vom Himmel hoch ersetzt;
Wer viel gibt, erlanget viel.
Was sein Herze wünscht und will,
Das wird Gott mit gutem Willen
Schon zu rechter Zeit erfüllen.

8. Aber seines Feindes Freude
Wird er untergehen sehn;
Er, der Feind, vor großem Neide
Wird zerbeißen seine Zähn,

Er wird knirschen und mit Grimm
Solches Glück mißgönnen ihm
Und doch damit gar nichts wehren,
Sondern sich nur selbst verzehren.

64. HERR, ALLER WEISHEIT QUELL UND GRUND

(in Anlehnung an Sprüche Sal. 7-9)
Nach Johann Arnds „Paradiesgärtlein", Goslar 1621, 1, 14

1. Herr, aller Weisheit Quell und Grund,
Dir ist all mein Vermögen kund,
Wo du nicht hilfst und deine Gunst,
Ist all mein Tun und Werk umsunst.

2. Ich leider als ein Sündenkind
Bin von Natur zum Guten blind,
Mein Herze, wann dirs dienen soll,
Ist ungeschickt und Torheit voll.

3. Ja, Herr, ich bin gar viel zu schlecht,
Zu handeln dein Gesetz und Recht,
Was meinem Nächsten nütz im Land,
Ist mir verdeckt und unbekannt.

4. Mein Leben ist sehr kurz und schwach,
Ein Lüftlein, das bald lässet nach;
Was in der Welt zu prangen pflegt,
Das ist mir wenig beigelegt.

5. Wann ich auch gleich vollkommen wär,
Hätt aller Gaben Ruhm und Ehr
Und sollt entraten deines Lichts,
So wär ich doch ein lauter Nichts.

6. Was hilfts, wann einer gleich viel weiß,
Und hat zuvorderst nicht mit Fleiß
Gelernet deine Furcht und Dienst,
Der hat mehr schaden als Gewinst.

7. Das Wissen, das ein Mensche führt,
Wird leichthin in ihm selbst verirrt;
Wann unsre Kunst am meisten kann,
So stößt sie aller Enden an.

8. Wie mancher stürzet seine Seel
Durch Klugheit, wie Ahitophel,
Und nimmt, weil er dich nicht recht kennt,
Durch seinen Witz ein schrecklich End!

9. O Gott, mein Vater, kehre dich
Zu meiner Bitt und höre mich:
Nimm solche Torheit von mir hin
Und gib mir einen bessern Sinn!

10. Gib mir die Weisheit, die du liebst
Und denen, die dich lieben, gibst,
Die Weisheit, die vor deinem Thron
Allstets erscheint in ihrer Kron.

11. Ich lieb ihr liebes Angesicht,
Sie ist meins Herzens Freud und Licht,
Sie ist die Schönste, die mich hält
Und meinen Augen wohlgefällt.

12. Sie ist hochedel, auserkorn,
Von dir, o Höchster, selbst geborn,
Sie ist der hellen Sonnen gleich,
An Tugend und an Gaben reich.

13. Ihr Mund ist süß und tröstet schön,
Wenn uns die Augen übergehn;
Wenn uns der Kummer niederdrückt,
So ist sies, die das Herz erquickt.

14. Sie ist voll Ehr und Herrlichkeit,
Bewehrt vorm Tod und großem Leid;
Wer fleißig um sie kämpft und wirbt,
Der bleibet lebend, wenn er stirbt.

15. Sie ist des Schöpfers nächster Rat,
Von Worten mächtig und von Tat;
Durch sie erfährt die blinde Welt,
Was Gott gedenkt in seinem Zelt.

16. Denn welcher Mensch weiß Gottes Rat?
Wer ists, der je erfunden hat
Den Schluß, den er im Himmel schleußt,
Den Weg, den er uns laufen heißt?

17. Die Seele wohnet in der Erd
Und wird durch ihre Last beschwert;
Die Sinnen, hin und her zerstreut,
Sind ja von Irrtum nicht befreit.

18. Wer will erforschen, was Gott setzt,
Und sagen, was sein Herz ergötzt?
Es sei denn, der du ewig lebst,
Daß du uns deine Weisheit gebst.

19. Drum sende sie von deinem Thron
Und gib sie deinem Kind und Sohn!
Ach, schütt und geuß sie reichlich aus
In meines Herzens armes Haus!

20. Befiehl ihr, daß sie mit mir sei
Und, wo ich gehe, stehe bei;
Bin ich in Arbeit, helfe sie
Mir tragen meine schwere Müh!

21. Gib mir durch ihre weise Hand
Die recht Erkenntnis und Verstand,
Daß ich an dir alleine kleb
Und nur nach deinem Willen leb!

22. Gib mir durch sie Geschicklichkeit,
Zur Wahrheit laß mich sein bereit,
Daß ich nicht mach aus sauer süß,
Noch aus dem Lichte Finsternis!

23. Gib Lieb und Lust zu deinem Wort,
Hilf, daß ich bleib an meinem Ort
Und mich zur frommen Schar gesell,
In ihrem Rat mein Wesen stell!

24. Gib auch, daß ich gern jedermann
Mit Rat und Tat, so gut ich kann,
Aus rechter unverfälschter Treu
Zu helfen allzeit willig sei.

25. Auf daß in allem, was ich tu,
In deiner Lieb ich nehme zu;
Denn wer sich nicht der Weisheit gibt,
Der bleibt von dir auch ungeliebt..

65. JESU, ALLERLIEBSTER BRUDER

Nach Johann Arnds „Paradiesgärtlein", Goslar 1621, I, 34

1. Jesu, allerliebster Bruder,
Ders am besten mit mir meint,
Du mein Anker, Mast und Ruder
Und mein treuester Herzensfreund;
Der du, ehe was geboren,
Dir das Menschenvolk erkoren,
Auch mich armen Erdengast
Dir zur Lieb ersehen hast:

2. Du bist ohne Falsch und Tücke,
Dein Herz weiß von keiner List,
Aber wenn ich nur erblicke
Was hier auf Erden ist,
Find ich alles voller Lügen:
Wer am besten kann betrügen,
Wer am schönsten heucheln kann,
Ist der allerbeste Mann.

3. Ach, wie untreu und verlogen
Ist die Liebe dieser Welt;

Ist sie jemand wohl gewogen,
Währts nicht länger als sein Geld.
　Wenn das Glück uns fügt und grünet,
Sind wir schön und hübsch bedienet,
Kommt ein wenig Ungestüm,
Kehrt sich alle Freundschaft üm.

4. Treib, Herr, von mir und verhüte
Solchen unbeständgen Sinn;
Hätt ich aber mein Gemüte,
Weil ich auch ein Mensche bin,
　Schon mit diesem Kot besprenget
Und der Falschheit nachgehänget,
So erkenn ich meine Schuld,
Bitt um Gnad und um Geduld.

5. Laß mir ja nicht widerfahren,
Was du Herr zur Straf und Last
Denen, die mit falschen Waren
Handeln, angedräuet hast,
　Da du sprichst, du wollest scheuen
Und als Unflat von dir speien
Aller Heuchler falschen Mut,
Der Guts fürgibt und nicht tut.

6. Gib mir ein beständges Herze
Gegen alle meine Freund;
Auch dann, wann mit Kreuz und Schmerze
Sie von dir beleget seind,
　Daß ich mich nicht ihrer schäme,
sondern mich nach dir bequeme,
Der du, da wir arm und bloß,
Uns gesetzt in deinen Schoß.

7. Gib mir auch nach deinem Willen
Einen Freund, in dessen Treu
Ich mein Herze möge stillen,
Da mein Mund sich ohne Scheu
　Öffnen und erklären möge,
Da ich alles abelege

(nach dem Maße, das mir gnügt),
Was mir auf dem Herzen liegt.

8. Laß mich Davids Glück erleben:
Gib mir einen Jonathan,
Der mir sein Herz möge geben,
Der auch, wenn nun jedermann
  Mir nichts Gutes mehr will gönnen,
Sich nicht lasse von mir trennen,
Sondern fest in Wohl und Weh
Als ein Felsen bei mir steh.

9. Herr, ich bitte dich, erwähle
Mir aus aller Menschen Meng
Eine fromme heilge Seele,
Die an dir fein kleb und häng,
  Auch nach deinem Sinn und Geiste
Mir stets Trost und Hilfe leiste.
Trost, der in der Not besteht,
Hilfe, die von Herzen geht.

10. Wenn die Zung und Mund nur liebet,
Ist die Liebe schlecht bestellt.
Wer mir gute Worte gibet
Und den Haß im Herzen hält,
  Wer nur seinen Kuchen schmieret
Und, wanns Bienlein nicht mehr führet,
Alsdann geht er nach der Tür –
Ei, der bleibe fern von mir.

11. Hab ich Schwachheit und Gebrechen,
Herr, so lenke meinen Freund,
Mich in Güte zu besprechen
Und nicht als ein Leu und Feind.
  Wer mich freundlich weiß zu schlagen,
Ist, als der in Freudentagen
Reichlich auf mein Haupt mir geußt
Balsam, der am Jordan fleußt.

12. O, wie groß ist meine Habe,
O, wie köstlich ist mein Gut,
Jesu, wenn mit dieser Gabe
Dein Hand meinen Willen tut,
  Daß mich meines Freundes Treue
Und beständigs Herz erfreue!
Wer dich fürchtet, liebt und ehrt,
Dem ist solch ein Schatz beschert.

13. Gute Freunde sind wie Stäbe,
Da der Menschen Gang sich hält,
Daß der schwache Fuß sich hebe,
Wann der Leib zu Boden fällt.
  Wehe dem, der nicht zum Frommen
Solches Stabes weiß zu kommen!
Der hat einen schweren Lauf;
Wann er fällt, wer hilft ihn auf?

14. Nun, Herr, laß dirs wohl gefallen,
Bleib mein Freund bis in mein Grab!
Bleib mein Freund und unter allen
Mein getreuster, stärkster Stab!
  Wenn du dich mir wirst verbinden,
Wird sich schon ein Herze finden,
Das, durch deinen Geist gerührt,
Mir was Gutes gönnen wird.

66. DER 139. PSALM

Herr, du erforschest meinen Sinn

1. Herr, du erforschest meinen Sinn
Und kennest, was ich hab und bin,
Ja, was mir selbst verborgen ist,
Das weißt du, der du alles bist.

2. Ich sitz hier oder stehe auf,
Ich lieg, ich geh auch oder lauf:
So bist du um und neben mir,
Und ich bin allzeit hart bei dir.

3. All die Gedanken meiner Seel,
Und was sich in der Herzenshöhl
Hier reget, hast du schon betracht,
Eh ich einmal daran gedacht.

4. Auf meiner Zunge ist kein Wort,
Das du nicht hörest allsofort,
Du schaffests, was ich red und tu,
Und siehst all meinem Leben zu.

5. Das ist mir kund. Und bleibet doch
Mir solch Erkenntnis viel zu hoch,
Es ist die Weisheit, die kein Mann
Recht aus dem Grunde wissen kann.

6. Wo soll ich, der du alles weißt,
Mich wenden hin vor deinem Geist?
Wo soll ich deinem Angesicht
Entgehen, daß michs sehe nicht?

7. Führ ich gleich an des Himmels Dach
So bist du da, hältst Hut und Wach,
Stieg ich zur Höll und wollte mir
Da betten, find ich dich auch hier.

8. Wollt ich der Morgenröten gleich
Geflügelt ziehn, so weit das Reich
Der wilden Fluten netzt das Land,
Käm ich doch nie aus deiner Hand.

9. Rief ich zu Hilf die finstre Nacht,
Hätt ich doch damit nichts verbracht;
Denn laß die Nacht sein wie sie mag,
So ist sie bei dir heller Tag.

10. Dich blendt der dunkle Schatten nicht,
Die Finsternis ist dir ein Licht,
Dein Augenglanz ist klar und rein,
Darf weder Sonn noch Mondenschein.

11. Mein Eingeweid ist dir bekannt,
Es liegt frei da in deiner Hand,
Der du von Mutterleibe an
Mir lauter Lieb und Guts getan.

12. Du bists, der Fleisch, Gebein und Haut
So künstlich in mir aufgebaut;
All deine Werk sind Wunder voll,
Und das weiß meine Seele wohl.

13. Du sahest mich, da ich noch gar
Fast nichts und unbereitet war,
Warst selbst mein Meister über mir
Und zogst mich aus der Tief herfür.

14. Auch meiner Tag und Jahre Zahl,
Minuten, Stunden allzumal
Hast du, als meiner Zeiten Lauf,
Vor meiner Zeit geschrieben auf.

15. Wie köstlich, herrlich, süß und schön
Seh ich, mein Gott, da vor mir stehn
Dein weises Denken, was du denkst,
Wenn du uns deine Güter schenkst!

16. Wie ist doch des so trefflich viel!
Wenn ich bisweilen zählen will,
So find ich da bei weitem mehr
Als Staub im Feld und Sand am Meer.

17. Was macht denn nun die wüste Rott,
Die dich, o großer Wundergott,
So schändlich lästert und mit Schmach
Dir so viel Übels redet nach?

18. Ach, stopfe ihren schnöden Mund!
Steh auf und stürze sie zu Grund!
Denn weil sie deine Feinde seind,
Bin ich auch ihnen herzlich feind.

19. Ob sie gleich nun hinwieder sehr
Mich hassen, tu ich doch nicht Mehr,
Als daß ich wider ihren Trutz
Mich leg in deinen Schoß und Schutz.

20. Erforsch, Herr, all mein Herz und Mut,
Sieh, ob mein Weg sei recht und gut,
Und führe mich bald himmelan
Den ewgen Weg, die Freudenbahn.

67. IST EPHRAIM NICHT MEINE KRON?

(Jer. 31, 20)

1. Ist Ephraim nicht meine Kron
Und meines Herzens Wonne,
Mein trautes Kind, mein teurer Sohn,
Mein Stern und meine Sonne,
Mein Augenlust, mein edle Blum,
Mein auserwähltes Eigentum
Und meiner Seelen Freude?

2. Ich höre seines Seufzens Stimm
Und hochbetrübtes Klagen:
Mein Gott hat mich, spricht Ephraim,
Gestraft und wohl geschlagen.
Er sucht mich heim mit harter Zucht,
Das ist mein Lohn, das ist die Frucht
Und Nutzen meiner Sünden.

3. Hör alle Welt! Ich bin getreu
Und halte mein Versprechen;
Was ich geredt, da bleibt es bei,
Mein Wort werd ich nicht brechen.
Das soll mein Ephraim gar bald
Erfahren und mich dergestalt
Recht aus dem Grund erkennen.

4. Ich denk noch wohl an meinen Eid,
Den ich geschworen habe,
Da ich, aus lauter Gütigkeit,
Mich ihm zu eigen gabe;
Ich sprach: du hast mein Herz erfüllt
Mit deiner Lieb, ich bin dein Schild
Und wills auch ewig bleiben.

5. Ich will mit meiner starken Hand
Dich als ein Vater führen,
Ich selbst will dich und auch dein Land
Aufs schönst und beste zieren.

Und wirst du mir gehorsam sein,
So soll dich meines Segens Schein
Ohn alles End erfreuen.

6. Wo du dich aber bösen Rat
Wirst von mir wenden lassen,
So will ich Deine Missetat
Heimsuchen, doch mit Maßen;
Und wenn du wieder kehrst zu mir,
So will ich wieder auch zu dir
Mich mit Erbarmen kehren.

7. Nun kehrt zu mir mein Ephraim,
Sucht Gnad in meinen Armen,
Drum bricht mein Herze gegen ihm
Und muß mich sein erbarmen.
Der Unmut fällt mir mit Gewalt,
Mein Eingeweide hitzt und wallt
In treuer Lieb und Gnade.

8. Kommt, alle Sünder, kommt zu mir,
Bereuet eure Sünden
Und suchet Gnad an meiner Tür,
Ihr sollt sie reichlich finden!
Wer sich mit Ephraim bekehrt,
Wird auch mit Ephraim erhört
Und hier und dort getröstet.

68. WAS SOLL ICH DOCH, O EPHRAIM, WAS SOLL ICH AUS DIR MACHEN?

(Hosea 11, 8/9)

1. Was soll ich doch, o Ephraim,
Was soll ich aus dir machen?
Der du so oftmals meinen Grimm
Hast pflegen zu verlachen?

Soll ich dich schützen, Israel?
Soll ich dir deine freche Seel
Hinfürder noch bewahren?
Aus welcher doch von Jugend auf
Ein solcher großer Sündenhauf
Ohn alle Scheu gefahren.

2. Sollt ich nicht billig deiner Tat
Und Leben gleich mich stellen?
Und dich wie Sodom ohne Gnad
Und wie Adama fällen?
Sollt ich nicht billig meine Glut
Auf dein verfluchtes Gut und Blut
Wie auf Zeboim schütten?
Dieweil du ja mein Wort und Bahn
Fast ärger noch, als sie getan,
Bis hieher überschritten.

3. Ja, billig sollt ich dich dahin
In alles Herzleid senken,
Allein es will mir nicht zu Sinn,
Ich hab ein andres Denken;
Mein Herze will durchaus nicht dran,
Daß es dir tu, wie du getan,
Es brennt für Gnad und Liebe;
Mich jammert dein von Herzen sehr
Und kann nicht sehen, daß das Heer
Der Höllen dich betrübe.

4. Ich kann und mag nicht, wie du wohl
Verdienet, dich verderben;
Ich bin und bleib Erbarmens voll
Und halte nichts vom Sterben;
Denn ich bin Gott, der treue Gott,
Mitnichten einer aus der Rott
Der bösen Adamskinder,
Die ohne Treu und Glauben seind
Und werden ihren Feinden feind
Und täglich größte Sünder.

5. So bin ich nicht, das glaube mir,
Und nimms recht zu Gemüte,
Ich bin der Heilge unter dir,
Der ich aus lauter Güte
  Für meine Feinde in den Tod
Und in des bittern Kreuzes Not
Mich als ein Lamm begeben;
Ich, ich will tragen deine Last,
Die du dir, Mensch, gehäufet hast,
Auf daß du mögest leben.

6. O heilger Herr, o ewges Heil,
Versöhner meiner Sünden,
Ach, heilge mich und laß mich teil
In, bei und an dir finden!
  Erwecke mich zur wahren Reu
Und gib, daß ich dein edle Treu
Im festen Glauben fasse;
Auch töte mich durch deinen Tod,
Damit ich allen Sündenkot
Hinfort von Herzen hasse.

69. KOMMT, IHR TRAURIGEN GEMÜTER

(Hosea 6)

1. Kommt, ihr traurigen Gemüter,
Kommt, wir wollen wiederkehrn
Zu dem Herren, dessen Güter
Kein Verderben kann verzehrn;
Dessen Macht kein Unglück fällt,
  Dessen Gnade wieder stellt,
Was sein Eifer umgestürzet:
Seine Gnad bleibt unverkürzet.

2. Zwar er hat uns ja zerrissen
Mit ergrimmtem Angesicht
Und uns, da er uns geschmissen,
Sehr erbärmlich zugericht't.

Doch deswegen unverzagt!
Eben der uns schlägt und plagt,
Wird die Wunden unsrer Sünden
Wieder heilen und verbinden.

3. Alle Not, die uns umfangen,
Springt vor seinem Arm entzwei;
Wenn zwei Tage sind vergangen,
Macht er uns vom Tode frei,
Daß wir, wenn des dritten Licht
Durch des Himmels Fenster bricht,
Fröhlich auf erneurter Erden
Vor ihm stehn und leben werden.

4. Alsdann wird man acht drauf haben
Und mit großem Fleiße sehn,
Was für Wundergnad und Gaben
Uns von obenher geschehn.
Da wird dieses nur allein
Unsers Herzens Sorge sein,
Daß wir Gott, des wir uns nennen,
Mögen recht und wohl erkennen.

5. Denn er wird sich zu uns machen
Wie die schöne Morgenröt,
Über welche Lust und Lachen
Bei der ganzen Welt entsteht.
Er wird kommen uns zur Freud
Eben zu der rechten Zeit,
Voller süßen Kraft und Segen,
Wie die früh und spaten Regen.

6. Ach, wie will ich dich ergötzen,
O mein hochgeliebtes Volk!
Meine Gnade soll dich netzen
Wie ein ausgespannte Wolk,
Eine Wolke, die das Feld,
Wann der Morgen weckt die Welt
Und die Sonne noch nicht leuchtet,
Mit dem frischen Tau befeuchtet.

70. DER 52. PSALM

Was trotzest du, stolzer Tyrann?

1. Was trotzest du, stolzer Tyrann,
Daß deine verkehrte Gewalt
Den Armen viel Schaden tun kann?
Verkreuch dich und schweige nur bald!
   Denn Gottes, des Ewigen Güte
Bleibt immer in voller Blüte
Und währet noch täglich und stehet,
Ob alles gleich sonsten vergehet.

2. Die Zunge, dein schändliches Glied,
Du falscher verlogener Mund,
Tut manchen gefährlichen Schnitt,
Schlägt alles zu Schanden und wund;
   Was unrecht, das sprichst du mit Freuden,
Was recht ist, das kannst du nicht leiden,
Die Wahrheit verdrückst du, die Lügen
Muß Oberhand haben und siegen.

3. Dein Dichten, dein Trachten, dein Tun
Ist einzig auf Schaden bedacht;
Da ist dir unmöglich zu ruhn,
Du habest denn Böses verbracht;
   Dein Rachen sucht lauter Verderben,
Und wenn nur viel Fromme ersterben
Von deiner vergällten Zungen,
So meinst du, es sei dir gelungen.

4. Drum wird dich auch Gottes Gericht
Zerstören, verheeren im Grimm;
Die Rechte, die alles zerbricht
Mit Donner und blitzender Stimm,
   Die wird dich zugrunde zuschlagen
Und wird dich mit schrecklichen Plagen
Aus deinem bisherigen Bleiben
Samt allen den Deinen vertreiben.

5. Das werden mit Freuden und Lust
Die Frommen, Gerechten ersehn,
Die anders bisher nicht gewußt,
Als ob es nun gänzlich geschehn;
  Die werden mit Schrecken da stehen,
Wenn jene zugrunde vergehen,
Und endlich mit heiligem Lachen
Sich wiederum lustig bei machen.

6. Ei siehe! wirds heißen, da liegt
Der prächtige, mächtige Mann,
Der stetig mit Erden vergnügt,
Der Himmel beiseite getan;
  Vom Reichtum war immer sein Prangen,
Und wann er die Unschuld gefangen,
So hielt ers für treffliche Taten;
Ei siehe, wie ists ihm geraten!

7. Ich hoffe mit freudigem Geist
Ein anders und besseres Glück,
Denn was mir mein Vater verheißt,
Das bleibet doch nimmer zurück.
  Ich werde des Friedens genießen,
Auch wird sich der Segen ergießen
Und mich mit erwünschtem Gedeihen
Samt allen den meinen erfreuen.

8. Ich werde nach Weise des Baums,
Der Öle trägt, grünen und blühn,
Mich freuen des seligen Raums,
Den ohne mein eignes Bemühn
  Mein Herrscher, mein Helfer, mein Leben
Mir selber zu eigen gegeben
Im Hause, da täglich mit Loben
Sein Name wird herrlich erhoben.

9. Trotz sei dir, du trotzender Kot!
Ich habe den Höchsten bei mir;
Wo der ist, da hat es nicht Not,
Und fürcht ich mich gar nicht vor dir.

Du, mein Gott, kannst alles wohl machen,
Dich setz ich zum Richter der Sachen,
Und weißt es: es wird sich mein Leiden
Bald enden in Jauchzen und Freuden.

71. DER 85. PSALM

Herr, der du vormals hast dein Land mit Gnaden angeblicket

1. Herr, der du vormals hast dein Land
Mit Gnaden angeblicket,
Und des gefangnen Jakobs Band
Gelöst und ihn erquicket,
Der du die Sünd und Missetat,
Die dein Volk vor begangen hat,
Hast väterlich verziehen,

2. Herr, der du deines Eifers Glut
Zuvor oft abgewendet
Und nach dem Zorn das süße Gut
Der Lieb und Huld gesendet,
Ach, frommes Herz, ach unser Heil,
Nimm weg und heb auf in der Eil,
Was uns betrübt und kränket!

3. Lösch aus, Herr, deinen großen Grimm
Im Brunnen deiner Gnaden,
Erfreu und tröst uns wiederüm
Nach ausgestandnem Schaden!
Willst du denn zürnen ewiglich,
Und sollen deine Fluten sich
Ohn alles End ergießen?

4. Willst du, o Vater, uns denn nicht
Nun einmal wieder laben?
Und sollen wir an deinem Licht
Nicht wieder Freude haben?
Ach geuß aus deines Himmels Haus,
Herr, deine Güt und Segen aus
Auf uns und unsre Häuser!

5. Ach, daß ich hören sollt das Wort
Erschallen bald auf Erden,
Daß Friede sollt an allem Ort,
Wo Christen wohnen, werden!
Ach, daß uns doch Gott sagte zu
Des Krieges Schluß, der Waffen Ruh
Und alles Unglücks Ende.

6. Ach, daß doch diese böse Zeit
Sich stellt in guten Tagen,
Damit wir in dem großen Leid
Nicht mögen ganz verzagen;
Doch ist ja Gottes Hilfe nah
Und seine Gnade stehet da
All denen, die ihn fürchten.

7. Wenn wir nur fromm sind, wird sich Gott
Schon wieder zu uns wenden,
Den Krieg und alle andre Not
Nach Wunsch und also enden,
Daß seine Ehr in unserm Land
Und über alle werd erkannt,
Ja stetig bei uns wohne.

8. Die Güt und Treue werden schön
Einander grüßen müssen;
Gerechtigkeit wird einher gehn,
Und Friede wird sie küssen;
Die Treue wird mit Lust und Freud
Auf Erden blühn, Gerechtigkeit
Wird von dem Himmel schauen.

9. Der Herr wird uns viel Gutes tun,
Das Land wird Früchte geben,
Und die in seinem Schoße ruhn,
Die werden davon leben.
Gerechtigkeit wird dennoch stehn
Und stets in vollem Schwange gehn
Zur Ehre seines Namens.

72. NICHT SO TRAURIG, NICHT SO SEHR, MEINE SEELE, SEI BETRÜBT

(1. Timoth. 6, 6 ff.)

1. Nicht so traurig, nicht so sehr,
Meine Seele, sei betrübt,
Daß dir Gott Glück, Gut und Ehr
Nicht so viel wie andern gibt!
Nimm vorlieb mit deinem Gott!
Hast du Gott, so hats nicht not.

2. Du noch einzig Menschenkind
Habt ein Recht in dieser Welt;
Alle, die geschaffen sind,
Sind nur Gäst im fremden Zelt;
Gott ist Herr in seinem Haus,
Wie er will, so teilt er aus.

3. Bist du doch darum nicht hier,
Daß du Erden haben sollt,
Schau den Himmel über dir,
Da, da ist dein edles Gold,
Da ist Ehre, da ist Freud,
Freud ohn End, Ehr ohne Neid.

4. Der ist albern, der sich kränkt
Um ein Hand voll Eitelkeit,
Wenn ihm Gott dagegen schenkt
Schätze der Beständigkeit;
Bleibt der Zentner dein Gewinn,
Fahr der Heller immer hin!

5. Schaue alle Güter an,
Die dein Herz für Güter hält,
Keines mit dir gehen kann,
Wann du gehest aus der Welt;
Alles bleibet hinter dir,
Wann du trittst ins Grabes Tür.

6. Aber was die Seele nährt,
Gottes Huld und Christi Blut,
Wird von keiner Zeit verzehrt,
Ist und bleibet allzeit gut;
  Erdengut zerfällt und bricht,
Seelengut das schwindet nicht.

7. Ach, wie bist du doch so blind
Und im Denken unbedacht!
Augen hast du, Menschenkind,
Und hast doch noch nie betracht
  Deiner Augen helles Glas:
Siehe, welch ein Schatz ist das!

8. Zähle deine Finger her
Und der andern Glieder Zahl;
Keins ist, das dir unwert wär,
Ehrst und liebst sie allzumal;
  Keines gäbst du weg um Gold,
Wenn man dirs abnehmen wollt,

9. Nun, so gehe in den Grund
Deines Herzens, das dich lehrt,
Wie viel Gutes alle Stund
Dir von oben wird beschert:
  Du hast mehr als Sand am Meer,
Und willst doch noch immer mehr.

10. Wüßte, der im Himmel lebt,
Daß dir wäre nütz und gut,
Wonach so begierig strebt
Dein verblendet Fleisch und Blut,
  Würde seine Frömmigkeit
Dich nicht lassen unerfreut.

11. Gott ist deiner Liebe voll
Und von ganzem Herzen treu;
Wenn du wünschest, prüft er wohl,
Wie dein Wunsch beschaffen sei;
  Ist dirs gut, so geht ers ein,
Ists dein Schade, spricht er: Nein.

12. Unterdessen trägt sein Geist
Dir in deines Herzens Haus
Manna, das die Engel speist,
Ziert und schmückt es herrlich aus,
Ja erwählet, dir zum Heil,
Dich zu seinem Gut und Teil.

13. Ei, so richte dich empor,
Du betrübtes Angesicht!
Laß das Seufzen, nimm hervor
Deines Glaubens Freudenlicht;
Das behalt, wenn dich die Nacht
Deines Kummers traurig macht.

14. Setze als ein Himmelssohn
Deinem Willen Maß und Ziel,
Rühre stets vor Gottes Thron
Deines Dankens Saitenspiel,
Weil dir schon gegeben ist
Mehres als du würdig bist.

15. Führe deines Lebens Lauf
Allzeit Gottes eingedenk.
Wie es kommt, nimm alles auf
Als ein wohlbedacht Geschenk.
Geht dirs widrig, laß es gehn!
Gott und Himmel bleibt dir stehn.

73. ICH HAB IN GOTTES HERZ UND SINN MEIN HERZ UND SINN ERGEBEN

1. Ich hab in Gottes Herz und Sinn
Mein Herz und Sinn ergeben:
Was böse scheint, ist mir Gewinn,
Der Tod selbst ist mein Leben.
Ich bin ein Sohn
Des, der den Thron

Des Himmels aufgezogen;
Ob er gleich schlägt
Und Kreuz auflegt,
Bleibt doch sein Herz gewogen.

2. Das kann mir fehlen nimmermehr,
Mein Vater muß mich lieben!
Wenn er mich auch gleich wirft ins Meer,
So will er mich nur üben
Und mein Gemüt
In seiner Güt
Gewöhnen fest zu stehen;
Halt ich den Stand,
Weiß seine Hand
Mich wieder zu erhöhen.

3. Ich bin ja von mir selber nicht
Entsprungen noch formieret,
Mein Gott ists, der mich zugericht't,
An Leib und Seel gezieret,
Der Seelen Sitz
Mit Sinn und Witz,
Den Leib mit Fleisch und Beinen:
Wer so viel tut,
Des Herz und Mut
Kanns nimmer böse meinen.

4. Woher wollt ich mein Aufenthalt
Auf dieser Erd erlangen?
Ich wäre längsten tot und kalt,
Wo mich nicht Gott umfangen
Mit seinem Arm,
Der alles warm,
Gesund und fröhlich machet;
Was er nicht hält,
Das bricht und fällt,
Was er erfreut, das lachet.

5. Zudem ist Weisheit und Verstand
Bei ihm ohn alle Maßen,

Zeit, Ort und Stund ist ihm bekannt,
Zu tun und auch zu lassen.
Er weiß, wenn Freud,
Er weiß, wenn Leid
Uns, seinen Kindern, diene;
Und was er tut,
Ist alles gut,
Obs noch so traurig schiene.

6. Du denkest zwar, wenn du nicht hast,
Was Fleisch und Blut begehret,
Als sei mit einer großen Last
Dein Glück und Heil beschweret,
Hast spät und früh
Viel Sorg und Müh,
An deinen Wunsch zu kommen,
Und denkest nicht,
Daß, was geschicht,
Gescheh zu deinem Frommen,

7. Fürwahr, der dich geschaffen hat
Und sich zur Ehr erbauet,
Der hat schon längst in seinem Rat
Ersehen und beschauet
Aus wahrer Treu,
Was dienlich sei
Dir und den Deinen alle;
Laß ihm doch zu,
Daß er nur tu
Das, was ihm wohlgefalle.

8. Wanns Gott gefällt, so kanns nicht sein,
Er wird dich letzt erfreuen:
Was du jetzt nennest Kreuz und Pein,
Wird dir zum Trost gedeihen.
Wart in Geduld:
Die Gnad und Huld
Wird sich doch endlich finden;
All Angst und Qual
Wird auf einmal
Gleichwie ein Dampf verschwinden.

9. Das Feld kann ohne Ungestüm
Gar keine Früchte tragen:
So fällt auch Menschenwohlfahrt üm
Bei lauter guten Tagen.
    Die Aloe
    Bringt bittres Weh,
Macht gleichwohl rote Wangen:
    So muß ein Herz
    Durch Angst und Schmerz
Zu seinem Heil gelangen.

10. Ei nun, mein Gott, so fall ich dir
Getrost in deine Hände;
Nimm mich und mach es du mit mir
Bis an mein letztes Ende
    Wie du wohl weißt,
    Daß meinem Geist
Dadurch sein Nutz entstehe
    Und deine Ehr
    Je mehr und mehr
Sich in ihr selbst erhöhe.

11. Willst du mir geben Sonnenschein,
So nehm ichs an mit Freuden,
Solls aber Kreuz und Unglück sein,
Will ichs geduldig leiden.
    Soll mir allhier
    Des Lebens Tür
Noch ferner offen stehen:
    Wie du mich führst
    Und führen wirst,
So will ich gern mitgehen.

12. Soll ich denn auch des Todes Weg
Und finstre Straßen reisen:
Wohlan, so tret ich Bahn und Steg,
Den mir dein Augen weisen.
    Du bist mein Hirt,
    Der alles wird

Zu solchem Ende kehren,
Daß ich einmal
In deinem Saal
Dich ewig möge ehren.

74. ICH HAB OFT BEI MIR SELBST GEDACHT

1. Ich hab oft bei mir selbst gedacht,
Wann ich den Lauf der Welt betracht,
Ob auch das Leben dieser Erd
Uns gut sei und des Wünschens wert,
Und ob nicht der viel besser tu,
Der sich fein zeitlich legt zur Ruh.

2. Denn, Lieber, denk und sage mir:
Was für ein Stand ist wohl allhier,
Dem nicht sein Angst, sein Schmerz und Weh
Alltäglich überm Haupte steh?
Ist auch ein Ort, der Kummers frei
Und ohne Klag und Sorgen sei?

3. Sieh unsers ganzen Lebens Lauf:
Ist auch ein Tag von Jugend auf,
Der nicht sein eigne Qual und Plag
Auf seinem Rücken mit sich trag?
Ist nicht die Freude, die uns stillt,
Auch selbst mit Jammer überfüllt?

4. Hat einer Glück und gute Zeit,
Hilf Gott, wie tobt und zürnt der Neid!
Hat einer Ehr und große Würd,
Ach, mit was großer Last und Bürd
Ist, der vor andern ist geehrt,
Vor andern auch dabei beschwert!

5. Ist einer heute gutes Muts,
Ergötzt und freut sich seines Guts:
Eh ers vermeint, fährt sein Gewinn
Zusamt dem guten Mute hin!

Wie plötzlich kommt ein Ungestüm
Und wirft die großen Güter üm!

6. Bist du denn fromm und fleuchst die Welt
Und liebst Gott mehr als Gold und Geld,
So wird dein Ruhm, dein Schmuck und Kron
In aller Welt zu Spott und Hohn;
Denn wer der Welt nicht heucheln kann,
Den sieht die Welt für albern an.

7. Nun, es ist wahr, es steht uns hier
Die Trübsal täglich vor der Tür,
Und findt ein jeder überall
Des Kreuzes Not und bittre Gall.
Sollt aber drum der Christen Licht
Ganz nichts mehr sein? Das glaub ich nicht.

8. Ein Christe, der an Christo klebt,
Und stets im Geist und Glauben lebt,
Dem kann kein Unglück, keine Pein
Im ganzen Leben schädlich sein;
Gehts ihm nicht allzeit wie es soll,
So ist ihm dennoch allzeit wohl.

9. Hat er nicht Geld, so hat er Gott,
Fragt nicht nach böser Leute Spott,
Verwirft mit Freuden und verlacht
Der Welt verkehrten Stolz und Pracht.
Sein Ehr ist Hoffnung und Geduld,
Sein Hoheit ist des Höchsten Huld.

10. Es weiß ein Christ und bleibt dabei,
Daß Gott sein Freund und Vater sei;
Er hau, er brenn, er stech, er schneid,
Hier ist nichts, das uns von ihm scheid,
Je mehr er schlägt, je mehr er liebt,
Bleibt fromm, ob er uns gleich betrübt.

11. Laß alles fallen, wie es fällt:
Wer Christi Lieb im Herzen hält,

Der ist ein Held und bleibt bestehn,
Wann Erd und Himmel untergehn;
Und wann ihn alle Welt verläßt,
Hält Gottes Wort ihn steif und fest.

12. Des Höchsten Wort dämpft alles Leid
Und kehrts in lauter Lust und Freud;
Es nimmt dem Unglück alles Gift,
Daß, obs uns gleich verfolgt und trifft,
Es dennoch unser Herze nie
In allzu große Trauer zieh.

13. Ei nun, so mäßge deine Klag!
Ist dieses Leben voller Plag,
Ists dennoch an der Christen Teil
Auch voller Gottes Schutz und Heil.
Wer Gott vertraut und Christum ehrt,
Der bleibt im Kreuz auch unversehrt.

14. Gleichwie das Gold durchs Feuer geht
Und in dem Ofen wohl besteht,
So bleibt ein Christ durch Gottes Gnad
Im Elendsofen ohne Schad;
Ein Kind bleibt seines Vaters Kind,
Obs gleich des Vaters Zucht empfindt.

15. Drum, liebes Herz, sei ohne Scheu
Und sieh auf deines Vaters Treu!
Empfindst du auch hier seine Rut,
Er meints nicht bös, es ist dir gut!
Gib dich getrost in seine Händ,
Es nimmt zuletzt ein gutes End.

16. Leb immerhin, so lang er will!
Ists Leben schwer, so sei du still,
Es geht zuletzt in Freuden aus:
Im Himmel ist ein schönes Haus,
Da, wer nach Christo hier gestrebt,
Mit Christi Engeln ewig lebt!

75. DU BIST EIN MENSCH, DAS WEISST DU WOHL

1. Du bist ein Mensch, das weißt du wohl,
Was strebst du denn nach Dingen,
Die Gott, der Höchst, alleine soll
Und kann zu Werke bringen?
Du fährst mit deinem Witz und Sinn
Durch so viel tausend Sorgen hin
Und denkst: wie wills auf Erden
Doch endlich mit mir werden?

2. Es ist umsonst. Du wirst fürwahr
Mit allem deinem Dichten
Auch nicht ein einzges kleinstes Haar
In aller Welt ausrichten,
Und dient dein Gram sonst nirgend zu,
Als daß du dich aus deiner Ruh
In Angst und Schmerzen stürzest
Und selbst das Leben kürzest.

3. Willst du was tun, was Gott gefällt
Und dir zum Heil gedeihet,
So wirf dein Sorgen auf den Held,
Den Erd und Himmel scheuet,
Und gib dein Leben, Tun und Stand
Nur fröhlich hin in Gottes Hand,
So wird er deinen Sachen
Ein fröhlich Ende machen.

4. Wer hat gesorgt, da deine Seel
Im Anfang deiner Tage
Noch in der Mutterleibeshöhl
Und finsterm Kerker lage?
Wer hat allda dein Heil bedacht?
Was tat da aller Menschen Macht,
Da Geist und Sinn und Leben
Dir ward ins Herz gegeben?

5. Durch wessen Kunst steht dein Gebein
In ordentlicher Fülle?

Wer gab den Augen Licht und Schein,
Dem Leibe Haut und Hülle?
  Wer zog die Adern hie und dort
Ein jed an ihre Stell und Ort?
Wer setzte hin und wieder
So viel und schöne Glieder?

6. Wo war dein Herz, Will und Verstand,
Da sich des Himmels Decken
Erstreckten über See und Land
Und aller Erden Ecken?
  Wer brachte Sonn und Mond herfür?
Wer machte Kräuter, Bäum und Tier
Und hieß sie deinen Willen
Und Herzenslust erfüllen?

7. Heb auf dein Haupt, schau überall
Hier unten und dort oben,
Wie Gottes Sorg auf allen Fall
Vor dir sich hab erhoben:
  Dein Brot, dein Wasser und dein Kleid
War eher noch als du bereit,
Die Milch, die du erst nahmest,
War auch schon, da du kamest.

8. Die Windeln, die dich allgemach
Umfingen in der Wiegen,
Dein Bettlein, Kammer, Stub und Dach
Und wo du solltest liegen,
  Das war ja alles zugericht't,
Eh als dein Aug und Angesicht
Eröffnet ward und sahe,
Was in der Welt geschahe.

9. Noch dennoch soll dein Angesicht
Dein ganzes Leben führen;
Du traust und glaubest weiter nicht,
Als was dein Augen spüren;
  Was du beginnst, da soll allein
Dein Kopf dein Licht und Meister sein,

Was der nicht auserkoren,
Das hältst du als verloren.

10. Nun siehe doch, wie viel und oft
Ist schändlich umgeschlagen,
Was du gewiß und fest gehofft
Mit Händen zu erjagen.
  Hingegen, wie so manchesmal
Ist das geschehn, das überall
Kein Mensch, kein Rat, kein Sinnen
Ihm hat ersinnen können!

11. Wie oft bist du in große Not
Durch eignen Willen kommen,
Da dein verblendter Sinn den Tod
Fürs Leben angenommen;
  Und hätte Gott dein Werk und Tat
Ergehen lassen nach dem Rat,
In dem dus angefangen,
Du wärst zugrunde gangen.

12. Der aber, der uns ewig liebt,
Macht gut, was wir verwirren,
Erfreut, wo wir uns selbst betrübt,
Und führt uns, wo wir irren;
  Und dazu treibt ihn sein Gemüt
Und die so reine Vatergüt,
In der uns arme Sünder
Er trägt als seine Kinder.

13. Ach, wie so oftmals schweigt er still
Und tut doch, was uns nützet,
Da unterdessen unser Will
Und Herz in Angsten sitzet,
  Sucht hier und da und findet nichts,
Will sehn und mangelt doch des Lichts,
Will aus der Angst sich winden
Und kann den Weg nicht finden.

14. Gott aber geht gerade fort
Auf seinen weisen Wegen,
Er geht und bringt uns an den Ort,
Da Wind und Sturm sich legen.
Hernachmals, wann das Werk geschehn,
So kann alsdann der Mensche sehn,
Was der, so ihn regieret,
In seinem Rat geführet.

15. Drum, liebes Herz, sei wohlgemut
Und laß von Sorg und Grämen!
Gott hat ein Herz, das nimmer ruht,
Dein Bestes fürzunehmen.
Er kanns nicht lassen, glaube mir,
Sein Eingeweid ist gegen dir
Und uns hier allzusammen
Voll allzu süßer Flammen.

16. Er hitzt und brennt für Gnad und Treu,
Und also kannst du denken,
Wie seinem Mut zu Mute sei,
Wenn wir uns oftmals kränken
Mit so vergebner Sorgenbürd,
Als ob er uns nun gänzlich würd
Aus lauter Zorn und Hassen
Ganz hilf- und trostlos lassen.

17. Das schlag hinweg und laß dich nicht
So liederlich betören;
Obgleich nicht allzeit das geschicht,
Was Freude kann vermehren,
So wird doch wahrlich das geschehn,
Was Gott dein Vater ausersehn;
Was er dir zu will kehren,
Das wird kein Mensche wehren.

18. Tu als sein Kind und lege dich
In deines Vaters Arme,
Bitt ihn und flehe, bis er sich
Dein, wie er pflegt, erbarme:

So wird er dich durch seinen Geist
Auf Wegen, die du jetzt nicht weißt,
Nach wohlgehaltnem Ringen
Aus allen Sorgen bringen.

76. DU LIEBE UNSCHULD DU, WIE SCHLECHT WIRST DU GEACHT'T

1. Du liebe Unschuld du, wie schlecht wirst du geacht't!
Wie oftmals wird dein Tun von aller Welt verlacht!
Du dienest deinem Gott, hältst dich nach seinen Worten,
Darüber höhnt man dich und drückt dich aller Orten.

2. Du gehst geraden Weg, fleuchst von der krummen Bahn,
Ein andrer tut sich zu und wird ein reicher Mann,
Vermehrt sein kleines Gut, füllt Kästen, Böden, Scheunen;
Du bleibst ein armer Tropf und darbest mit den Deinen.

3. Du strafst der Bösen Werk und sagst, was Unrecht sei.
Ein andrer braucht die Kunst der süßen Heuchelei;
Die bringt ihm Lieb und Huld und hebt ihn auf die Höhen
Du aber bleibst zurück und mußt da unten stehen.

4. Du sprichst, die Tugend sei der Christen schönste Kron;
Hingegen hält die Welt auf Reputation:
Wer diese haben will, sagt sie, der muß gar eben
Sich schicken in die Zeit und gleich den andern leben.

5. Du rühmest viel von Gott und streichst gewaltig aus
Den Segen, den er schickt in seiner Kinder Haus.
Ist diesem nun also, spricht man, so laß doch sehen,
Was dir denn ist für Guts, für Glück und Heil geschehen.

6. Halt fest, o frommes Herz, halt fest und bleib getreu
In Widerwärtigkeit, denn Gott, der steht dir bei;
Laß diesen deine Sach handhaben, schützen, führen,
So wirst du wohl bestehn und endlich triumphieren.

7. Gefällst du Menschen nicht, das ist ein schlechter Schad;
All gnug ists, wenn du hast des ewgen Vaters Gnad.
Ein Mensch kann doch nicht mehr als irren, fehlen, lügen;
Gott aber ist gerecht, sein Urteil kann nicht trügen.

8. Spricht er nun: du bist mein, dein Tun gefällt mir wohl!
Wohlan, so sei dein Herz getrost und freudenvoll.
Schlag alles in den Wind, was böse Leute dichten,
Sei still und siehe zu: Gott wird sie balde richten.

9. Stolz, Übermut und Pracht währt in die Länge nicht;
Wanns Glas am hellsten scheint, fällts auf die Erd und bricht,
Und wann des Menschen Glück am höchsten ist gestiegen,
So stürzt es unter sich und muß zu Boden liegen.

10. Das ungerechte Gut, wers recht und wohl besieht,
Ist lauter Zentnerlast, die Herz, Sinn und Gemüt
Ohn Unterlaß beschwert, Seel und Gewissen dringet
Und aus der sanften Ruh in schweres Leiden bringet.

11. Was hat doch mancher mehr als armer Leute Schweiß?
Was ißt und trinket er? worin besteht sein Preis
Als im geraubten Gut und armer Leute Tränen,
Die wie ein dürres Land sich nach Erquickung sehnen?

12. Heißt das nun selig sein? Ist das nun Herrlichkeit?
O, welch ein hartes Wort wird über solche Leut
Am Tage des Gerichts aus Gottes Thron erschallen!
Wie schändlich wird ihr Ruhm und großes Prahlen fallen!

13. Du aber, der du Gott von ganzem Herzen ehrst
Und deine Füße nicht von seinem Wege kehrst,
Wirst in der schönen Schar, die Gott mit Manna weidet,
Hergehn, mit Lob und Ehr als einem Rock gekleidet.

14. Drum fasse deine Seel ein wenig mit Geduld,
Fahr immer fort, tu recht, leb außer Sündenschuld;
Halt, daß den höchsten Schatz dort in dem andern Leben
Des Höchsten milde Hand dir werd aus Gnaden geben.

15. Was hier ist in der Welt, da sei nur unbemüht,
Wird dirs ersprießlich sein, wies Gott am besten sieht,
So glaube du gewiß, er wird dir deinen Willen
Schon geben und mit Freud all dein Begehren stillen.

77. ICH HABS VERDIENT, WAS WILL ICH DOCH MICH WIDER GOTT VIEL SPERREN?

(Micha 7)

1. Ich habs verdient, was will ich doch
Mich wider Gott viel sperren?
Komm immer her, du Kreuzesjoch
Und bittrer Kelch des Herren!
Ohn Angst und Pein
Mag der nicht sein,
Der wider Gott gehandelt,
Wie ich getan,
Da ich die Bahn
Der schnöden Welt gewandelt.

2. Ich will des Herren Straf und Zorn
Mit willgem Herzen tragen,
In Sünden bin ich ja geborn,
Hab auch im Sündenwagen
Mit eitler Freud
Oft meine Zeit
Ganz liederlich verzehret,
Gott, meinen Hort,
In seinem Wort
Nicht, wie ich soll, gehöret.

3. Ich habe den gebahnten Steg
Verlassen und geliebet
Den gottvergessnen Irreweg;
Drum wird auch nun betrübet
Mein Herz und Mut
Durch Gottes Rut;

Er hält ein recht Gerichte
Vor seinem Thron,
Gibt Sold und Lohn
Mit völligem Gewichte,

4. Gott ist gerecht, doch auch dabei
Sehr fromm und voller Güte,
Die Vaterlieb und Muttertreu,
Die wohnt ihm im Gemüte.
Gott zürnet nicht,
Wie wohl geschicht
Bei uns hier auf der Erden,
Da mancher Mann
Nicht wieder kann
Zur Sühn erweichet werden.

5. Nein, traun! Das ist nicht Gottes Sinn,
Sein Zorn der hat ein Ende,
Wann wir uns bessern, fällt er hin
Und macht die strengen Hände
Sanft und gelind,
Hört auf, die Sünd
Hier bei uns heimzusuchen;
Gott kehrt den Grimm
Mit Gnaden üm
Und segnet nach dem Fluchen.

6. Das wird fürwahr auch mir geschehn!
Es solls ein jeder spüren.
Gott wird einmal zum Rechten sehn
Und meine Sach ausführen.
Sein Angesicht
Wird mich ans Licht
Aus meiner Höhle bringen,
Daß seine Treu
Ich frisch und frei
Erzählen mög und singen.

7. Drum freut euch nicht, ihr meine Feind,
Ob ich darniederliege,

Denn mein Gott wird, eh ihr vermeint,
Mir helfen, daß ich siege.
Sein heilge Hand
Wird meinen Stand
Schon wieder feste gründen;
Es wird sich Freud
Und gute Zeit
Nach trübem Wetter finden.

8. Ich bin in Not und weiß doch nicht
Von rechter Not zu sagen,
Denn Gott ist meines Herzens Licht;
Wo das ist, muß es tagen
Auch in der Nacht,
Da sich die Macht
Der Finsternis vermehret.
Wann dieses Licht
Mir scheint, so bricht
Und fällt, was mich beschweret.

9. Es kommt die Zeit und ist nicht weit,
Da will ich jubilieren;
Der aber, der mich jetzt verspeit
Und pfleget zu vexieren
In meiner Not:
Wo ist dein Gott?
Der wird mit Schanden stehen;
Er wird mit Hohn,
Ich mit der Kron
Der Ehren davon gehen.

78. ACH TREUER GOTT, BARMHERZIGS HERZ

Nach Johann Arnds „Paradiesgärtlein" III, 27

1. Ach treuer Gott, barmherzigs Herz,
Des Güte sich nicht endet,
Ich weiß, daß mir dies Kreuz und Schmerz
Dein Vaterhand zusendet.

Ja, Herr, ich weiß, daß diese Last
Du mir aus Lieb erteilet hast
Und gar aus keinem Hasse.

2. Denn das ist allzeit dein Gebrauch:
Wer Kind ist, muß was leiden;
Und wen du liebst, den stäupst du auch,
Schickst Trauern vor den Freuden,
Führst uns zur Höllen, tust uns weh
Und führst uns wieder in die Höh,
Und so geht eins ums ander.

3. Du führst ja wohl recht wunderlich
Die, so dein Herz ergötzen:
Was leben soll, muß erstlich sich
Ins Todes Höhle setzen;
Was steigen soll zur Ehr empor,
Liegt auf der Erd und muß sich vor
Im Kot und Staube wälzen.

4. Das hat, Herr, dein geliebter Sohn
Selbst wohl erfahrn auf Erden;
Denn eh er kam zum Ehrenthron,
Mußt er gekreuzigt werden.
Er ging durch Trübsal, Angst und Not,
Ja durch den herben bittern Tod
Drang er zur Himmelsfreude.

5. Hat nun dein Sohn, der fromm und recht,
So willig sich ergeben,
Was will ich armer Sündenknecht
Dir viel zuwider streben?
Er ist der Spiegel der Geduld,
Und wer sich sehnt nach seiner Huld,
Der muß ihm endlich werden.

6. Ach, liebster Vater, wie so schwer
Ists der Vernunft zu glauben,
Daß du demselben, den du sehr
Schlägst, solltest günstig bleiben!

Wie macht doch Kreuz so lange Zeit!
Wie schwerlich will sich Lieb und Leid
Zusammen lassen reimen!

7. Was ich nicht kann, das gib du mir,
O höchstes Gut der Frommen!
Gib, daß mir nicht des Glaubens Zier
Durch Trübsal werd entnommen!
Erhalte mich, o starker Hort!
Befestge mich in deinem Wort,
Behüte mich vor Murren!

8. Bin ich ja schwach, laß deine Treu
Mir an die Seite treten,
Hilf, daß ich unverdrossen sei
Zum Rufen, Seufzen, Beten!
So lang ein Herze hofft und gläubt
Und im Gebet beständig bleibt,
So lang ists unbezwungen.

9. Greif mich auch nicht zu heftig an,
Damit ich nicht vergehe!
Du weißt wohl, was ich tragen kann,
Wies um mein Leben stehe;
Ich bin ja weder Stahl noch Stein:
Wie balde geht ein Wind herein,
So fall ich hin und sterbe.

10. Ach Jesu, der du worden bist
Mein Heil mit deinem Blute,
Du weißt gar wohl, was Kreuze ist
Und wie dem sei zu Mute,
Den Kreuz und großes Unglück plagt;
Drum wirst du, was mein Herze klagt,
Gar gern zu Herzen fassen.

11. Ich weiß, du wirst in deinem Sinn
Mit mir Mitleiden haben
Und mich, wie ichs jetzt dürftig bin,
Mit Gnad und Hilfe laben.

Ach stärke meine schwache Hand,
Ach heil und bring in bessern Stand
Das Straucheln meiner Füße!

12. Sprich meiner Seel ein Herze zu
Und tröste mich aufs beste,
Denn du bist ja der Müden Ruh,
Der Schwachen Turm und Feste,
Ein Schatten für der Sonnen Hitz,
Ein Hütte, da ich sicher sitz
In Sturm und Ungewitter.

13. Und weil ich ja nach deinem Rat
Hie soll ein wenig leiden,
So laß mich auch in deiner Gnad
Als wie ein Schäflein weiden,
Daß ich im Glauben die Geduld
Und durch Geduld die edle Huld
Nach schwerer Prob erhalte.

14. O heilger Geist, du Freudenöl,
Das Gott vom Himmel schicket,
Erfreue mich, gib meiner Seel
Was Mark und Bein erquicket!
Du bist der Geist der Herrlichkeit,
Weißt, was für Freud und Seligkeit
Mein in dem Himmel warte.

15. Ach laß mich schauen, wie so schön
Und lieblich sei das Leben,
Das denen, die durch Trübsal gehn,
Du dermaleinst wirst geben.
Ein Leben, gegen welches hier
Die ganze Welt mit ihrer Zier
Durchaus nicht zu vergleichen.

16. Daselbst wirst du in ewger Lust
Aufs süß'ste mit mir handeln:
Mein Kreuz, das dir und mir bewußt,
In Freud und Ehre wandeln;

Da wird mein Weinen lauter Wein,
Mein Ächzen lauter Jauchzen sein!
Das glaub ich. Hilf mir! Amen.

79. BARMHERZGER VATER, HÖCHSTER GOTT, GEDENK AN DEINE WORTE!

Nach Johann Arnds „Paradiesgärtlein" III, 26

1. Barmherzger Vater, höchster Gott,
Gedenk an deine Worte!
Du sprichst: Ruf mich an in der Not
Und klopf an meine Pforte,
So will ich dir
Errettung hier
Nach deinem Wunsch erweisen,
Daß du mit Mund
Und Herzensgrund
In Freuden mich sollst preisen.

2. Befiehl dem Herren früh und spat
All deine Weg und Sachen,
Er weiß zu geben Rat und Tat,
Kann alles richtig machen.
Wirf auf ihn hin,
Was dir im Sinn
Liegt und dein Herz betrübet,
Er ist dein Hirt,
Der wissen wird
Zu schützen, was er liebet.

3. Der fromme Vater wird sein Kind
In seine Arme fassen
Und, die gerecht und gläubig sind,
Nicht stets in Unruh lassen.
Drum, lieben Leut,
Hofft allezeit
Auf den, der völlig labet;
Dem schüttet aus,
Was ihr im Haus
Und auf dein Herzen habet.

4. Ach, süßer Hort, wie tröstlich klingt,
Was du versprichst den Frommen:
Ich will, wann Trübsal einher dringt,
Ihm selbst zu Hilfe kommen,
Er liebet mich,
Drum will auch ich
Ihn lieben und beschützen,
Er soll bei mir
Im Schoße hier
Frei aller Sorgen sitzen.

5. Der Herr ist allen denen nah,
Die sich zu ihme finden,
Wann sie ihn rufen, steht er da,
Hilft fröhlich überwinden All
Angst und Weh,
Hebt in die Höh
Die schon darniederliegen;
Er macht und schafft,
Daß sie viel Kraft
Und große Stärke kriegen.

6. Fürwahr, wer meinen Namen ehrt,
Spricht Christus, und fest gläubet,
Des Bitte wird von Gott erhört,
Sein Herzenswunsch bekleibet.
So tret heran
Ein jedermann!
Wer bittet, wird empfangen,
Und wer da sucht,
Der wird die Frucht
Mit großem Nutz erlangen.

7. Hört, was dort jener Richter sagt:
Ich muß die Witwe hören,
Dieweil sie mich so treibt und plagt.
Sollt denn sich Gott nicht kehren
Zu seiner Schar,
Die hier und dar

Bei Nacht und Tage schreien?
Ich sag und halt:
Er wird sie bald
Aus aller Angst befreien.

8. Wann der Gerecht in Nöten weint,
Will Gott ihn fröhlich machen;
Und die zerbrochnes Herzens seind,
Die sollen wieder lachen.
Wer fromm will sein,
Muß in der Pein
Und Jammerstraße wallen;
Doch steht ihm bei
Des Höchsten Treu
Und hift ihm aus dem allen.

9. Ich habe dich ein'n Augenblick,
O liebes Kind, verlassen,
Sieh aber, sieh, mit großem Glück
Und Trost ohn alle Maßen
Will ich dir schon
Die Freudenkron
Aufsetzen und verehren;
Dein kurzes Leid
Soll sich in Freud
Und ewges Heil verkehren.

10. Ach lieber Gott, ach Vaterherz,
Mein Trost von so viel Jahren,
Wie läßt du mich so manchen Schmerz
Und große Angst erfahren!
Mein Herze schmacht,
Mein Auge wacht
Und weint sich krank und trübe;
Mein Angesicht
Verliert sein Licht
Vom Seufzen, das ich übe.

11. Ach Herr, wie lange willst du mein
So ganz und gar vergessen?
Wie lange soll ich traurig sein

Und mein Leid in mich fressen?
Wie lang ergrimmt
Dein Herz und nimmt
Dein Antlitz meiner Seelen?
Wie lange soll
Ich sorgenvoll
Mein Herz im Leibe quälen?

12. Willst du verstoßen ewiglich
Und kein Guts mehr erzeigen?
Soll dein Wort und Verheißung sich
Nun ganz zu Grunde neigen?
Zürnst du so sehr,
Daß du nicht mehr
Dein Heil magst zu mir senden?
Doch Herr, ich will
Dir halten still,
Dein Hand kann alles wenden.

13. Nach dir, o Herr, verlanget mich
Im Jammer dieser Erden.
Mein Gott, ich harr und hoff auf dich,
Laß nicht zu schanden werden,
Herr, deinen Freund,
Daß nicht mein Feind
Sich freu und jubiliere,
Gib mir vielmehr,
Daß ich zur Ehr
Ersteig und triumphiere.

14. Ach Herr, du bist und bleibst auch wohl
Getreu in deinem Sinne,
Darum, wann ich ja kämpfen soll,
So gib, daß ich gewinne.
Leg auf die Last,
Die du mir hast
Beschlossen aufzulegen,
Leg auf, doch daß
Auch nicht das Maß
Sei über mein Vermögen!

15. Du bist ja ungebundner Kraft
Ein Held, der alles stürzet,
Du hast ein Hand, die alles schafft,
Die ist noch unverkürzet.
        Herr Zebaoth
        Wirst du, mein Gott,
Genannt zu deinen Ehren,
        Bist groß von Rat,
        Und deiner Tat
Kann keine Stärke wehren.

16. Du bist der Tröster Israel
Und Retter aus Trübsalen,
Wie kommts denn, daß du meine Seel
Jetzt sinken läßt und fallen?
        Du stellst und hast
        Dich als ein Gast,
Der fremd ist in dem Lande,
        Und wie ein Held,
        Dems Herz entfällt
Mit Schimpf und großer Schande.

17. Nein Herr, ein solcher bist du nicht,
Des ist mein Herz gegründet,
Du stehest fest, der du dein Licht
Hier bei uns angezündet.
        Ja hier hältst du,
        Herr, deine Ruh
Bei uns, die nach dir heißen,
        Und bist bereit,
        Zu rechter Zeit
Uns aus der Not zu reißen.

18. Nun, Herr, nach aller dieser Zahl
Der jetzt erzählten Worten
Hilf mir, der ich so manchesmal
Geklopft an deine Pforten!
        Hilf, Helfer, mir,
        So will ich hier
Dir Freudenopfer bringen,

Auch nachmals dort
Dir fort und fort
Im Himmel herrlich singen.

80. WAS GOTT GEFÄLLT, MEIN FROMMES KIND, NIMM FRÖHLICH AN!

1. Was Gott gefällt, mein frommes Kind,
Nimm fröhlich an! Stürmt gleich der Wind
Und braust, daß alles kracht und bricht,
So sei getrost, denn dir geschicht,
Was Gott gefällt.

2. Der beste Will ist Gottes Will,
Auf diesem ruht man sanft und still,
Da gib dich allzeit frisch hinein,
Begehre nichts, als nur allein,
Was Gott gefällt.

3. Der klügste Sinn ist Gottes Sinn,
Was Menschen sinnen, fället hin,
Wird plötzlich kraftlos, müd und laß,
Tut oft, was bös, und selten das,
Was Gott gefällt.

4. Der frömmste Mut ist Gottes Mut,
Der niemand Arges gönnt und tut,
Er segnet, wenn uns schilt und flucht
Die böse Welt, die nimmer sucht,
Was Gott gefällt.

5. Das treuste Herz ist Gottes Herz,
Treibt alles Unglück hinterwärts,
Beschirmt und schützet Tag und Nacht
Den, der stets hoch und herrlich acht,
Was Gott gefällt.

6. Ach könnt ich singen, wie ich wohl
Im Herzen wünsch und billig soll,

So wollt ich öffnen meinen Mund
Und singen jetzo diese Stund,
Was Gott gefällt.

7. Ich wollt erzählen seinen Rat
Und übergroße Wundertat,
Das süße Heil, die ewge Kraft,
Die allenthalben wirkt und schafft,
Was Gott gefällt.

8. Er ist der Herrscher in der Höh,
Auf ihm steht unser Wohl und weh,
Er trägt die Welt in seiner Hand,
Hinwieder trägt uns See und Land,
Was Gott gefällt.

9. Er hält der Elemente Lauf,
Und damit hält er uns auch auf,
Gibt Sommer, Winter, Tag und Nacht
Und alles, davon lebt und lacht,
Was Gott gefällt.

10. Sein Heer, die Sterne, Sonn und Mond
Gehn ab und zu, wie sie gewohnt,
Die Erd ist fruchtbar, bringt herfür
Korn, Öl und Most, Brot, Wein und Bier,
Was Gott gefällt.

11. Sein ist die Weisheit und Verstand,
Ihm ist bewußt und wohlbekannt
Sowohl wer Böses tut und übt
Als auch wer Gutes tut und liebt,
Was Gott gefällt.

12. Sein Häuflein ist ihm lieb und wert;
Sobald es sich zu Sünden kehrt,
So winkt er mit der Vaterrut
Und locket, bis man wieder tut,
Was Gott gefällt.

13. Was unserm Herzen dienlich sei,
Das weiß sein Herz, ist fromm dabei,
Der keinem jemals Guts versagt,
Der Guts gesucht, dem nachgejagt,
Was Gott gefällt.

14. Ist dem also, so mag die Welt
Behalten, was ihr wohlgefällt;
Du aber, mein Herz, halt genehm
Und nimm fürlieb mit Gott und dem,
Was Gott gefällt.

15. Laß andre sich mit stolzem Mut
Erfreuen über großes Gut,
Du aber nimm des Kreuzes Last
Und sei geduldig, wenn du hast,
Was Gott gefällt.

16. Lebst du in Sorg und großem Leid,
Hast lauter Gram und Herzeleid,
Ei, sei zufrieden; trägst du doch
In diesem sauren Lebensjoch,
Was Gott gefällt.

17. Mußt du viel leiden hie und dort,
So bleibe fest an deinem Hort,
Denn alle Welt und Kreatur
Ist unter Gott, kann nichts als nur,
Was Gott gefällt.

18. Wirst du veracht't von jedermann,
Höhnt dich dein Feind und speit dich an:
Sei wohlgemut, denn Jesus Christ
Erhöhet dich, weil in dir ist,
Was Gott gefällt.

19. Glaub, Hoffnung, Sanftmut und Geduld
Erhalten Gottes Gnad und Huld;
Die schleuß in deines Herzens Schrein,
So wird dein ewges Erbe sein,
Was Gott gefällt.

20. Dein Erb ist in dem Himmelsthron,
Hier ist dein Zepter, Reich und Kron,
Hier wirst du schmecken, hören, sehn,
Hier wird ohn Ende dir geschehn,
Was Gott gefällt.

81. SCHWING DICH AUF ZU DEINEM GOTT

1. Schwing dich auf zu deinem Gott,
Du betrübte Seele!
Warum liegst du, Gott zum Spott,
In der Schwermutshöhle?
Merkst du nicht des Satans List?
Er will durch sein Kämpfen
Deinen Trost, den Jesus Christ
Dir erworben, dämpfen.

2. Schüttle deinen Kopf und sprich:
Fleuch, du alte Schlange!
Was erneust du deinen Stich,
Machst mir angst und bange?
Ist dir doch der Kopf zerknickt,
Und ich bin durchs Leiden
Meines Heilands dir entzückt
In den Saal der Freuden.

3. Wirfst du mir mein Sünd'gen für?
Wo hat Gott befohlen,
Daß mein Urteil über mir
Ich bei dir soll holen?
Wer hat dir die Macht geschenkt,
Andre zu verdammen,
Der du selbst doch liegst versenkt
In der Höllen Flammen?

4. Hab ich was nicht recht getan,
Ist mirs leid von Herzen;
Dahingegen nehm ich an
Christi Blut und Schmerzen.

Denn das ist die Ranzion
Meiner Missetaten.
Bring ich dies vor Gottes Thron,
Ist mir wohl geraten.

5. Christi Unschuld ist mein Ruhm,
Sein Recht meine Krone,
Sein Verdienst mein Eigentum,
Da ich frei in wohne
Als in einem festen Schloß,
Das kein Feind kann fällen,
Brächt er gleich davor Geschoß
Und Gewalt der Höllen.

6. Stürme, Teufel und du Tod,
Was könnt ihr mir schaden?
Deckt mich doch in meiner Not
Gott mit seiner Gnaden.
Der Gott, der mir seinen Sohn
Selbst verehrt aus Liebe,
Daß der ewge Spott und Hohn
Mich nicht dort betrübe.

7. Schreie, tolle Welt, es sei
Mir Gott nicht gewogen,
Es ist lauter Täuscherei
Und im Grund erlogen.
Wäre Gott mir gram und feind,
Würd er seine Gaben,
Die mein eigen worden seind,
Wohl behalten haben.

8. Denn was ist im Himmelszelt,
Was im tiefen Meere,
Was ist Gutes in der Welt,
Das nicht mir gut wäre?
Weme brennt das Sternenlicht?
Wozu ist gegeben
Luft und Wasser? Dient es nicht
Mir und meinem Leben?

9. Weme wird das Erdreich naß
Von dem Tau und Regen?
Weme grünet Laub und Gras?
Weme füllt der Segen
  Berg und Tale, Feld und Wald?
Wahrlich, mir zur Freude,
Daß ich meinen Aufenthalt
Hab und Leibesweide.

10. Meine Seele lebt in mir
Durch die süßen Lehren,
So die Christen mit Begier
Alle Tage hören.
  Gott eröffnet früh und spat
Meinen Geist und Sinnen,
Daß sie seines Geistes Gnad
In sich ziehen können.

11. Was sind der Propheten Wort
Und Apostel Schreiben
Als ein Licht am dunklen Ort,
Fackeln, die vertreiben
  Meines Herzens Finsternis
Und in Glaubenssachen
Das Gewissen fein gewiß
Und recht grundfest machen?

12. Nun, auf diesen heilgen Grund
Bau ich mein Gemüte,
Sehe, wie der Höllenhund
Zwar dawider wüte;
  Gleichwohl muß er lassen stehn,
Was Gott aufgerichtet,
Aber schändlich muß vergehn,
Was er selber dichtet.

13. Ich bin Gottes, Gott ist mein:
Wer ist, der uns scheide?
Dringt das liebe Kreuz herein
Mit dem bittern Leide,

Laß es dringen, kommt es doch
Von geliebten Händen,
Bricht und kriegt geschwind ein Loch,
Wenn es Gott will wenden.

14. Kinder, die der Vater soll
Ziehn zu allem Guten,
Die gedeihen selten wohl
Ohne Zucht und Ruten.
Bin ich denn nun Gottes Kind,
Warum will ich fliehen,
Wenn er mich von meiner Sünd
Auf was Guts will ziehen?

15. Es ist herzlich gut gemeint
Mit der Christen Plagen:
Wer hier zeitlich wohl geweint,
Darf nicht ewig klagen,
Sondern hat vollkommne Lust
Dort in Christi Garten
(Dem er einig recht bewußt)
Endlich zu gewarten.

16. Gottes Kinder säen zwar
Traurig und mit Tränen,
Aber endlich bringt das Jahr,
Wonach sie sich sehnen;
Denn es kommt die Erntezeit,
Da sie Garben machen,
Da wird all ihr Gram und Leid
Lauter Freud und Lachen.

17. Ei, so faß, o Christenherz,
Alle deine Schmerzen,
Wirf sie fröhlich hinterwärts,
Laß des Trostes Kerzen
Dich entzünden mehr und mehr,
Gib dem großen Namen
Deines Gottes Preis und Ehr,
Er wird helfen. Amen.

82. IST GOTT FÜR MICH, SO TRETE GLEICH ALLES WIDER MICH

(Römer 8)

1. Ist Gott für mich, so trete
Gleich alles wider mich,
So oft ich ruf und bete,
Weicht alles hinter sich.
  Hab ich das Haupt zum Freunde
Und bin geliebt bei Gott,
Was kann mir tun der Feinde
Und Widersacher Rott?

2. Nun weiß und glaub ich feste,
Ich rühms auch ohne Scheu,
Daß Gott, der Höchst und Beste,
Mir gänzlich günstig sei,
  Und daß in allen Fällen
Er mir zur Rechten steh
Und dämpfe Sturm und Wellen
Und was mir bringet Weh.

3. Der Grund, da ich mich gründe,
Ist Christus und sein Blut,
Das machet, daß ich finde
Das ewge wahre Gut.
  An mir und meinem Leben
Ist nichts auf dieser Erd,
Was Christus mir gegeben,
Das ist der Liebe wert.

4. Mein Jesus ist mein Ehre,
Mein Glanz und schönes Licht,
Wenn der nicht in mir wäre,
So dürft und könnt ich nicht
  Vor Gottes Augen stehen
Und vor dem Sternensitz,
Ich müßte stracks vergehen
Wie Wachs in Feuers Hitz.

5. Der, der hat ausgelöschet
Was mit sich führt den Tod,
Der ists, der mich rein wäschet,
Macht schneeweiß, was ist rot.
   In ihm kann ich mich freuen,
Hab einen Heldenmut,
Darf kein Gerichte scheuen,
Wie sonst ein Sünder tut.

6. Nichts, nichts kann mich verdammen,
Nichts nimmet mir mein Herz,
Die Höll und ihre Flammen,
Die sind mir nur ein Scherz.
   Kein Urteil mich erschrecket,
Kein Unheil mich betrübt,
Weil mich mit Flügeln decket
Mein Heiland, der mich liebt.

7. Sein Geist wohnt mir im Herzen,
Regiert mir meinen Sinn,
Vertreibet Sorg und Schmerzen,
Nimmt allen Kummer hin,
   Gibt Segen und Gedeihen
Dem, was er in mir schafft,
Hilft mir das Abba schreien
Aus aller meiner Kraft.

8. Und wenn an meinem Orte
Sich Furcht und Schrecken findt,
So seufzt und spricht er Worte,
Die unaussprechlich sind
   Mir zwar und meinem Munde,
Gott aber wohlbewußt,
Der an des Herzens Grunde
Ersiehet seine Lust.

9. Sein Geist spricht meinem Geiste
Manch süßes Trostwort zu:
Wie Gott dem Hilfe leiste,
Der bei ihm suchet Ruh,

Und wie er hab erbauet
Ein neue edle Stadt,
Da Aug und Herze schauet
Was es geglaubet hat.

10. Da ist mein Teil und Erbe
Mir prächtig zugericht't;
Wenn ich gleich fall und sterbe,
Fällt doch mein Himmel nicht.
Muß ich auch gleich hier feuchten
Mit Tränen meine Zeit,
Mein Jesus und sein Leuchten
Durchsüßet alles Leid.

11. Wer sich mit dem verbindet,
Den Satan fleucht und haßt,
Der wird verfolgt und findet
Ein hohe schwere Last
Zu leiden und zu tragen,
Gerät in Hohn und Spott;
Das Kreuz und alle Plagen,
Die sind sein täglich Brot.

12. Das ist mir nicht verborgen,
Doch bin ich unverzagt,
Gott will ihn lassen sorgen,
Dem ich mich zugesagt.
Es kostet Leib und Leben
Und alles, was ich hab:
An dir will ich fest kleben
Und nimmer lassen ab.

13. Die Welt, die mag zerbrechen,
Du stehst mir ewiglich,
Kein Brennen, Hauen, Stechen
Soll trennen mich und dich
Kein Hunger und kein Dürsten,
Kein Armut, keine Pein,
Kein Zorn der großen Fürsten
Soll mir ein Hindrung sein.

14. Kein Engel, keine Freuden,
Kein Thron, kein Herrlichkeit,
Kein Lieben und kein Leiden,
Kein Angst und Fährlichkeit,
Was man nur kann erdenken,
Es sei klein oder groß,
Der keines soll mich lenken
Aus deinem Arm und Schoß.

15. Mein Herze geht in Springen
Und kann nicht traurig sein,
Ist voller Freud und Singen,
Sieht lauter Sonnenschein.
Die Sonne, die mir lachet,
Ist mein Herr Jesus Christ,
Das, was mich singen machet,
Ist, was im Himmel ist.

83. WARUM SOLLT ICH MICH DENN GRÄMEN?

1. Warum sollt ich mich denn grämen?
Hab ich doch
Christum noch,
Wer will mir den nehmen?
Wer will mir den Himmel rauben,
Den mir schon
Gottes Sohn
Beigelegt im Glauben?

2. Nackend lag ich auf dem Boden,
Da ich kam,
Da ich nahm
Meinen ersten Odem;
Nackend werd ich auch hinziehen,
Wann ich werd
Von der Erd
Als ein Schatten fliehen.

3. Gut und Blut, Leib, Seel und Leben
Ist nicht mein;
Gott allein
Ist es, ders gegeben.
Will ers wieder zu sich kehren,
Nehm ers hin!
Ich will ihn
Dennoch fröhlich ehren.

4. Schickt er mir ein Kreuz zu tragen,
Dringt herein
Angst und Pein,
Sollt ich drum verzagen?
Der es schickt, der wird es wenden!
Er weiß wohl,
Wie er soll
All mein Unglück enden.

5. Gott hat mich bei guten Tagen
Oft ergötzt:
Sollt ich jetzt
Auch nicht etwas tragen?
Fromm ist Gott und schärft mit Maßen
Sein Gericht;
Kann mich nicht
Ganz und gar verlassen.

6. Satan, Welt und ihre Rotten
Können mir
Nichts mehr hier
Tun, als meiner spotten.
Laß sie spotten, laß sie lachen!
Gott, mein Heil,
Wird in Eil
Sie zu Schanden machen.

7. Unverzagt und ohne Grauen
Soll ein Christ,
Wo er ist,
Stets sich lassen schauen.

Wollt ihn auch der Tod aufreiben,
Soll der Mut
Dennoch gut
Und fein stille bleiben.

8. Kann uns doch kein Tod nicht töten,
Sondern reißt
Unsern Geist
Aus viel tausend Nöten;
Schleußt das Tor des bittern Leiden
Und macht Bahn,
Da man kann
Gehn zur Himmelsfreuden.

9. Allda will in süßen Schätzen
Ich mein Herz
Auf den Schmerz
Ewiglich ergötzen.
Hier ist kein recht Gut zu finden.
Was die Welt
In sich hält,
Muß im Hui verschwinden.

10. Was sind dieses Lebens Güter?
Eine Hand
Voller Sand,
Kummer der Gemüter.
Dort, dort sind die edlen Gaben,
Da mein Hirt,
Christus, wird
Mich ohn Ende laben.

11. Herr, mein Hirt, Brunn aller Freuden,
Du bist mein,
Ich bin dein,
Niemand kann uns scheiden:
Ich bin dein, weil du dein Leben
Und dein Blut
Mir zugut
In den Tod gegeben.

12. Du bist mein, weil ich dich fasse
Und dich nicht,
O mein Licht,
Aus dem Herzen lasse.
Laß mich, laß mich hingelangen,
Da du mich
Und ich dich
Leiblich werd umfangen.

84. DER 37. PSALM

(Vers 5)
Befiehl du deine Wege

1. Befiehl du deine Wege
Und was dein Herze kränkt
Der allertreusten Pflege
Des, der den Himmel lenkt:
Der Wolken, Luft und Winden
Gibt Wege, Lauf und Bahn,
Der wird auch Wege finden,
Da dein Fuß gehen kann.

2. Dem Herren mußt du trauen,
Wenn dirs soll wohlergehn,
Auf sein Werk mußt du schauen,
Wenn dein Werk soll bestehn.
Mit Sorgen und mit Grämen
Und mit selbsteigner Pein
Läßt Gott ihm gar nichts nehmen,
Es muß erbeten sein.

3. Dein ewge Treu und Gnade,
O Vater, weiß und sieht,
Was gut sei oder schade
Dem sterblichen Geblüt:
Und was du dann erlesen,
Das treibst du, starker Held,
Und bringst zum Stand und Wesen,
Was deinem Rat gefällt.

4. W e g hast du allerwegen,
An Mitteln fehlt dirs nicht,
Dein Tun ist lauter Segen,
Dein Gang ist lauter Licht.
Dein Werk kann niemand hindern,
Dein Arbeit darf nicht ruhn,
Wenn du, was deinen Kindern
Ersprießlich ist, willst tun.

5. U n d ob gleich alle Teufel
Hier wollten widerstehn,
So wird doch ohne Zweifel
Gott nicht zurücke gehn:
Was er sich vorgenommen
Und was er haben will,
Das muß doch endlich kommen
Zu seinem Zweck und Ziel.

6. H o f f, o du arme Seele,
Hoff und sei unverzagt,
Gott wird dich aus der Höhle,
Da dich der Kummer plagt,
Mit großen Gnaden rücken;
Erwarte nur der Zeit,
So wirst du schon erblicken
Die Sonn der schönsten Freud.

7. A u f, auf, gib deinem Schmerze
Und Sorgen gute Nacht!
Laß fahren, was dein Herze
Betrübt und traurig macht!
Bist du doch nicht Regente,
Der alles führen soll;
Gott sitzt im Regimente
Und führet alles wohl.

8. I h n, ihn laß tun und walten,
Er ist ein weiser Fürst
Und wird sich so verhalten,
Daß du dich wundern wirst,

Wenn er, wie ihm gebühret,
Mit wunderbarem Rat
Das Werk hinausgeführet,
Das dich bekümmert hat.

9. Er wird zwar eine Weile
Mit seinem Trost verziehn
Und tun an seinem Teile,
Als hätt in seinem Sinn
Er deiner sich begeben,
Und solltst du für und für
In Angst und Nöten schweben,
Als frag er nichts nach dir.

10. Wirds aber sich befinden,
Daß du ihm treu verbleibst,
So wird er dich entbinden,
Da dus am wen'gsten gläubst;
Er wird dein Herze lösen
Von der so schweren Last,
Die du zu keinem Bösen
Bisher getragen hast.

11. Wohl dir, du Kind der Treue,
Du hast und trägst davon
Mit Ruhm und Dankgeschreie
Den Sieg und Ehrenkron.
Gott gibt dir selbst die Palmen
In deine rechte Hand,
Und du singst Freudenpsalmen
Dem, der dein Leid gewandt.

12. Mach End, o Herr, mach Ende
An aller unsrer Not!
Stärk unsre Füß und Hände
Und laß bis in den Tod
Uns allzeit deiner Pflege
Und Treu empfohlen sein,
So gehen unsre Wege
Gewiß zum Himmel ein.

85. NOCH DENNOCH MUSST DU DRUM NICHT GANZ IN TRAURIGKEIT VERSINKEN

1. Noch dennoch mußt du drum nicht ganz
In Traurigkeit versinken,
Gott wird des süßen Trostes Glanz
Schon wieder lassen blinken.
Steh in Geduld, wart in der Still
Und laß Gott machen, wie er will,
Er kanns nicht böse machen.

2. Ist denn dies unser erstes Mal,
Daß wir betrübet werden?
Was haben wir als Angst und Qual
Bisher gehabt auf Erden?
Wir sind wohl mehr so hoch gekränkt,
Und hat doch Gott uns drauf geschenkt
Ein Stündlein voller Freuden.

3. So ist auch Gottes Meinung nicht,
Wenn er uns Unglück sendet,
Als sollt darum sein Angesicht
Ganz von uns sein gewendet;
Nein, sondern dieses ist sein Rat,
Daß der, so ihn verlassen hat,
Durchs Unglück wiederkehre.

4. Denn das ist unser Fleisches Mut,
Wenn wir in Freuden leben,
Daß wir dann unserm höchsten Gut
Am ersten Urlaub geben,
Wir sind von Erd und halten wert
Viel mehr, was hier ist auf der Erd
Als was im Himmel wohnet.

5. Drum fährt uns Gott durch unsern Sinn
Und läßt uns Weh geschehen;
Er nimmt oft, was uns lieb, dahin,
Damit wir aufwärts sehen

Und uns zu seiner Güt und Macht,
Die wir bisher nicht groß geacht,
Als Kinder wiederfinden.

6. Tun wir nun das, ist er bereit,
Uns wieder anzunehmen,
Macht aus dem Leide lauter Freud
Und Lachen aus dem Grämen,
Und ist ihm das gar schlichte Kunst;
Wen er umfängt mit Lieb und Gunst,
Dem ist geschwind geholfen.

7. Drum falle, du betrübtes Heer,
In Demut vor ihm nieder; Sprich:
Herr, wir geben dir die Ehr
Ach, nimm uns Sünder wieder
In deine Gnade! Reiß die Last,
Die du uns aufgeleget hast,
Hinweg, heil unsern Schaden!

8. Denn Gnade gehet doch vor Recht,
Zorn muß der Liebe weichen,
Wenn wir erliegen, muß uns schlecht
Gott sein Erbarmen reichen;
Dies ist die Hand, die uns erhält,
Wo wir die lassen, bricht und fällt
All unser Tun in Haufen.

9. Auf Gottes Liebe mußt du stehn
Und dich nicht lassen fällen,
Wenn auch der Himmel ein wollt gehn
Und alle Welt zerschellen;
Gott hat uns Gnade zugesagt,
Sein Wort ist klar, wer sieh drauf wagt,
Dem kann es nimmer fehlen.

10. So darfst du auch an seiner Kraft
Gar keinen Zweifel haben.
Wer ists, der alle Dinge schafft?
Wer teilt aus alle Gaben?

Gott tuts! Und das ist auch der Mann,
Der Rat und Tat erfinden kann,
Wann jedermann verzaget.

11. Deucht dir die Hilf unmöglich sein,
So sollst du gleichwohl wissen:
Gott räumt uns dieses nimmer ein,
Daß er sich laß einschließen
In unsers Sinnes engen Stall;
Sein Arm ist frei, tut überall
Viel mehr als wir verstehen.

12. Was ist sein ganzes wertes Reich
Als lauter Wundersachen?
Er hilft und baut, wann wir uns gleich
Des gar kein Hoffnung machen,
Und das ist seines Namens Ruhm,
Den du, wann du sein Heiligtum
Willst sehen, ihm mußt geben.

86. DER 13. PSALM

Wie lang, o Herr, wie lange soll dein Herze mein vergessen?

1. Wie lang, o Herr, wie lange soll
Dein Herze mein vergessen?
Wie lange soll ich Jammers voll
Mein Brot mit Tränen essen?
Wie lange willst du nicht
Mir dein Angesicht
Zu schauen reichen dar?
Willst du denn ganz und gar
Dich nun von mir verbergen?

2. Wie lange soll die Trauerhöhl
In Sorgen ich besitzen?
Wie lange soll mein arme Seel
In diesem Bade schwitzen?
Soll ich denn alle Tag
Immer lauter Plag,

Die Welt im Gegenteil
Nur immer lauter Heil
Nach ihrem Wunsche haben?

3. Ach, schaue doch von deinem Saal
Und siehe, wie ich leide!
Mein Herzensweh und große Qual
Ist meiner Feinde Freude.
Herr, mein getreuer Hort,
Hör an meine Wort,
Die ich, durch Trübsal hier
Gepresset, schütt herfür;
Laß dein Gemüt erweichen!

4. Erleuchte meiner Augen Licht,
Mit deinem Gnadenwinke,
Damit ich in dem Tode nicht
Enschlafe noch versinke!
Gib, daß die böse Rott
Nicht treib ihren Spott
Aus mir und meinem Fall,
Als hätt ich überall
Verspielet und verloren.

5. Ich steh und hoffe steif und fest
Darauf, daß du die Deinen
Nicht endlich untergehen läßt.
Kannsts auch nicht böse meinen;
Obs gleich bisweilen scheint,
Als wärst du uns feind
Und gänzlich abgewendt,
So find sich doch behend
Dein Vaterherze wieder.

6. Mein Herze lacht vor großer Freud,
Wann ich bei mir bedenke,
Wie herzlich gern in böser Zeit
Dein Herz sich zu uns lenke.
Der Herr ist frommes Muts,
Tut uns nichts als Guts.

Das ist mein Lobgesang,
Den ihm zum Ehrendank
Ich hier und dort will singen.

87. DER 27. PSALM

Gott ist mein Licht, der Herr mein Heil

1. Gott ist mein Licht, der Herr mein Heil,
Das ich erwählet habe;
Er ist die Kraft, dahin ich eil
Und meine Seele labe.
Was will ich mich doch fürchten nun?
Und wer kann mir doch Schaden tun
Auf dieser ganzen Erden?

2. Wann mich die böse Rott anfällt
Und mein Fleisch will verschlingen,
So kann sie dieser starke Held
Gar leicht zu Boden bringen.
Wann sich auch gleich ein ganzes Heer
Legt um mich her, was ists denn mehr?
Mein Gott kann sie bald schlagen.

3. Eins bitt ich nur, das hätt ich gern,
Wenn mirs Gott wollte geben,
Daß ich bei ihm, als meinem Herrn,
Stets wohnen sollt und leben
Und alle meine Tag und Jahr
In seinem Hause bei der Schar
Der Heiligen vollbringen.

4. Da wollt ich meine Herzensfreud
An seinen Diensten sehen
Und rühmen, wie zur bösen Zeit
Mir so viel Guts geschehen,
Da er mich fleißig hat verdeckt
In seiner Hütten und versteckt
In einem starken Felsen.

5. Und also wird er ferner noch
Mich wissen zu regieren;
Er wird mich schützen und sehr hoch
In sichre Örter führen;
  Mein Haupt wird über meine Feind
Ob sie gleich hoch erhaben seind,
Allzeit erhöhet bleiben.

6. Dafür will ich denn wiederum
Gott auf das best erhöhen;
Sein Ruhm soll in dem Heiligtum
Aus meinem Munde gehen;
  Ich will ihm opfern Dank und Preis,
Ich will sein Lob, so gut ich weiß,
Vor allem Volke singen.

7. Herr, mein Gott, höre, wie ich schrei
Und seufz in meinem Sinne;
Gib, daß mein Bitten kräftig sei
Und dein Herz eingewinne.
  Mein Herz hält dir, o treuer Hort,
Beständig vor dein eigen Wort:
Ihr sollt mein Antlitz suchen.

8. Nun such ich jetzt, ach laß mich nicht
Entgelten meiner Sünden!
Ich suche, Herr, dein Angesicht,
Das laß mich gnädig finden.
  Verstoße ja nicht deinen Knecht,
Denn du bists, der mir hilft zu recht
Und bringst aus allen Nöten.

9. Mein Vater, Mutter und was hier
Sonst ist von guten Leuten,
Das ist zu schwach und können mir
Nicht treten an die Seiten.
  Ich bin entsetzt von aller Welt,
Gott aber nimmt mich in sein Zelt,
Da find ich alle Gnüge.

10. Herr, mache mir gerade Bahn,
Halt mich in deiner Gnade
Und nimm dich meiner herzlich an,
Daß mir kein Feind nicht schade;
   Denn viel die reden wider mich
Und zeugen, das sie ewiglich
Nicht können überweisen.

11. Noch dennoch hab ich guten Mut
Und glaube, daß ich werde
Im Lebenslande Gottes Gut
Dort sehn und auf der Erde.
   Frisch auf, getrost und unverzagt!
Wers nur mit Gott im Glauben wagt,
Der wird den Sieg erhalten.

88. DER 42. PSALM

Wie der Hirsch irn großen Dürsten schreiet und frisch Wasser sucht

1. Wie der Hirsch im großen Dürsten
Schreiet und frisch Wasser sucht,
Also sucht dich Lebensfürsten
Meine Seel in ihrer Flucht;
   Meine Seele brennt in mir
Lechzet, dürstet, trägt Begier
Nach dir, o du süßes Leben,
Der mir Leib und Seel gegeben.

2. Ach, wann werd ich dahin kommen,
Daß ich Gottes Angesicht,
Das gewünschte Licht der Frommen,
Schau mit meiner Augen Licht!
   Meine Tränen sind mein Brot
Tag und Nacht in meiner Not,
Wann mich schmähen meine Spötter:
Wo ist nun dein Gott und Retter?

3. Wenn ich dann des inne werde,
Schütt ich mein Herz bei mir aus,

Wollte gerne mit der Herde
Deiner Kinder in dein Haus;
    Ja, in dein Haus wollt ich gern
Gehen und dir, meinem Herrn,
In der Schar, die Opfer bringen,
Mit erhobner Stimme singen.

4. Was bist du so hoch betrübet
Und voll Unruh, meine Seel?
Harr auf Gott, der herzlich liebet
Und wohl siehet, was dich quäl.
    Ei, ich werd ihm dennoch hier
Fröhlich danken, daß er mir,
Wann mein Herz ich zu ihm richte,
Hilft mit seinem Angesichte.

5. Mein Gott, ich bin voller Schande,
Meine Seele voller Leid,
Darum denk ich dein im Lande
Bei dem Jordan an der Seit,
    Da Hermonim hoch herfür
Und hingegen meine Zier,
Zion, ein klein wenig steiget
Und dir Kron und Zepter neiget.

6. Deines Zornes Fluten sausen
Mit Gewalt auf mich daher;
Dein Gericht und Eifer brausen
Wie das tiefe weite Meer;
    Deine Wellen heben sich
Hoch empor und haben mich
Mit ergrimmten Wasserwogen
Fast zu Grund hinabgezogen.

7. Gott der Herr hat mir versprochen,
Wann es Tag ist, seine Güt,
Und wann sich die Sonn verkrochen,
Heb ich zu ihm mein Gemüt,
    Spreche: Du mein Fels und Stein,
Gegen welchen alles klein,

Dem ich in dem Schoß gesessen,
Warum hast du mein vergessen?

8. Warum muß ich gehn und weinen
Über meiner Feinde Wort?
Es ist mir in meinen Beinen
Durch und durch als wie ein Mord,
  Wann sie sagen: Wo ist nun
Dein Gott und sein großes Tun?
Davon, wann du sicher lagest,
Du so viel zu rühmen pflagest.

9. Was bist du so hoch betrübet
Und voll Unruh, meine Seel?
Harr auf Gott, der herzlich liebet
Und wohl siehet, was dich quäl!
  Ei, ich werd ihm dennoch hier
Fröhlich danken für und für,
Daß er meinem Angesichte
Sich selbst gibt zum Heil und Lichte.

89. DER 73. PSALM

Sei wohlgemut, o Christenseel

1. Sei wohlgemut, o Christenseel,
Im Hochmut deiner Feinde;
Es hat das rechte Israel
Noch dennoch Gott zum Freunde,
  Wer glaubt und hofft, der wird geliebt
Von dem, der unsern Herzen gibt
Trost, Friede, Freud und Leben.

2. Zwar tut es weh und ärgert sehr,
Wenn man vor Augen siehet,
Wie dieser Welt gottloses Heer
So schön und herrlich blühet;
  Sie sind in keiner Todesfahr,
Erleben hier so manches Jahr
Und stehen wie Paläste.

3. Sie haben Glück und wissen nicht,
Wie Armen sei zu Mute;
Gold ist ihr Gott, Geld ist ihr Licht.
Sind stolz bei großem Gute;
Sie reden hoch, und das gilt schlecht:
Was andre sagen, ist nicht recht,
Es ist ihn'n viel zu wenig.

4. Des Pöbelvolks unweiser Hauf
Ist auch auf Ihrer Seite;
Sie sperren Maul und Nasen auf
Und sprechen: Das sind Leute!
Das sind ohn allen Zweifel die,
Die Gott vor allen andern hie
Zu Kindern auserkoren.

5. Was sollte doch der große Gott
Nach jenen andern fragen,
Die sich mit Armut, Kreuz und Not
Bis in die Grube tragen?
Wem hier des Glückes Gunst und Schein
Nicht leuchtet, kann kein Christe sein,
Er ist gewiß verstoßen.

6. Solls denn, mein Gott, vergebens sein
Daß dich mein Herze liebet?
Ich liebe dich und leide Pein,
Bin dein und doch betrübet.
Ich hätte bald auch so gedacht
Wie jene Rotte, die nichts acht't
Als was vor Augen pranget.

7. Sieh aber, sieh, in solchem Sinn
Wär ich zu weit gekommen,
Ich hätte bloß verdammt dahin
Die ganze Schar der Frommen;
Denn hat auch je einmal gelebt
Ein frommer Mensch, der nicht geschwebt
In großem Kreuz und Leiden?

8. Ich dachte hin, ich dachte her,
Ob ich es möcht ergründen,
Es war mir aber viel zu schwer,
Den rechten Schluß zu finden,
Bis daß ich ging ins Heiligtum
Und merkte, wie du, unser Ruhm,
Die Bösen führst zu Ende.

9. Ihr Gang ist schlüpfrig, glatt ihr Pfad,
Ihr Tritt ist ungewisse;
Du suchst sie heim nach ihrer Tat
Und stürzest ihre Füße.
Im Hui ist alles umgewendt,
Da nehmen sie ein plötzlich End
Und fahren hin mit Schrecken.

10. Heut grünen sie gleich wie ein Baum,
Ihr Herz ist froh und lachet,
Und morgen sind sie wie ein Traum,
Von dem der Mensch aufwachet,
Ein bloßer Schatt, ein totes Bild,
Das weder Hand noch Augen füllt,
Verschwindt im Augenblicke.

11. Es mag drum sein; es wäre gleich
Mein Kreuz so lang ich lebe,
Ich habe gnug am Himmelreich,
Dahin ich täglich strebe.
Hält mich die Welt gleich als ein Tier,
Ei, lebst du, Gott, doch über mir,
Du bist mein Ehr und Krone.

12. Du heilest meines Herzens Stich
Mit deiner süßen Liebe
Und wehrst dem Unglück, daß es mich
Nicht allzu hoch betrübe;
Du leitest mich mit deiner Hand
Und wirst mich endlich in den Stand
Der rechten Ehren setzen.

13. Wenn ich nur dich, o starker Held,
Behalt in meinem Leide,
So acht ichs nicht, wenn gleich zerfällt
Das große Weltgebäude.
Du bist mein Himmel, und dein Schoß
Bleibt allezeit mein Burg und Schloß,
Wann diese Erd entweichet.

14. Wann mir gleich Leib und Seel verschmacht,
So kann ich doch nicht sterben,
Denn du bist meines Lebens Macht
Und läßt mich nicht verderben.
Was frag ich nach dem Erb und Teil
Auf dieser Welt? Du, du, mein Heil,
Du bist mein Teil und Erbe.

15. Das kann die gottvergessne Rott
Mit Wahrheit nimmer sagen;
Sie weicht von dir und wird zum Spott,
Verdirbt in großen Plagen.
Mir aber ists, wie dir bewußt,
Die größte Freud und höchste Lust,
Daß ich mich zu dir halte.

16. So will ich nun die Zuversicht
Auf dich beständig setzen,
Er werde mich dein Angesicht
Zu rechter Zeit ergötzen.
Indessen will ich stille ruhn
Und deiner weisen Hände Tun
Mit meinem Munde preisen.

90. DER 91. PSALM

Wer unterm Schirm des Höchsten sitzt, der ist sehr wohl bedecket

1. Wer unterm Schirm des Höchsten sitzt,
Der ist sehr wohl bedecket,
Wenn alles donnert, kracht und blitzt,
Bleibt sein Herz ungeschrecket;

Er spricht zum Herrn: Du bist mein Licht,
Mein Hoffnung, meine Zuversicht,
Mein Turm und starke Feste,
Du rettest mich vons Jägers Strick
Und treibst des Todes Netz zurück
Und schützest mich aufs beste.

2. Frisch auf, mein Herz! Gott stärket dich
Mit Kraft auf allen Seiten;
Schau her, wie seine Flügel sich
Ganz über dich ausbreiten!
Sein Schirm umfängt und deckt dich gar,
Sein Schild fängt auf, was hie und dar
Von Pfeilen fleugt und tobet:
Der Schild ist Gottes wahres Wort,
Der Schirm ist, was der starke Hort
Versprochen und gelobet.

3. Wenn dich die schwarze Nacht umgibt,
Kannst du fein sicher schlafen,
Des Tages bleibst du unbetrübt
Von deines Feindes Waffen.
Die Peste, die im Finstern schleicht,
Und des Mittages umherkreucht,
Wird von dir abgeführet;
Und wenn gleich tausend fallen hier,
Und zehentausend hart bei dir,
Bleibst du doch unberühret.

4. Hingegen wirst du Lust und Freud
An deinen Feinden sehen,
Wenn ihnen alles Herzeleid
Vom Höchsten wird geschehen;
Wer Gott verläßt, wird wiederüm
Verlassen und mit großem Grimm
Zu seiner Zeit geschlagen;
Du aber, der du bleibst bei Gott,
Findst Gnad und darfst in keiner Not
Ohn Hilf und Trost verzagen.

5. Kein Übels wird zu deiner Hütt
Eingehn und dir begegnen,
Gott wird all deine Tritt und Schritt
Auf deinen Wegen segnen;
Denn er hat seiner Engelschar
Befohlen, daß sie vor Gefahr
Dich ganz genau bewahren,
Daß dein Fuß möge sicher sein
Und nicht vielleicht an einen Stein
Zu deinem Schaden fahren.

6. Du wirst auf wilden Leuen stehn
Und treten auf die Drachen;
Du wirst ihr Gift und scharfe Zähn
In deinem Sinn verlachen.
Das machts, daß Gott will bei dir sein,
Der spricht: Mein Knecht begehret mein,
So will ich ihm beispringen;
Er kennet meines Namens Zier,
Drum will ich ihm auch nach Begier
Mein Hilf und Rettung bringen.

7. Er ruft mich an, so will ich ihn
Ganz gnädiglich erhören;
Wenn sein Feind auf ihn aus will ziehn,
So will ich stehn und wehren.
Ich will ihn reißen aus dem Tod
Und nach erlittner Angst und Not
Mit großer Ehr ergötzen;
Ich will ihn machen lebenssatt
Und, wenn er gnug gelebet hat,
Ins ewge Heil versetzen.

91. GEDULD IST EUCH VONNÖTEN

(Hebr. 10, 35-37)

1. Geduld ist euch vonnöten,
Wann Sorge, Gram und Leid
Und was euch mehr will töten,

Euch in das Herze schneidt,
O auserwählte Zahl!
Soll euch kein Tod nicht töten,
Ist euch Geduld vonnöten:
Das sag ich noch einmal.

2. Geduld ist Fleisch und Blute
Ein herbes, bittres Kraut;
Wenn unsers Kreuzes Rute
Uns nur ein wenig draut,
Erschrickt der zarte Sinn.
Im Glück ist er verwegen,
Kommt aber Sturm und Regen,
Fällt Herz und Mut dahin.

3. Geduld ist schwer zu leiden,
Dieweil wir irdisch seind
Und nur in lautern Freuden
Bei Gott zu sein vermeint.
Der doch sich klar erklärt:
Ich strafe, die ich liebe,
Und die ich hoch betrübe,
Die halt ich hoch und wert.

4. Geduld ist Gottes Gabe
Und seines Geistes Gut,
Der zeucht und löst uns abe,
Sobald er in uns ruht,
Der edle werte Gast,
Erlöst uns von dem Zagen
Und hilft uns treulich tragen
Die große Bürd und Last.

5. Geduld kommt aus dem Glauben
Und hängt an Gottes Wort;
Das läßt sie ihr nicht rauben,
Das ist ihr Heil und Hort,
Das ist ihr hoher Wall,
Da hält sie sich verborgen,
Läßt Gott den Vater sorgen
Und fürchtet keinen Fall.

6. Geduld setzt ihr Vertrauen
Auf Christi Tod und Schmerz,
Macht Satan ihr ein Grauen,
So faßt sie hier ein Herz
Und spricht: Zürn immerhin,
Du wirst mich doch nicht fressen,
Ich bin zu hoch gesessen,
Weil ich in Christo bin!

7. Geduld ist wohl zufrieden
Mit Gottes weisem Rat,
Läßt sich nicht leicht ermüden
Durch Aufschub seiner Gnad,
Hält frisch und fröhlich aus,
Läßt sich getrost beschweren
Und denkt: Wer wills ihm wehren?
Ist er doch Herr im Haus.

8. Geduld kann lange warten,
Vertreibt die lange Weil
In Gottes schönem Garten,
Durchsucht zu ihrem Heil
Das Paradies der Schrift
Und schützt sich früh und späte
Mit eifrigem Gebete
Vor Satans List und Gift.

9. Geduld tut Gottes Willen,
Erfüllet sein Gebot
Und weiß sich wohl zu stillen
In aller Feinde Spott.
Es lache, wems beliebt:
Wird sie doch nicht zu schanden,
Es ist bei ihr vorhanden
Ein Herz, das nichts drauf gibt.

10. Geduld dient Gott zu Ehren
Und läßt sich nimmermehr
Von seiner Liebe kehren;
Und schlüg er noch so sehr,

So ist sie doch bedacht,
Sein heilge Hand zu loben,
Spricht: Der im Himmel droben
Hat alles wohl gemacht.

11. Geduld erhält das Leben,
Vermehrt der Jahre Zahl,
Vertreibt und dämpft darneben
Manch Angst und Herzensqual;
Ist wie ein schönes Licht,
Davon, wer an ihr hanget,
Mit Gottes Hilf erlanget
Ein fröhlichs Angesicht.

12. Geduld macht große Freude,
Bringt aus dem Himmelsthron
Ein schönes Halsgeschmeide,
Dem Haupt ein edle Kron
Und königlichen Hut;
Stillt die betrübten Tränen
Und füllt das heiße Sehnen
Mit rechtem guten Gut.

13. Geduld ist mein Verlangen
Und meines Herzens Lust,
Nach der ich oft gegangen:
Das ist dir wohl bewußt,
Herr voller Gnad und Huld,
Ach, gib mir und gewähre
Mein Bitten! Ich begehre
Nichts andres als Geduld.

14. Geduld ist meine Bitte,
Die ich sehr oft und viel
Aus dieser Leibeshütte
Zu dir, Herr, schicken will.
Kommt dann der letzte Zug,
So gib durch deine Hände
Auch ein geduldigs Ende!
So hab ich alles gnug.

92. DER 13. PSALM

Ach Herr, wie lange willst du mein so ganz und gar vergessen?

Gedichtet zur Leichenfeier des 1660 verstorbenen Rittmeisters Christoph Ludwig von Thümen

1. Ach Herr, wie lange willst du mein
So ganz und gar vergessen?
Wie lange soll der Sorgen Stein
Mich und mein Herze pressen?
Wie lange soll dein Angesicht
Sich von mir wenden? Willst du nicht
Dich meiner mehr erbarmen?

2. Wie lange soll ich armes Kind
Der Seelen Ruh entbehren?
Wie lange soll der Sturm und Wind
Der Herzensangst gewähren?
Wie lange soll mein stolzer Feind,
Ders niemals gut, stets böse meint,
Sich über mich erheben?

3. Ach, schaue doch, mein Gott und Hort,
Von deiner heilgen Hütte
Und höre meiner Klage Wort
Und hochbetrübte Bitte;
Gib meinen Augen Kraft und Macht
Und laß des Todes finstre Nacht
Mich nicht so bald befallen!

4. Sonst würde meiner Feinde Mund
Des Ruhms kein Ende machen;
Sie würden mein, als der zu Grund
Und Boden gangen, lachen:
Da liegt der, würden sie mit Freud
Herprahlen, der uns jederzeit
So viel zu schaffen machte!

5. Ich kenne sie und weiß gar wohl,
Was sie im Schilde führen,
Ihr Herz ist aller Bosheit voll
Läßt sich nichts Guts regieren.

Du aber bist der fromme Mann,
Herr, mein Gott, der nicht lassen kann
Die, so sich zu dir halten.

6. Des tröst ich mich und hoffe drauf
Du wirst auch mir fromm bleiben
Und aller bösen Tücke Lauf
Gewaltig hintertreiben.
Mein Herze freut sich, wenns bedenkt,
Wie gern du stets dein Heil geschenkt
Dem, der sich dir vertrauet.

7. Das tu ich, Herr; ich traue dir:
Du bist mein einzge Freude,
Bewehrest mich, tust wohl an mir
Und führst mich aus dem Leide.
Dafür will ich mein Leben lang
Dir manchen schönen Lobgesang
Zum Dank und Opfer bringen.

93. HERR, WAS HAST DU IM SINN?

Gedichtet auf die Erscheinung des Kometen von 1664 (nicht 1632, vgl. P. Anm. 378)

1. Herr, was hast du im Sinn?
Wo denkt dein Eifer hin?
Von was für neuen Plagen
Soll uns der Himmel sagen?
Was soll uns armen Leuten
Der neue Stern bedeuten?

2. Die Zeichen in der Höh
Erwecken Ach und Weh,
Es hats in nächsten Jahren
Die ganze Welt erfahren:
Die brennenden Kometen
Sind traurige Propheten.

3. Sie brennen in der Luft,
Und unsers Herzens Kluft

Ist blind und kalt zum Guten,
Erkennet nicht die Ruten,
Die uns zu unsern Wunden
Des höchsten Hand gebunden.

4. Kein Mensche hört fast mehr,
Was Gottes Geist uns lehr
In seinen heilgen Worten;
Drum muß an so viel Orten
Von großem Zorn und Dräuen
Das Sternenland selbst schreien.

5. Die Welt hält keine Zucht,
Der Glaub ist in der Flucht,
Die Treu ist hart gebunden,
Die Wahrheit ist verschwunden
Barmherzig sein und lieben,
Das sieht man selten üben.

6. Daher wächst Gottes Grimm
Und dringt mit Ungestüm
Aus seines Eifers Kammer
Und will mit großem Jammer,
Wo wir uns nicht bekehren,
Uns allesamt verheeren.

7. Und das will der Prophet,
Der in der Luft da steht,
Uns, die wir sicher leben,
Klar zu verstehen geben
Mit seinem hellen Lichte
Und klarem Angesichte.

8. Sein Lauf ist gar geschwind.
Ach, Gott, laß unsre Sünd
Uns nicht geschwind hinrücken
Und eilends unterdrücken;
Laß uns der Strafen Haufen
Nicht plötzlich überlaufen!

9. Sein Strahl ist breit und lang,
Macht uns fast angst und bang,
Ach, Jesu, hilf uns allen,
Auf das nicht auf uns fallen
Die hochbetrübten Zahlen
Der letzten Zornesschalen.

10. Erhalt uns unsern Herrn,
Den schönen edlen Stern,
Laß uns sein Licht beleuchten,
Laß seinen Tau uns feuchten,
Daß wir uns seiner freuen
Und unter ihm gedeihen.

11. Laß auch noch immerfort
Dein liebes wertes Wort
In unserm Land und Grenzen
Schön rein und helle glänzen;
Wenn dein Wort uns nur blicket,
So sind wir gnug erquicket.

12. Gedenk an deine Güt
Und laß doch dein Gemüt
Erweichen von uns Armen!
Regier uns mit Erbarmen,
Damit die bösen Zeichen
Ein gutes End erreichen!

94. DER 37. PSALM

(Vers 7)
Gib dich zufrieden und sei stille

1. Gib dich zufrieden und sei stille
In dem Gotte deines Lebens;
In ihm ruht aller Freuden Fülle,
Ohn ihn mühst du dich vergebens.
Er ist dein Quell
Und deine Sonne,

Scheint täglich hell
Zu deiner Wonne.
Gib dich zufrieden!

2. Er ist voll Lichtes, Trosts und Gnaden,
Ungefärbten treuen Herzens;
Wo er steht, tut dir keinen Schaden
Auch die Pein des größten Schmerzens;
Kreuz, Angst und Not
Kann er bald wenden,
Ja auch den Tod
Hat er in Händen.
Gib dich zufrieden!

3. Wie dirs und andern oft ergehe,
Ist ihm wahrlich nicht verborgen,
Er sieht und kennet aus der Höhe
Der betrübten Herzen Sorgen.
Er zählt den Lauf
Der heißen Tränen
Und faßt zuhauf
All unser Sehnen.
Gib dich zufrieden!

4. Wenn gar kein einzger mehr auf Erden,
Dessen Treue darfst du trauen,
Alsdann will er dein Treuster werden
Und zu deinem Besten schauen.
Er weiß dein Leid
Und heimlich Grämen,
Auch weiß er Zeit,
Dich zu benehmen.
Gib dich zufrieden!

5. Er hört die Seufzer deiner Seelen
Und des Herzens stilles Klagen,
Und was du keinem darfst erzählen,
Magst du Gott gar kühnlich sagen,
Er ist nicht fern,
Steht in der Mitten,

Hört bald und gern
Der Armen Bitten.
Gib dich zufrieden!

6. Laß dich dein Elend nicht bezwingen,
Halt an Gott, so wirst du siegen;
Ob alle Fluten einher gingen,
Dennoch mußt du oben liegen.
Denn wenn du wirst
Zu hoch beschweret,
Hat Gott, dein Fürst,
Dich schon erhöret.
Gib dich zufrieden!

7. Was sorgst du für dein armes Leben,
Wie dus halten wollst und nähren?
Der dir das Leben hat gegeben,
Wird auch Unterhalt bescheren.
Er hat ein Hand
Voll aller Gaben,
Da See und Land
Sich muß von laben.
Gib dich zufrieden!

8. Der allen Vöglein in den Wäldern
Ihr bescheidnes Körnlein weiset,
Der Schaf und Rinder in den Feldern
Alle Tage tränkt und speiset,
Der wird ja auch
Dich eingen füllen
Und deinen Bauch
Zur Notdurft stillen.
Gib dich zufrieden!

9. Sprich nicht: Ich sehe keine Mittel;
Wo ich such, ist nichts zum Besten;
Denn das ist Gottes Ehrentitel:
Helfen, wann die Not am größten.
Wenn ich und du
Ihn nicht mehr spüren,

Da schickt er zu,
Uns wohl zu führen.
Gib dich zufrieden!

10. Bleibt gleich die Hilf in etwas lange,
Wird sie dennoch endlich kommen,
Macht dir das Harren angst und bange,
Glaube mir, es ist dein Frommen.
Was langsam schleicht,
Faßt man gewisser,
Und was verzeucht,
Ist desto süßer.
Gib dich zufrieden!

11. Nimm nicht zu Herzen, was die Rotten
Deiner Feinde von dir dichten,
Laß sie nur immer weidlich spotten,
Gott wirds hören und recht richten.
Ist Gott dein Freund
Und deiner Sachen,
Was kann dein Feind,
Der Mensch, groß machen!
Gib dich zufrieden!

12. Hat er doch selbst auch wohl das Seine,
Wenn ers sehen könnt und wollte.
Wo ist ein Glück so klar und reine,
Dem nicht etwas fehlen sollte?
Wo ist ein Haus,
Das könnte sagen:
Ich weiß durchaus
Von keinen Plagen?
Gib dich zufrieden!

13. Es kann und mag nicht anders werden,
Alle Menschen müssen leiden;
Was webt und lebet auf der Erden,
Kann das Unglück nicht vermeiden.
Des Kreuzes Stab
Schlägt unsre Lenden

Bis in das Grab:
Da wird sichs enden.
Gib dich zufrieden.

14. Es ist ein Ruhetag vorhanden,
Da uns unser Gott wird lösen,
Er wird uns reißen aus den Banden
Dieses Leibs und allem Bösen.
Es wird einmal
Der Tod herspringen
Und aus der Qual
Uns sämtlich bringen.
Gib dich zufrieden!

15. Er wird uns bringen zu den Scharen
Der Erwählten und Getreuen,
Die hier mit Frieden abgefahren,
Sich auch nun im Frieden freuen,
Da sie den Grund,
Der nicht kann brechen,
Den ewgen Mund
Selbst hören sprechen:
Gib dich zufrieden!

95. DER 62. PSALM

Meine Seele ist in der Stille

1. Meine Seel ist in der Stille,
Tröstet sich des Höchsten Kraft,
Dessen Rat und heilger Wille
Mir bald Rat und Hilfe schafft.
Der kann mehr als alle Götter,
Ist mein Hort, mein Heil, mein Retter,
Daß kein Fall mich stürzen kann,
Trät er noch so heftig an.

2. Meine Hasser, hört! Wie lange
Stellt ihr alle einem nach?
Ihr macht meinem Herzen bange,
Mir zur Ehr und euch zur Schmach,

Hanget wie zerrißne Mauern
Und wie Wände, die nicht dauern,
Über mir und seid bedacht,
Wie ich werde totgemacht.

3. Ja fürwahr, daß einge denken,
Die, so mir zuwider seind,
Wie sie mir mein Leben senken
Dahin, wo kein Licht mehr scheint:
Darum geht ihr Mund aufs Lügen
Und das Herz auf lauter Trügen;
Gute Wort und falsche Tück
Ist ihr bestes Meisterstück.

4. Dennoch bleib ich ungeschrecket,
Und mein Geist ist unverzagt
In dem Gotte, der mich decket,
Wann die arge Welt mich plagt.
Auf den harret meine Seele;
Da ist Trost, den ich erwähle,
Da ist Schutz, der mir gefällt,
Und Errettung, die mich hält.

5. Nimmer, nimmer werd ich fallen,
Nimmer werd ich untergehn,
Denn hier ist, der mich vor allen,
Die mich drücken, kann erhöhn;
Bei dem ist mein Heil und Ehre,
Meine Stärke, meine Wehre;
Meine Freud und Zuversicht
Ist nur stets auf Gott gericht.

6. Hoffet allzeit, lieben Leute,
Hoffet allzeit stark auf ihn.
Kommt die Hilfe nicht bald heute,
Falle doch der Mut nicht hin.
Sondern schüttet aus dem Herzen
Eures Herzens Sorg und Schmerzen,
Legt sie vor sein Angesicht,
Traut ihm fest und zweifelt nicht.

7. Gott kann alles Unglück enden,
Wirds auch herzlich gerne tun
Denen, die sich zu ihm wenden
Und auf seiner Güte ruhn.
Aber Menschenhilf ist nichtig,
Ihr Vermögen ist nicht tüchtig,
Wär es gleich noch eins so groß,
Uns zu machen frei und los.

8. Große Leute, große Toren!
Prangen sehr und sind doch Kot,
Füllen Sinnen, Aug und Ohren:
Kommts zur Tat, so sind sie tot;
Will man ihres Tuns und Sachen
Eine Prob und Rechnung machen,
Nach dem Ausschlag des Gewichts
Sind sie weniger denn nichts.

9. Laßt sie fahren, liebe Kinder,
Da ist schlechter Vorteil bei!
Habt vor allem, was die Sünder
Frechlich treiben, Furcht und Scheu!
Laßt euch Eitelkeit nicht fangen,
Nach, was nichts ist, nicht verlangen;
Käm auch Gut und Reichtum an,
Ei, so hängt das Herz nicht dran!

10. Wo das Herz am besten stehe,
Lehrt am besten Gottes Wort
Aus der güldnen Himmelshöhe;
Denn da hör ich fort und fort,
Daß er groß und reich von Kräften,
Rein und heilig in Geschäften,
Gütig dem, der Gutes tut.
Nun, der sei mein schönstes Gut.

96. NUN DANKET ALL UND BRINGET EHR

(Sirach 50, 24)

1. Nun danket all und bringet Ehr,
Ihr Menschen in der Welt,
Dem, dessen Lob der Engel Heer
Im Himmel stets vermeldt.

2. Ermuntert euch und singt mit Schall
Gott, unserm höchsten Gut,
Der seine Wunder überall
Und große Dinge tut.

3. Der uns von Mutterleibe an
Frisch und gesund erhält
Und, wo kein Mensch nicht helfen kann,
Sich selbst zum Helfer stellt.

4. Der, ob wir ihn gleich hoch betrübt,
Doch bleibet gutes Muts,
Die Straf erläßt, die Schuld vergibt
Und tut uns alles Guts.

5. Er gebe uns ein fröhlich Herz,
Erfrische Geist und Sinn
Und werf all Angst, Furcht, Sorg und Schmerz
Ins Meeres Tiefe hin!

6. Er lasse seinen Frieden ruhn
In Israelis Land,
Er gebe Glück zu unserm Tun
Und Heil zu allem Stand.

7. Er lasse seine Lieb und Güt
Um, bei und mit uns gehn,
Was aber ängstet und bemüht,
Gar ferne von uns stehn.

8. So lange dieses Leben währt,
Sei er stets unser Heil,
Und wenn wir scheiden von der Erd,
Verbleib er unser Teil.

9. Er drücke, wenn das Herze bricht,
Uns unsre Augen zu
Und zeig uns drauf sein Angesicht
Dort in der ewgen Ruh.

97. DANKGEBET IN KRIEGSZEITEN

Wie ist so groß und schwer die Last

1. Wie ist so groß und schwer die Last,
Die du uns aufgeleget hast,
O aller Götter Gott!
  Gott, der du streng und eifrig bist
Dem, der nicht fromm und heilig ist.

2. Die Last, die ist die Kriegesflut,
So jetzt die Welt mit rotem Blut
Und heißen Tränen füllt;
  Es ist das Feur, das hitzt und brennt,
So weit fast Sonn und Mond sich wendt.

3. Groß ist die Last, doch ist dabei
Dein starker Schutz und Vatertreu
Uns gar nicht unbekannt;
  Du strafst, und mitten in dem Leid
Erzeigst du Lieb und Freundlichkeit.

4. Wir unsers Teils sind dir verpflicht't
Dafür, daß du dein Heil und Licht
Uns niemals ganz versagt;
  Viel andre hast du abgelohnt,
Uns hast du ja noch oft verschont.

5. Wie manchmal hat sich hier und dar
Ein großes Wetter der Gefahr
Um uns gezogen auf;
 Dein Hand, die Erd und Himmel trägt,
Hat Sturm und Wetter beigelegt.

6. Wie oftmals hat bei Tag und Nacht
Der Feinde List und große Macht
Uns, deine Herd, umringt;
 Du aber, o du treuer Hirt
Hast unsern Wolf zurückgeführt.

7. Viel unsrer Brüder sind geplagt,
Von Haus und Hof dazu verjagt;
Wir aber haben noch
 Beim Weinstock und beim Feigenbaum
Ein jeder seinen Sitz und Raum.

8. Sieh an, mein Herz, wie Stadt und Land
An vielen Orten ist gewandt
Zum tiefen Untergang;
 Der Menschen Hütten sind verstört,
Die Gotteshäuser umgekehrt.

9. Bei uns ist ja noch Polizei,
Auch leisten wir noch ohne Scheu
Dem Herren seinen Dienst;
 Man lehrt und hört ja fort und fort
Alltäglich bei uns Gottes Wort.

10. Wer dieses nun will nicht verstehn,
Läßts in die Luft und Winde gehn
Und bei so hellem Licht
 Nicht Gottes Gnad und Güt erkennt,
Der ist fürwahr durchaus verblendt.

11. O frommer Gott, nimm von uns hin
Solch Unvernunft, richt unsern Sinn,
Daß wir zur Dankbarkeit
 Mit Lobgesang und süßem Ton
Uns finden stets vor deinem Thron.

12. Nicht unserm Werk, nicht unserm Tun,
Allein dir, dir, o Gnadenbrunn,
Gebührt all Ehr und Ruhm.
  Wir haben Zorn und Tod verschuldt,
Du zahlest uns mit Lieb und Huld.

13. Laß diese Lieb, als eine Glut,
In uns entzünden Herz und Mut,
Gib engelische Brunst,
  Daß alle unsre Aderlein
Zu singen dir bereitet sein.

14. Laß auch einmal nach so viel Leid
Uns wieder scheinen unsre Freud,
Des Friedens Angesicht,
  Das mancher Mensch noch nie einmal
Geschaut in diesem Jammertal.

15. Sind wirs nicht wert, so sieh doch an
Die, so kein Unrecht je getan,
Die kleinen Kinderlein;
  Solln sie denn in der Wiegen noch
Mittragen solches schweres Joch?

16. Erbarm dich, o barmherzigs Herz,
So vieler Seufzer, die der Schmerz
Uns aus dem Herzen zwingt.
  Du bist ja Gott und nicht ein Stein,
Wie kannst du denn so harte sein?

17. Wir sind an bösen Wunden krank,
Voll Eiter, Striemen, Kot und Stank,
Du Herr bist unser Arzt!
  Geuß ein, geuß ein dein Gnadenöl
So wird geheilet Leib und Seel.

18. Nun, du wirsts tun, das glauben wir,
Obgleich noch wenig scheinen für
Die Mittel in der Welt.
  Wenn alle Mittel stille stehn,
Dann pflegt dein Helfen anzugehn.

98. DANKLIED FÜR DIE VERKÜNDIGUNG DES FRIEDENS

Gott Lob, nun ist erschollen das edle Fried- und Freudenwort

1. Gott Lob! Nun ist erschollen
Das edle Fried- und Freudenwort,
Daß nunmehr ruhen sollen
Die Spieß und Schwerter und ihr Mord.
Wohlauf und nimm nun wieder
Dein Saitenspiel hervor,
O Deutschland, und sing Lieder
Im hohen vollen Chor.
Erhebe dein Gemüte
Zu deinem Gott und sprich:
Herr, deine Gnad und Güte
Bleibt dennoch ewiglich!

2. Wir haben nichts verdienet
Als schwere Straf und großen Zorn,
Weil stets noch bei uns grünet
Der freche schnöde Sündendorn.
Wir sind fürwahr geschlagen
Mit harter, scharfer Rut,
Und dennoch muß man fragen
Wer ist, der Buße tut?
Wir sind und bleiben böse,
Gott ist und bleibet treu,
Hilft, daß sich bei uns löse
Der Krieg und sein Geschrei.

3. Sei tausendmal willkommen,
Du teure werte Friedensgab!
Jetzt sehn wir, was für Frommen
Dein Bei-uns-Wohnen in sich hab;
In dir hat Gott versenket
All unser Glück und Heil.
Wer dich betrübt und kränket,
Der drückt sich selbst den Pfeil
Des Herzleids in das Herze
Und löscht aus Unverstand

Die güldne Freudenkerze
Mit seiner eignen Hand.

4. Das drückt uns niemand besser
In unser Herz und Seel hinein
Als ihr zerstörten Schlösser
Und Städte voller Schutt und Stein;
Ihr vormals schönen Felder
Mit frischer Saat bestreut,
Jetzt aber lauter Wälder
Und dürre wüste Heid;
Ihr Gräber voller Leichen
Und blutgen Heldenschweiß
Der Helden, derengleichen
Auf Erden man nicht weiß.

5. Hier trübe deine Sinnen,
O Mensch, und laß die Tränenbach
Aus beiden Augen rinnen,
Geh in dein Herz und denke nach.
Was Gott bisher gesendet,
Das hast du ausgelacht,
Nun hat er sich gewendet
Und väterlich bedacht,
Vom Grimm und scharfen Dringen
Zu deinem Heil zu ruhn,
Ob er dich möchte zwingen
Mit Lieb und Gutestun.

6. Ach, laß dich doch erwecken,
Wach auf, wach auf, du harte Welt,
Eh als das harte Schrecken
Dich schnell und plötzlich überfällt!
Wer aber Christum liebet,
Sei unerschrocknes Muts,
Der Friede, den er gibet,
Bedeutet alles Guts.
Er will die Lehre geben:
Das Ende naht herzu,
Da sollt ihr bei Gott leben
In ewgem Fried und Ruh.

99. SOLLT ICH MEINEM GOTT NICHT SINGEN?

1. Sollt ich meinem Gott nicht singen
Sollt ich ihm nicht dankbar sein?
Denn ich seh in allen Dingen,
Wie so gut ers mit mir mein.
   Ist doch nichts als lauter Lieben,
Das sein treues Herze regt,
Das ohn Ende hebt und trägt,
Die in seinem Dienst sich üben.
   Alles Ding währt seine Zeit,
   Gottes Lieb in Ewigkeit.

2. Wie ein Adler sein Gefieder
Über seine Jungen streckt,
Also hat auch hin und wieder
Mich des Höchsten Arm bedeckt,
   Alsobald im Mutterleibe,
Da er mir mein Wesen gab
Und das Leben, das ich hab
Und noch diese Stunde treibe.
   Alles Ding währt seine Zeit,
   Gottes Lieb in Ewigkeit.

3. Sein Sohn ist ihm nicht zu teuer,
Nein, er gibt ihn für mich hin,
Daß er mich vom ewgen Feuer
Durch sein teures Blut gewinn.
   O du ungegründter Brunnen,
Wie will doch mein schwacher Geist,
Ob er sich gleich hoch befleißt,
Deine Tief ergründen können?
   Alles Ding währt seine Zeit,
   Gottes Lieb in Ewigkeit,

4. Seinen Geist, den edlen Führer,
Gibt er mir in seinem Wort,
Daß er werde mein Regierer
Durch die Welt zur Himmelspfort,

Daß er mir mein Herz erfülle
Mit dem hellen Glaubenslicht,
Das des Todes Macht zerbricht
Und die Hölle selbst macht stille.
Alles Ding währt seine Zeit,
Gottes Lieb in Ewigkeit.

5. Meiner Seele Wohlergehen
Hat er ja recht wohl bedacht;
Will dem Leibe Not zustehen,
Nimmt ers gleichfalls wohl in Acht.
Wann mein Können, mein Vermögen
Nichts vermag, nichts helfen kann,
Kommt mein Gott und hebt mir an,
Sein Vermögen beizulegen.
Alles Ding währt seine Zeit,
Gottes Lieb in Ewigkeit.

6. Himmel, Erd und ihre Heere
Hat er mir zum Dienst bestellt;
Wo ich nur mein Aug hinkehre,
Find ich, was mich nährt und hält:
Tier und Kräuter und Getreide
In den Gründen, in der Höh,
In den Büschen, in der See,
Überall ist meine Weide.
Alles Ding währt seine Zeit,
Gottes Lieb in Ewigkeit.

7. Wenn ich schlafe, wacht sein Sorgen
Und ermuntert mein Gemüt,
Daß ich alle lieben Morgen
Schaue neue Lieb und Güt.
Wäre mein Gott nicht gewesen,
Hätte mich sein Angesicht
Nicht geleitet, wär ich nicht
Aus so mancher Angst genesen.
Alles Ding währt seine Zeit,
Gottes Lieb in Ewigkeit.

8. Wie so manche schwere Plage
Wird vom Satan umgeführt,
Die mich doch mein Lebetage
Niemals noch bisher gerührt.
Gottes Engel, den er sendet,
Hat das Böse, was der Feind
Anzurichten war gemeint,
In die Ferne weggewendet.
Alles Ding währt seine Zeit,
Gottes Lieb in Ewigkeit.

9. Wie ein Vater seinem Kinde
Sein Herz niemals ganz entzeucht,
Ob es gleich bisweilen Sünde
Tut und aus der Bahne weicht:
Also hält auch mein Verbrechen
Mir mein frommer Gott zu gut,
Will mein Fehlen mit der Rut
Und nicht mit dem Schwerte rächen.
Alles Ding währt seine Zeit,
Gottes Lieb in Ewigkeit.

10. Seine Strafen, seine Schläge,
Ob sie mir gleich bitter seind,
Dennoch, wenn ichs recht erwäge,
Sind es Zeichen, daß mein Freund,
Der mich liebet, mein gedenke
Und mich von der schnöden Welt,
Die uns hart gefangen hält,
Durch das Kreuze zu ihm lenke.
Alles Ding währt seine Zeit,
Gottes Lieb in Ewigkeit.

11. Das weiß ich fürwahr und lasse
Mirs nicht aus dem Sinne gehn:
Christenkreuz hat seine Maße
Und muß endlich stille stehn;
Wenn der Winter ausgeschneiet,
Tritt der schöne Sommer ein:
Also wird auch nach der Pein,

Wers erwarten kann, erfreuet.
   Alles Ding währt seine Zeit,
   Gottes Lieb in Ewigkeit.

12. Weil dann weder Ziel noch Ende
Sich in Gottes Liebe findt,
Ei, so heb ich meine Hände
Zu dir, Vater, als dein Kind;
   Bitte, wollst mir Gnade geben,
Dich aus aller meiner Macht
Zu umfangen Tag und Nacht
Hier in meinem ganzen Leben,
   Bis ich dich nach dieser Zeit
   Lob und lieb in Ewigkeit.

100. WER WOHLAUF IST UND GESUND

Danklied für Gesundheit des Leibes

1. Wer wohlauf ist und gesund,
Hebe sein Gemüte
Und erhöhe seinen Mund
Zu des Höchsten Güte.
   Laßt uns danken Tag und Nacht
Mit gesunden Liedern
Unserm Gott, der uns bedacht
Mit gesunden Gliedern.

2. Ein gesundes frisches Blut
Hat ein fröhlich Leben;
Gibt uns Gott dies einzge Gut,
Ist uns gnug gegeben
   Hier in dieser armen Welt,
Da die schönsten Gaben
Und des güldnen Himmels Zelt
Wir noch künftig haben.

3. Wär ich gleich wie Krösus reich,
Hätte Barschaft liegen,
Wär ich Alexandern gleich
An Triumph und Siegen;

Müßte gleichwohl siech und schwach
Pfühl und Betten drücken:
Würd auch mich im Ungemach
All mein Gut erquicken?

4. Stünde gleich mein ganzer Tisch
Voller Lust und Freude,
Hätt ich Wildbret, Wein und Fisch
Und die ganze Weide,
Die den Hals und Schmack ergötzt:
Wozu würd es nützen,
Wenn ich dennoch ausgesetzt
Müßt in Schmerzen sitzen?

5. Hätt ich aller Ehren Pracht,
Säß im höchsten Stande,
Wär ich mächtig aller Macht
Und ein Herr im Lande;
Mein Leib aber hätte doch
Auf- und angenommen
Der betrübten Krankheit Joch:
Was hätt ich für Frommen?

6. Ich erwähl ein Stücklein Brot,
Das mir wohl gedeihet,
Vor des roten Goldes Kot,
Da man Ach bei schreiet;
Schmeckt mir Speis und Mahlzeit wohl
Und darf mein nicht schonen,
Halt ich ein Gerichtlein Kohl
Höher als Melonen.

7. Samt und Purpur hilft mir nicht
Mein Elende tragen,
Wenn mich Hauptweh, Stein und Gicht
Und die Schwindsucht plagen.
Lieber will ich fröhlich gehn
Im geringen Kleide,
Als mit Leid und Angsten stehn
In der schönsten Seide.

8. Sollt ich stumm und sprachlos sein
Oder lahm an Füßen,
Sollt ich nicht des Tages Schein
Sehen und genießen;
  Sollt ich gehen spat und früh
Mit verschlossnen Ohren:
Würd ich wünschen, daß ich nie
Wär ein Mensch geboren.

9. Lebt ich ohne Rat und Witz,
Wär im Haupt verirret,
Hätte meiner Seelen Sitz,
Mein Herz, sich verwirret;
  Wäre mir mein Mut und Sinn
Niemals guter Dinge:
Wär es besser, daß ich hin,
Wo ich her bin, ginge.

10. Aber nun gebricht mir nichts
An erzählten Stücken,
Ich erfreue mich des Lichts
Und der Sonnen Blicken,
  Mein Gesichte sieht sich üm,
Mein Gehöre höret,
Wie der Vöglein süße Stimm
Ihren Schöpfer ehret.

11. Händ und Füße, Herz und Geist
Sind bei guten Kräften,
Alle mein Vermögen fleußt
Und geht in Geschäften,
  Die mein Herrscher hat gestellt
Hier in meinem Bleiben,
Alsolang es ihm gefällt,
In der Welt zu treiben.

12. Ist es Tag, so mach und tu
Ich, was mir gebühret,
Kommt die Nacht und süße Ruh,
Die zum Schlafen führet,

Schlaf und ruh ich unbewegt,
Bis die Sonne wieder
Mit den hellen Strahlen regt
Meine Augenlider.

13. Habe Dank, du milde Hand,
Die du aus dem Throne
Deines Himmels mir gesandt
Diese schöne Krone
Deiner Gnad und großen Huld,
Die ich all mein Tage
Niemals hab um dich verschuldt
Und doch an mir trage.

14. Gib, so lang ich bei mir hab
Ein lebendges Hauchen,
Daß ich solche teure Gab
Auch wohl möge brauchen;
Hilf, daß mein gesunder Mund
Und erfreute Sinnen
Dir zu aller Zeit und Stund
Alles Liebs beginnen!

15. Halte mich bei Stärk und Kraft,
Wenn ich nun alt werde,
Bis mein Stündlein hin mich rafft
In das Grab und Erde;
Gib mir meine Lebenszeit
Ohne sonderm Leide,
Und dort in der Ewigkeit
Die vollkommne Freude!

101. ICH SINGE DIR MIT HERZ UND MUND

1. Ich singe dir mit Herz und Mund,
Herr, meines Herzens Lust,
Ich sing und mach auf Erden kund,
Was mir von dir bewußt.

2. Ich weiß, daß du der Brunn der Gnad
Und ewge Quelle seist,
Daraus uns allen früh und spat
Viel Heil und Gutes fleußt.

3. Was sind wir doch? was haben wir
Auf dieser ganzen Erd,
Das uns, o Vater, nicht von dir
Allein gegeben werd?

4. Wer hat das schöne Himmelszelt
Hoch über uns gesetzt?
Wer ist es, der uns unser Feld
Mit Tau und Regen netzt?

5. Wer wärmet uns in Kält und Frost?
Wer schützt uns vor dem Wind?
Wer macht es, daß man Öl und Most
Zu seinen Zeiten findt?

6. Wer gibt uns Leben und Geblüt?
Wer hält mit seiner Hand
Den güldnen, werten, edlen Fried
In unserm Vaterland?

7. Ach Herr, mein Gott, das kommt von dir!
Du, du mußt alles tun,
Du hältst die Wacht an unsrer Tür
Und läßt uns sicher ruhn.

8. Du nährest uns von Jahr zu Jahr,
Bleibst immer fromm und treu
Und stehst uns, wann wir in Gefahr
Geraten, treulich bei.

9. Du strafst uns Sünder mit Geduld
Und schlägst nicht allzu sehr,
Ja endlich nimmst du unsre Schuld
Und wirfst sie in das Meer.

10. Wann unser Herze seufzt und schreit,
Wirst du gar leicht erweicht,
Und gibst uns, was uns hoch erfreut
Und dir zu Ehren reicht.

11. Du zählst, wie oft ein Christe wein
Und was sein Kummer sei,
Kein Zähr- und Tränlein ist so klein,
Du hebst und legst es bei.

12. Du füllst des Lebens Mangel aus
Mit dem, was ewig steht,
Und führst uns in das Himmelshaus,
Wann uns die Erd entgeht.

13. Wohlauf, mein Herze, sing und spring
Und habe guten Mut,
Dein Gott, der Ursprung aller Ding,
Ist selbst und bleibt dein Gut.

14. Er ist dein Schatz, dein Erb und Teil,
Dein Glanz und Freudenlicht,
Dein Schirrn und Schild, dein Hilf und Heil,
Schafft Rat und läßt dich nicht.

15. Was kränkst du dich in deinem Sinn
Und grämst dich Tag und Nacht?
Nimm deine Sorg und wirf sie hin
Auf den, der dich gemacht!

16. Hat er dich nicht von Jugend auf
Versorget und ernährt?
Wie manches schweren Unglücks Lauf
Hat er zurückgekehrt!

17. Er hat noch niemals was versehn
In seinem Regiment,
Nein, was er tut und läßt geschehn,
Das nimmt ein gutes End.

18. Ei nun, so laß ihn ferner tun
Und red ihm nicht darein,
So wirst du hier im Frieden ruhn
Und ewig fröhlich sein.

102. AUF DEN NEBEL FOLGT DIE SONN

1. Auf den Nebel folgt die Sonn,
Auf das Trauern Freud und Wonn,
Auf die schwere bittre Pein
Stellt sich Trost und Labsal ein.
Meine Seele, die zuvor
Sank bis zu dem Höllentor,
Steigt nun bis zum Himmelschor.

2. Der, vor dem die Welt erschrickt,
Hat mir meinen Geist erquickt,
Seine hohe starke Hand
Reißt mich aus der Höllen Band;
Alle seine Lieb und Güt
Überschwemmt mir mein Gemüt
Und erfrischt mir mein Geblüt.

3. Hab ich vormals Angst gefühlt,
Hat der Gram mein Herz zerwühlt,
Hat der Kummer mich beschwert,
Hat der Satan mich betört:
Ei, so bin ich nunmehr frei,
Heil und Rettung, Schutz und Treu
Steht mir wieder treulich bei.

4. Nun erfahr ich, schnöder Feind,
Wie dus habst mit mir gemeint,
Du hast wahrlich mich mit Macht
In dein Netz zu ziehn gedacht.
Hätt ich dir zuviel getraut,
Hättst du, eh ich zugeschaut,
Mir zu Fall ein Sieb gebaut.

5. Ich erkenne deine List,
Da du mit erfüllet bist;
Du belügst mir meinen Gott
Und machst seinen Ruhm zu Spott:
  Wann er setzt, so wirfst du üm.
Wann er spricht, verkehrt dein Grimm
Seine süße Vaterstimm.

6. Hoff und wart ich alles Guts,
Bin ich froh und gutes Muts,
Rückst du mir aus meinem Sinn
Alles gute Sinnen hin:
  Gott ist, sprichst du, fern von dir,
Alles Unglück bricht herfür,
Steht und liegt vor deiner Tür.

7. Heb dich weg, verlogner Mund!
Hie ist Gott und Gottes Grund,
Hie ist Gottes Angesicht
Und das schöne helle Licht
  Seines Segens, seiner Gnad;
All sein Wort und weiser Rat
Steht vor mir in voller Tat.

8. Gott läßt keinen traurig stehn,
Noch mit Schimpf zurückegehn,
Der sich ihm zu eigen schenkt
Und ihn in sein Herze senkt;
  Wer auf Gott sein Hoffnung setzt,
Findet endlich und zuletzt
Was ihm Leib und Seel ergötzt.

9. Kommts nicht heute, wie man will,
Sei man nur ein wenig still:
Ist doch morgen auch ein Tag,
Da die Wohlfahrt kommen mag.
  Gottes Zeit hält ihren Schritt,
Wann die kommt, kommt unsre Bitt
Und die Freude reichlich mit.

10. Ach, wie ofte dacht ich doch,
Da mir noch des Trübsals Joch
Auf dem Haupt und Halse saß
Und das Leid mein Herze fraß:
  Nun ist keine Hoffnung mehr,
Auch kein Ruhen, bis ich kehr
In das schwarze Totenmeer.

11. Aber mein Gott wandt es bald,
Heilt und hielt mich dergestalt,
Daß ich, was sein Arm getan,
Nimmermehr gnug preisen kann;
  Da ich weder hie noch da
Einen Weg zur Rettung sah,
Hatt ich seine Hilfe nah.

12. Als ich furchtsam und verzagt
Mich selbst und mein Herze plagt,
Als ich manche liebe Nacht
Mich mit Wachen krank gemacht,
  Als mir aller Mut entfiel:
Tratst du, mein Gott, selbst ins Spiel,
Gabst dem Unfall Maß und Ziel.

13. Nun, so lang ich in der Welt
Haben werde Haus und Zelt,
Soll mir dieser Wunderschein
Stets vor meinen Augen sein.
  Ich will all mein Leben lang
Meinem Gott mit Lobgesang
Hiefür bringen Lob und Dank.

14. Allen Jammer, allen Schmerz,
Den des ewgen Vaters Herz
Mir schon jetzo zugezählt
Oder künftig auserwählt,
  Will ich hier in diesem Lauf
Meines Lebens allzuhauf
Frisch und freudig nehmen auf.

15. Ich will gehn in Angst und Not,
Ich will gehn bis in den Tod,
Ich will gehn ins Grab hinein
Und doch allzeit fröhlich sein.
Wem der Stärkste bei will stehn,
Wen der Höchste will erhöhn,
Kann nicht ganz zugrunde gehn.

103. DER 23. PSALM

Der Herr, der aller Enden regiert, der ist mein Hirt und Hüter

1. Der Herr, der aller Enden
Regiert mit seinen Händen,
Der Brunn der ewgen Güter,
Der ist mein Hirt und Hüter.

2. So lang ich diesen habe,
Fehlt mirs an keiner Gabe,
Der Reichtum seiner Fülle
Gibt mir die Füll und Hülle.

3. Er lässet mich mit Freuden
Auf grüner Aue weiden,
Führt mich zu frischen Quellen,
Schafft Rat in schweren Fällen.

4. Wann meine Seele zaget
Und sich mit Sorgen plaget,
Weiß er sie zu erquicken,
Aus aller Not zu rücken.

5. Er lehrt mich tun und lassen,
Führt mich auf rechter Straßen,
Läßt Furcht und Angst sich stillen
Um seines Namens willen.

6. Und ob ich gleich vor andern
Im finstern Tal muß wandern,
Fürcht ich doch keine Tücke,
Bin frei vom Ungelücke.

7. Denn du stehst mir zur Seiten,
Schützst mich vor bösen Leuten,
Dein Stab, Herr, und dein Stecken
Benimmt mir all mein Schrecken.

8. Du setzest mich zu Tische,
Machst, daß ich mich erfrische,
Wann mir mein Feind viel Schmerzen
Erweckt in meinem Herzen.

9. Du salbst mein Haupt mit Öle
Und füllest meine Seele,
Die leer und durstig saße,
Mit vollgeschenktem Maße.

10. Barmherzigkeit und Gutes
Wird mein Herz gutes Mutes,
Voll Lust, voll Freud, voll Lachen,
So lang ich lebe, machen.

11. Ich will dein Diener bleiben
Und dein Lob herrlich treiben
Im Hause, da du wohnest
Und Frommsein wohl belohnest.

12. Ich will dich hier auf Erden
Und dort, da wir dich werden
Selbst schaun, im Himmel droben
Hoch rühmen, singn und loben.

104. DER 30. PSALM

Ich preise dich und singe, Herr

1. Ich preise dich und singe,
Herr, deine Wundergnad,
Die mir so große Dinge
Bisher erwiesen hat;

    Denn das ist meine Pflicht,
In meinem ganzen Leben
Dir Lob und Dank zu geben,
Mehr hab und kann ich nicht.

2. Du hast mein Herz erhöhet
Aus mancher tiefen Not,
Den aber, der da gehet
Und suchet meinen Tod
    Und tut mir Herzleid an,
Den hast du weggeschlagen,
Daß er sich meiner Plagen
Mit nicht erfreuen kann.

3. Herr, mein Gott, da ich Kranker
Vom Bette zu dir schrei,
Da ward mein Heil mein Anker
Und stund mir treulich bei;
    Da andre fuhren hin
Zur finstern Todeshöhle,
Da hieltst du meine Seele
Und mich noch, wo ich bin.

4. Ihr Heiligen, lobsinget
Und danket eurem Herrn,
Der, wenn die Not herdringet,
Bald hört und herzlich gern
    Uns Gnad und Hilfe gibt;
Rühmt den, des Hand uns träget
Und, wenn er uns ja schläget,
Nicht allzusehr betrübt.

5. Gott hat ja Vaterhände
Und strafet mit Geduld,
Sein Zorn nimmt bald ein Ende,
Sein Herz ist voller Huld
    Und gönnt uns lauter Guts.
Den Abend währt das Weinen,
Des Morgens macht das Scheinen
Der Sonn uns gutes Muts.

6. Ich sprach zur guten Stunde,
Da mirs noch wohl erging:
Ich steh auf festern Grunde,
Acht alles Kreuz gering;
  Ich werde nimmermehr,
Das weiß ich, niederliegen;
Denn Gott der kann nicht trügen,
Der liebt mich gar zu sehr.

7. Als aber dein Gesichte,
Ach Gott, sich von mir wandt,
Da war mein Trost zunichte,
Da lag mein Heldenstand;
  Es war mir angst und bang,
Ich führte schwere Klagen
Mit Zittern und mit Zagen:
Herr, mein Gott, wie so lang?

8. Hast du dir vorgenommen,
Mein ewger Feind zu sein?
Was werden dir denn frommen
Die ausgedorrten Bein
  Und der elende Staub,
Zu welchem in der Erden
Wir werden, wenn wir werden
Des blassen Todes Raub?

9. So lang ichs Leben habe,
Lobsing ich deiner Ehr,
Dort aber in dem Grabe,
Gedenk ich dein nicht mehr;
  Drum eil und hilf mir auf
Und gib mir Kraft und Leben;
Dafür will ich dir geben
Meins ganzen Lebens Lauf.

10. Nun wohl, ich bin erhöret,
Mein Seufzen ist erfüllt,
Mein Kreuz ist umgekehret,
Mein Herzleid ist gestillt,

Mein Grämen hat ein End;
Es ist von meinem Herzen
Der bittern Sorgen Schmerzen
Durch dich, Herr, abgewendt.

11. Du hast mit mir gehandelt
Noch besser, als ich will;
Mein Klagen ist verwandelt
In eines Reigens Spiel,
Und für das Trauerkleid,
In dem ich vor gestöhnet,
Da hast du mich gekrönet
Mit süßer Lust und Freud.

12. Auf daß zu deiner Ehre
Mein Ehre sich erhüb
Und nimmer stille wäre,
Bis daß ich deine Lieb
Und ungezählte Zahl
Der großen Wunderdinge
Mit ewgen Freuden singe
Im güldnen Himmelssaal.

105. DER 34. PSALM

Ich will erhöhen immerfort und preisen meiner Seelen Hort

1. Ich will erhöhen immerfort
Und preisen meiner Seelen Hort,
Ich will ihn herzlich ehren.
Wer Gott liebt, stimme mit mir ein,
Laß alle, die betrübet sein,
Ein Freudenliedlein hören.

2. Gott ist ein Gott, der reichlich tröst't,
Wer ihn nur sucht, der wird erlöst,
Ich hab es selbst erfahren:
Sobald ein Ach im Himmel klingt,
Kommt Heil und was uns Freude bringt
Vom Himmel ab gefahren.

3. Der starken Engel Kompanie
Zieht fröhlich an, macht dort und hie
Sich selbst zum Wall und Mauern,
  Da weicht und fleucht die böse Rott,
Der Satan wird zu Hohn und Spott,
Kein Unglück kann da dauern.

4. Ach, was ist das für Süßigkeit!
Ach, schmecket alle, die ihr seid
Mit Sinnen wohl begabet!
  Kein Honig ist mehr auf der Erd
Hinfort des süßen Namens wert;
Gott ists, der uns recht labet.

5. O seligs Herz, o seligs Haus,
Das alle Lust stößt von sich aus
Und diese Lust beliebet!
  All andre Schönheit wird verrückt,
Der aber bleibet stets geschmückt,
Wer sich nur Gott ergibet.

6. Der Kön'ge Gut, der Fürsten Geld
Ist Kot und bleibet in der Welt,
Wann die Besitzer sterben.
  Wie oft verarmt ein reicher Mann!
Wer Gott vertraut, bleibt reich und kann
Die ewgen Schätz ererben.

7. Kommt her, ihr Kinder, hört mir zu!
Ich will euch zeigen, wie ihr Ruh
Und Wohlfahrt könnt erjagen:
  Ergebet euch und euren Sinn
Zu Gottes Wohlgefallen hin
In allen euren Tagen!

8. Bewahrt die Zung! Habt solchen Mut,
Der Zank, und was zum Zanken tut,
Nicht reget, sondern stillet.
  So werden eure Tage sein
Mit stillem Fried und süßem Schein
Des Segens überfüllet.

9. Laß ab vom Bösen, fleuch die Sünd,
O Mensch, und halt dich als ein Kind
Des Vaters in der Höhe!
 Du wirsts erfahren in der Tat,
Wies dem, der ihm gefolget hat,
So herzlich wohl ergehe.

10. Den Frommen ist Gott wieder fromm
Und machet, daß geflossen komm
Auf uns all sein Gedeihen;
 Sein Aug ist unser Sonnenlicht,
Sein Ohr ist Tag und Nacht gericht,
Zu hören unser Schreien.

11. Zwar, wer Gott dient, muß leiden viel,
Doch hat sein Leiden Maß und Ziel,
Gott hilft ihm aus dem allen;
 Er sorgt für alle seine Bein,
Er hebt sie auf und legt sie ein,
Kein einzges muß verfallen,

12. Gott sieht ins Herz und weiß gar wohl,
Was uns macht Angst und Sorgen voll,
Kein Tränlein fällt vergebens.
 Er zählt sie all und legt darvor
Uns treulich bei im Himmelschor
All Ehr des ewgen Lebens.

106. DER 111. PSALM

Ich will mit Danken kommen

1. Ich will mit Danken kommen
In den gemeinen Rat
Der rechten wahren Frommen,
Die Gottes Rat und Tat
 Mit süßem Lohn erhöhn;
Zu denen will ich treten,
Und soll mein Dank und Beten
Von ganzem Herzen gehn.

2. Groß ist der Herr und mächtig,
Groß ist auch, was er macht.
Wer aufmerkt und andächtig
Nimmt seine Werk in Acht,
Hat eitel Lust daran.
Was seine Weisheit setzet
Und ordnet, das ergötzet
Und ist sehr wohl getan.

3. Sein Heil und große Güte
Steht fest und unbewegt,
Damit auch dem Gemüte,
Das uns im Herzen schlägt,
Dieselbe nicht entweich,
Hat er zum Glaubenszunder
Ein Denkmal seiner Wunder
Gestift't in seinem Reich.

4. Gott ist voll Gnad und Gaben,
Gibt Speis aus milder Hand,
Die Seinen wohl zu laben
Die ihm allein bekannt;
Denkt stets an seinen Bund,
Gibt denen, die er weiden
Will mit dem Erb' der Heiden,
All seine Taten kund.

5. Das Wirken seiner Hände
Und was er uns gebeut,
Das hat ein gutes Ende,
Bringt reichen Trost und Freud
Und Wahrheit, die nicht treugt.
Gott leitet seine Knechte
In dem rechtschaffnen Rechte,
Das sich zum Leben neigt.

6. Sein Herz läßt ihm nicht reuen,
Was uns sein Mund verspricht,
Gibt redlich und mit Treuen,
Was unser Unglück bricht;

Ist freudig, unverzagt,
Uns alle zu erlösen
Vom Kreuz und allem Bösen,
Das seine Kinder plagt.

7. Sein Wort ist wohl gegründet,
Sein Mund ist rein und klar,
Wozu er sich verbindet,
Das macht er fest und wahr
Und wird ihm gar nicht schwer.
Seine Name, den er führet,
Ist heilig und gezieret
Mit großer Pracht und Ehr.

8. Die Furcht des Herren gibet
Den ersten besten Grund
Zur Weisheit, die Gott liebet
Und rühmt mit seinem Mund.
O, wie klug ist der Sinn,
Der diesen Weg verstehet
Und fleißig darauf gehet!
Des Lob fällt nimmer hin.

107. DER 116. PSALM

Das ist mir lieb, daß Gott, mein Hort, so treulich bei mir stehet

1. Das ist mir lieb, daß Gott, mein Hort
So treulich bei mir stehet;
Wann ich ihn bitte, wird kein Wort
In meiner Bitt verschmähet.
Des schwarzen Todes Hand
Samt der Höllen Band
Umfingen überall
Mein Herz mit Angst und Qual;
Doch hat mir Gott geholfen.

2. Ich kam in Jammer und in Not
Und sank fast gar zugrunde,
Und da ich sank, rief ich zu Gott
Mit Herzen und mit Munde:

O Herr, ich weiß, du wirst
Als des Lebens Fürst
Schon führen meine Sach!
Und wie ich bat und sprach,
So ists auch nun geschehen.

3. Sei wieder froh und gutes Muts,
Mein Herze, sei zufrieden,
Der Herr, der tut dir alles Guts,
Durch ihn ist nun geschieden
Und ferne weggebracht,
Was mich traurig macht;
Er hat mich aus dem Loch
Und schwarzen Todesjoch
Mit seiner Hand gerissen.

4. Mein Aug ist nun von Tränen frei,
Mein Fuß von seinem Gleiten;
Das will ich sagen ohne Scheu
Und rühmen bei den Leuten.
Was gar kein Mensch nicht kann,
Das hat Gott getan.
Der Mensch ist Lügen voll,
Gott aber weiß gar wohl,
Wie er sein Wort soll halten.

5. Ich glaube fest in meinem Sinn,
Und was mein Herze glaubet,
Das redt mein Mund in Einfalt hin:
Wer Gott vertraut, der bleibet.
Die Welt und böse Rott
Lacht des, mir zum Spott,
Ja plagt mich noch dazu;
Ich aber steh und ruh
Auf dir, mein Gott und Helfer.

6. Du stürzest meiner Feinde Rat
Und segnest, wenn sie schelten,
Wie soll ich doch die große Gnad
Dir immer mehr vergelten?

Ich will, Herr, meines Teils
Den Kelch deines Heils,
Der voller Bitterkeit,
Doch mir zu Nutz gedeiht,
Gehorsamlich annehmen.

7. Was du mir zugemessen hast,
Das will ich gerne leiden;
Wer fröhlich trägt des Kreuzes Last,
Dem hilfst du aus mit Freuden.
Du weißt der Deinen Not
Und hältst ihren Tod
Sehr hoch, sehr lieb und wert,
Auch läßt du auf der Erd
Ihr Blut nicht ungerochen.

8. So zürne nun gleich alle Welt
Mit mir, Herr, deinem Knechte:
Du, du deckst mich in deinem Zelt
Und reichst mir deine Rechte.
Darüber will ich dich
Allstets inniglich,
So gut ich immer kann,
Mit Dank vor jedermann
In deinem Hause preisen.

108. DER 146. PSALM

Du meine Seele singe

1. Du meine Seele, singe,
Wohlauf, und singe schön
Dem, welchem alle Dinge
Zu Dienst und Willen stehn.
Ich will den Herren droben
Hier preisen auf der Erd,
Ich will ihn herzlich loben,
So lang ich leben werd.

2. Ihr Menschen laßt euch lehren,
Es wird sehr nützlich sein:
Laßt euch doch nicht betören
Die Welt mit ihrem Schein.
  Verlasse sich ja keiner
Auf Fürstenmacht und -gunst,
Weil sie wie unser einer
Nichts sind, als nur ein Dunst.

3. Was Mensch ist, muß erblassen
Und sinken in den Tod;
Er muß den Geist auslassen,
Selbst werden Erd und Kot.
  Allda ists dann geschehen
Mit seinem klugen Rat
Und ist frei klar zu sehen,
Wie schwach sei Menschentat.

4. Wohl dem, der einzig schauet
Nach Jakobs Gott und Heil;
Wer dem sich anvertrauet,
Der hat das beste Teil,
  Das höchste Gut erlesen,
Den schönsten Schatz geliebt,
Sein Herz und ganzes Wesen
Bleibt ewig unbetrübt.

5. Hier sind die starken Kräfte,
Die unerschöpfte Macht,
Das weisen die Geschäfte,
Die seine Hand gemacht:
  Der Himmel und die Erde
Mit ihrem ganzen Heer,
Der Fisch unzählig Herde
Im großen wilden Meer.

6. Hier sind die treuen Sinnen,
Die niemand Unrecht tun,
All denen Gutes gönnen,
Die in der Treu beruhn.

Gott hält sein Wort mit Freuden,
Und was er spricht, geschicht,
Und wer Gewalt muß leiden,
Den schützt er im Gericht.

7. Er weiß viel tausend Weisen,
Zu retten aus dem Tod,
Ernährt und gibet Speisen
Zur Zeit der Hungersnot,
Macht schöne rote Wangen
Oft bei geringem Mahl,
Und die da sind gefangen,
Die reißt er aus der Qual.

8. Er ist das Licht der Blinden,
Erleuchtet ihr Gesicht,
Und die sich schwach befinden,
Die stellt er aufgericht;
Er liebet alle Frommen,
Und die ihm günstig seind,
Die finden, wenn sie kommen,
An ihm den besten Freund.

9. Er ist der Fremden Hütte,
Die Waisen nimmt er an,
Erfüllt der Witwen Bitte,
Wird selbst ihr Trost und Mann;
Die aber, die ihn hassen,
Bezahlet er mit Grimm,
Ihr Haus und wo sie saßen,
Das wirft er üm und üm.

10. Ach, ich bin viel zu wenig,
Zu rühmen seinen Ruhm!
Der Herr allein ist König,
Ich eine welke Blum.
Jedoch weil ich gehöre
Gen Zion in sein Zelt,
Ists billig, daß ich mehre
Sein Lob vor aller Welt.

109. DER 71. PSALM

Herr, dir trau ich all mein Tage

Auf den Tod des Amtsschreibers Joachim Schröder zu Mittenwalde

1. Herr, dir trau ich all mein Tage
Laß mich nicht mit Schimpf bestehn.
Wie ich von dir glaub und sage,
Also laß mirs auch ergehn.
  Rette mich, laß deine Güte
Mir erfrischen mein Gemüte,
Neige deiner Ohren Treu
Und vernimm mein Angstgeschrei!

2. Sei mein Aufhalt, laß mich sitzen
Bei dir, o mein starker Hort!
Laß mich deinen Schutz beschützen
Und erfülle mir dein Wort,
  Da du selbsten meinem Leben
Dich zum Fels und Burg gegeben.
Hilf mir aus des Heuchlers Band
Und des Ungerechten Hand!

3. Denn dich hab ich auserlesen
Von der zarten Jugend an;
Dein Arm ist mein Trost gewesen,
Herr, so lang ich denken kann;
  Auf dich hab ich mich erwogen,
Alsbald du mich der entzogen,
Der ich, ehe Nacht und Tag
Mich erblickt, im Leibe lag.

4. Von dir ist mein Ruhm, mein Sagen,
Dein erwähn ich immerzu;
Viel, die spotten meiner Plagen,
Höhnen, was ich red und tu.
  Aber du bist meine Stärke:
Wenn ich Angst und Trübsal merke,
Lauf ich dich an. Gönne mir,
Fröhlich stets zu sein in dir!

5. Stoß mich nicht von deiner Seiten,
Wenn mein hohes Alter kömmt,
Da die schwachen Tritte gleiten
Und man Trost vom Stecken nimmt
Da greif du mir an die Arme,
Fall ich nieder, so erbarme
Du dich, hilf mir in die Höh
Und halt, bis ich wieder steh.

6. Mach es nicht wie mirs die gönnen,
Die mein abgesagte Feind,
Auch mir, wo sie immer können,
Mit Gewalt zuwider seind;
Sprechen: Auf, laßt uns ihn fassen,
Sein Gott hat ihn ganz verlassen,
Jagt und schlagt ihn immerhin,
Niemand schützt und rettet ihn!

7. Ach, mein Helfer, sei nicht ferne,
Komm und eile doch zu mir,
Hilf mir, mein Gott, bald und gerne,
Zeuch mich aus der Not herfür,
Daß sich meine Feinde schämen
Und vor Hohn und Schande grämen,
Ich hingegen lustig sei
Über mir erwiesne Treu,

8. Mein Herz soll dir allzeit bringen
Deines Lobs gebührlich Teil,
Auch soll meine Zunge singen
Täglich dein unzählig Heil.
Ich bin stark, hereinzugehen,
Unerschrocken dazustehen
Durch des großen Herrschers Kraft,
Der die Erd und alles schafft.

9. Herr, ich preise deine Tugend,
Wahrheit und Gerechtigkeit,
Die mich noch in meiner Jugend
Hoch ergötzet und erfreut;

Hast mich als ein Kind ernähret,
Deine Furcht dabei gelehret,
Oftmals wunderlich bedeckt,
Daß mein Feind mich nicht erschreckt.

10. Fahre fort, o mein Erhalter,
Fahre fort und laß mich nicht
In dem hohen grauen Alter,
Wenn mir Lebenskraft gebricht;
Laß mein Leben in dir leben,
Bis ich Unterricht kann geben
Kindeskindern, daß dein Hand
Ihnen gleichfalls sei bekannt.

11. Gott, du bist sehr hoch zu loben,
Dir ist nirgend etwas gleich,
Weder hier bei uns noch droben
In dem Stern- und Engelreich.
Dein Tun ist nicht auszusprechen,
Deinen Rat kann niemand brechen,
Alles liegt dir in dem Schoß,
Und dein Werk ist alles groß.

12. Du ergibst mich großen Nöten,
Gibst auch wieder große Freud,
Heute läßt du mich ertöten,
Morgen ist die Lebens Zeit,
Da ermunterst du mich wieder
Und erneuerst meine Glieder,
Holst sie aus der Erdenkluft,
Gibst dem Herzen wieder Luft.

13. Such ich Trost und finde keinen?
Balde werd ich wieder groß.
Dein Trost trocknet mir mein Weinen,
Das mir aus den Augen floß.
Ich selbst werde wie ganz neue,
Sing und klinge deine Treue,
Meines Lebens einzges Ziel,
Auf der Harf und Psalterspiel.

14. Ich bin durch und durch entzündet,
Fröhlich ist, was in mir ist,
Alle mein Geblüt empfindet
Dein Heil, das du selber bist.
Ich steh im gewünschten Stande,
Mein Feind ist voll Scham und Schande;
Der mein Unglück hat gesucht,
Leidet, was er mir geflucht.

110. WIE IST ES MÖGLICH, HÖCHSTES LICHT?

1. Wie ist es möglich, höchstes Licht,
Daß, weil vor deinem Angesicht
Doch alles muß erblassen,
Ich und mein armes Fleisch und Blut
Dir zu entgegen eingen Mut
Und Herze sollten fassen?

2. Was bin ich mehr als Erd und Staub?
Was ist mein Leib als Gras und Laub?
Was taugt mein ganzes Leben?
Was kann ich, wenn ich alles kann?
Was hab und trag ich um und an,
Als was du mir gegeben?

3. Ich bin ein arme Mad und Wurm,
Ein Strohhalm, den ein kleiner Sturm
Gar leichtlich hin kann treiben;
Wenn deine Hand, die alles trägt,
Mich nur ein wenig trifft und schlägt,
So weiß ich nicht zu bleiben.

4. Herr, ich bin nichts! Du aber bist
Der Mann, der alles hat und ist,
In dir steht all mein Wesen;
Wo du mit deiner Hand mich schreckst,
Und nicht mit Huld und Gnaden deckst,
So mag ich nicht genesen.

5. Du bist getreu, ich ungerecht,
Du fromm, ich gar ein böser Knecht
Und muß mich wahrlich schämen,
Daß ich bei solchem schnöden Stand
Aus deiner milden Vaterhand
Ein einzges Gut sollt nehmen.

6. Ich habe dir von Jugend an
Nichts andres als Verdruß getan,
Bin Sünden voll geboren;
Und wo du nicht durch deine Treu
Mich wieder machest los und frei,
So wär ich gar verloren.

7. Drum sei das Rühmen fern von mir,
Was dir gebührt, das geb ich dir,
Du bist allein zu ehren.
Ach laß, Herr Jesu, meinen Geist
Und was aus meinem Geiste fleußt,
Zu dir sich allzeit kehren!

8. Auch wenn ich gleich was wohl gemacht,
So hab ichs doch nicht selbst verbracht,
Aus dir ist es entsprungen;
Dir sei auch dafür Ehr und Dank,
Mein Heiland, all mein Leben lang
Und Lob und Preis gesungen.

111. MERKT AUF, MERKT, HIMMEL, ERDE

Danklied Moses vor seinem Tode

1. Merkt auf, merkt, Himmel, Erde,
Und du, o Meeresgrund,
Was ich jetzt singen werde
Aus Gottes heilgem Mund!
Es fließe meine Lehre,
Wie Tau und Regen fleußt;
Wer Ohren hat, der höre
Des Höchsten Wort und Geist.

2. Es läßt der Herr euch weisen
Sein Ehr und Namenszier;
Die soll und will ich preisen,
Das tut auch ihr mit mir.
Er ist ein Gott der Götter,
Ein Tröster in der Not,
Ein Fels, ein einzger Retter
Und selbst des Todes Tod.

3. Sein Tun ist lauter Güte,
Sein Werk ist rein und klar,
Treu ist er am Gemüte,
Im Wort und Reden wahr;
Viel heilger als die Engel,
Die doch nur recht getan,
Frei aller Fehl und Mängel,
Fern von der Unrechtsbahn.

4. Er ist gerecht. Wir alle
Sind schändlich angesteckt
Mit Adams Sünd und Falle,
Der täglich in uns heckt
Viel böse schwere Taten,
Die unserm großen Gott,
Des kein Mensch kann entraten,
Geraten nur zum Spott.

5. Die ungeratnen Kinder,
Die fallen von ihm ab
Und werden freche Sünder,
Vergessen aller Gab
Und so viel tausend Güter
Und so viel süßer Gnad,
Die ihnen Gott, ihr Hüter,
So oft erwiesen hat.

6. Dankst du denn solchermaßen,
Du toll und töricht Volk,
Dem, der dir regnen lassen
Dein Manna aus der Wolk

Und aus des Himmels Kammer
Dir Speisen zugeschickt,
Damit in deinem Jammer
Dein Herze würd erquickt?

7. Woher hast du dein Leben
Und deines Leibes Bild?
Wer hat das Blut gegeben,
Das dir die Adern füllt?
Ists nicht dein Herr, dein Schöpfer,
Dein Vater und dein Licht,
Der dich, gleich als ein Töpfer,
Von Erde zugericht?

8. Gedenk und geh zurücke
In die vergangnen Jahr;
Erwäge, was für Glücke
Gott deiner Väter Schar
Erzeigt in schweren Zeiten!
Das ist den Alten kund,
Die werden dir andeuten
Den rechten wahren Grund.

9. Er stieß die wilden Heiden
Mit seiner starken Hand
Aus ihrer fetten Weiden
Und gab das schöne Land
Des Israels Geschlechte
Zu seines Namens Ruhm
Und Jakob, seinem Knechte,
Zum Erb und Eigentum.

10. Er fand ihn, wo es heulet,
In dürrer Wüstenei,
Er fand ihn und erteilet
Ihm alle Vatertreu;
Er lehret ihn, was tauge
Und er selbst Tugend heiß,
Er hielt ihn wie ein Auge
Und sparte keinen Fleiß.

11. Gleichwie ein Adler sitzet
Auf seiner zarten Brut
Und gar genau beschützet,
Was ihm am Herzen ruht;
Er dehnt die starken Flügel,
Wenn er sich hoch erschwingt
Und über Tal und Hügel
Sein edle Jungen bringt:

12. So hat sich auch gebreitet
Des Höchsten Lieb und Gnad
Auf Jakob, den er leitet,
Auf daß ihm ja kein Schad
Hier oder da anstieße;
Er hub, er trug mit Fleiß,
Bewahrt ihm Gang und Füße
Auf seiner ganzen Reis.

13. Er, sein Gott, tats alleine
Und sonst kein andrer Gott;
Es gaben Feld und Steine
Öl Honig, Wasser, Brot
Ohn alle seine Mühe;
Er hatte guten Mut
Beim Fett der Schaf und Kühe
Und trank gut Traubenblut.

14. Da er nun wohl gegessen,
Vergaß er Gottes Heil,
Und da er des vergessen,
Da ward er frech und geil;
Da seine Not gestillet,
Beschimpft er Gottes Ehr,
Und da der Leib gefüllet,
Da ward das Herze leer.

15. Leer ward es an dem Guten,
Des Bösen ward es voll,
Ließ Götzenopfer bluten
Und dient, als wär er toll,

Den schändlichen Feldteufeln;
Und den, an dessen Macht
Die Teufel selbst nicht zweifeln,
Den ließ er aus der Acht.

16. Er ließ den ewgen Retter
Und gab sich in den Schirm
Der neuerdachten Götter,
Hielt Bestien und Gewürm
Und Bilder von Metallen,
Von Holz, von Stein und Ton,
Den Heiden zu gefallen,
Für seiner Seelen Kron.

17. Als das nun der erkannte,
Der Herz und Nieren kennt,
Da wuchs sein Zorn und brannte,
Gleichwie ein Feuer brennt;
Und die er vor so schöne
Geliebt an seinem Teil
Als Töchter und als Söhne,
Die wurden ihm ein Greul.

18. Ich will mich, sprach er, wenden
Von dieser schnöden Art,
Die so abscheulich schänden
Mich, der ich nichts gespart
An meiner Treu und Güte;
Ich habe recht geliebt,
Dafür wird mein Gemüte
Gekränket und betrübt.

19. Sie reizen mich mit Sünden:
Was gilts, es soll einmal
Sich wieder etwas finden
Zu ihrem Zorn und Qual!
Es werden Völker kommen,
Die blind sind als ein Stein;
Die sollen meine frommen
Und liebsten Kinder sein.

20. Mein Feuer ist entstanden
Und brennet lichterloh
In meines Volkes Landen,
Die sind ihm wie das Stroh.
Es wird weit um sich greifen
Bis zu der Höllen Grund
Und alle Frucht abstreifen,
Die auf der Erden stund.

21. Ich will mit meinen Pfeilen
Sie treiben in den Tod;
Es soll sie übereilen Schwert,
Pest und Hungersnot.
Ich will viel Tiere schicken
Und strenges Schlangengift,
Das soll zermartern, drücken
Und fressen, wen es trifft.

22. Ich will sie recht belohnen,
Mein Zorn soll gleich ergehn,
Auch derer nicht verschonen,
Die jung, gerad und schön;
Ich will sie all zerstäuben
Und fragen hier und dort:
Wo ist dann nun ihr Bleiben?
Welch ist ihr Sitz und Ort?

23. Doch muß ich gleichwohl scheuen
Den ungereimten Wahn
Der Feinde, die sich freuen,
Als hätten sies getan.
Sie bleiben wie die Narren
Bei ihrem Gaukelspiel
Und ziehn am Torheitskarren,
Ich tu auch, was ich will.

24. O daß mein Volk verstünde
Das edle schöne Gut,
Das, wenns nun seine Sünde
Bereut und Buße tut,

Ihm nachmals wird begegnen!
Denn was ich jetzt geflucht,
Das will ich wieder segnen,
Sobald es Gnade sucht.

25. Mein Volk kommt aus dem Weinen,
Sein Feind kommt aus der Ruh,
Ihr tausend flieht vor einem,
Wie geht das immer zu?
Ihr Herr, ihr Fels und Leben,
Ist weg aus ihrem Zelt,
Er hat sie übergeben
Zur Flucht ins freie Feld.

26. Seid froh, ihr treuen Knechte
Des Gottes Israel,
Des Arm und starke Rechte
Euch schützt an Leib und Seel,
Habt fröhliches Vertrauen
Und Glauben, der da siegt:
So wird Gott wieder bauen,
Was jetzt darnieder liegt.

27. Er wird am Feinde rächen,
Was uns zuviel geschehn,
Uns wird er Trost zusprechen,
Uns wieder lassen sehn
Die Sonne seiner Gnaden:
Die wird in kurzer Zeit
Des Landes Klag und Schaden
Verkehrn in Glück und Freud.

112. DER 145. PSALM

Ich, der ich oft in tiefes Leid und große Not muß gehen

1. Ich, der ich oft in tiefes Leid
Und große Not muß gehen,
Will dennoch Gott mit großer Freud
Und Herzenslust erhöhen.

Mein Gott, du König, höre mich,
Ich will ohn alles Ende dich
Und deinen Namen loben.

2. Ich will dir mit der Morgenröt
Ein täglich Opfer bringen,
So oft die liebe Sonn aufgeht,
So ofte will ich singen
Dem großen Namen deiner Macht,
Das soll auch in der späten Nacht
Mein Werk sein und Geschäfte.

3. Die Welt, die deucht uns schön und groß
Und was für Gut und Gaben
Sie trägt in ihrem Arm und Schoß,
Das will ein jeder haben:
Und ist doch alles lauter Nichts;
Eh als mans recht genießt, zerbrichts
Und geht im Hui zugrunde.

4. Gott ist alleine groß und schön,
Unmöglich auszuloben
Auch denen, die doch allzeit stehn
Vor seinem Throne droben.
Laß sprechen, wer nur sprechen kann,
Doch wird kein Engel noch kein Mann
Des Höchsten Größ aussprechen.

5. Die Alten, die nun nicht mehr sind,
Die haben ihn gepreiset;
So hat ein jeder auch sein Kind
Zu solchem Dienst geweiset;
Die Kinder werden auch nicht ruhn
Und werden doch, o Gott, dein Tun
Und Werk nicht ganz auspreisen.

6. Wie mancher hat vor mir dein Heil
Und Lob mit Fleiß getrieben;
Und siehe, mir ist doch mein Teil
Zu loben übrig blieben.

Ich will von deiner Wundermacht
Und der so herrlich schönen Pracht
Bis an mein Ende reden.

7. Und was ich rede, wird von mir
Manch frommes Herze lernen,
Man wird dich heben für und für
Hoch über allen Sternen;
Dein Herrlichkeit und starke Hand
Wird in der ganzen Welt bekannt
Und hoch berufen werden.

8. Wer ist so gnädig als wie du?
Wer kann so viel erdulden?
Wer sieht mit solcher Langmut zu
So vielen schweren Schulden,
Die aus der ganzen weiten Welt
Ohn Unterlaß bis an das Zelt
Des hohen Himmels steigen?

9. Es muß ein treues Herze sein,
Das uns so hoch kann lieben,
Da wir doch in den Tag hinein,
Was gar nicht gut ist, üben.
Gott muß nichts anders sein als gut,
Daher fließt seiner Güte Flut
Auf alle seine Werke.

10. Drum, Herr, so sollen dir auch nun
All deine Werke danken,
Voraus die Heilgen, deren Tun
Sich hält in deinen Schranken,
Die sollen deines Reichs Gewalt
Und schöne Regimentsgestalt
Mit vollem Munde rühmen.

11. Sie sollen rühmen, daß der Ruhm
Durch alle Welt erklinge,
Daß jedermann zum Heiligtum
Dir Dienst und Opfer bringe;

Dein Reich, das ist ein ewges Reich,
Dein Herrschaft ist dir selber gleich,
Der du kein End erreichest.

12. Der Herr ist bis in unsern Tod
Beständig bei uns allen,
Erleichtert unsers Kreuzes Not
Und hält uns, wenn wir fallen;
Er steuert manches Unglücks Lauf
Und hilft uns wieder freundlich auf,
Wenn wir ganz hingeschlagen.

13. Herr, aller Augen sind nach dir
Und deinem Stuhl gekehret;
Denn du bists auch, der alles hier
So väterlich ernähret;
Du tust auf deine milde Hand,
Machst froh und satt, was auf dem Land,
Im Meer und Lüften lebet.

14. Du meinst es gut und tust uns Guts,
Auch da wirs oft nicht denken,
Wie mancher ist betrübtes Muts
Und frißt sein Herz mit Kränken,
Besorgt und fürcht sich Tag und Nacht,
Gott hab ihn gänzlich aus der Acht
Gelassen und vergessen.

15. Nein, Gott vergißt der Seinen nicht,
Er ist uns viel zu treue,
Sein Herz ist stets dahin gericht,
Daß er uns letzt erfreue.
Gehts gleich bisweilen etwas schlecht,
Ist er doch heilig und gerecht
In allen seinen Wegen.

16. Der Herr ist nah und stets bereit
Eim jeden, der ihn ehret,
Und wer nur ernstlich zu ihm schreit,
Der wird gewiß erhöret.

Gott weiß wohl, wer ihm günstig sei,
Und deine steht er dann auch bei,
Wann ihn die Angst nun treibet.

17. Den Frommen wird nichts abgesagt;
Gott tut, was sie begehren,
Er mißt das Unglück, das sie plagt,
Und zählt all ihre Zähren
Und reißt sie endlich aus der Last;
Den aber, der sie kränkt und haßt,
Den stürzt er ganz zu Boden.

18. Dies alles und was sonsten mehr
Man kann für Lob erzwingen,
Das soll mein Mund zu Ruhm und Ehr
Des Höchsten täglich singen:
Und also tut auch immerfort
Was lebt und webt an jedem Ort:
Das wird Gott wohlgefallen.

113. ICH DANKE DIR MIT FREUDEN

(Sir. 51)

1. Ich danke dir mit Freuden,
Mein König und mein Heil,
Daß du manch schweres Leiden,
So mir zu meinem Teil
Oft häufig zugedrungen,
Durch deine Wunderhand
Gewaltig hast bezwungen
Und von mir abgewandt.

2. Du hast in harten Zeiten
Mir diese Gnad erteilt,
Daß meiner Feinde Streiten
Mein Leben nicht ereilt,
Wenn sie an hohen Orten
Mich, der ichs nicht gedacht,
Mit bösen falschen Worten
Sehr übel angebracht.

3. Wenn sie wie wilde Leuen
Die Zungen ausgestreckt
Und mich mit ihrem Schreien
Bis auf den Tod erschreckt,
So hat denn dein Erbarmen,
Das alles lindern kann,
Gewaltet und mir Armen
Den treusten Dienst getan.

4. Sie haben oft zusammen
Sich wider mich gelegt
Und wie die Feuerflammen
Gefahr und Brand erregt:
Da hab ich denn gesessen
Und Blut vor Angst geschwitzt,
Als ob du mein vergessen,
Und hast mich doch geschützt.

5. Du hast mich aus dem Brande
Und aus dem Feur gerückt,
Und wenn der Höllen Bande
Mich um und um bestrickt,
So hast du auf mein Bitten
Dich, Herr, zu mir gesellt
Und aus des Unglücks Mitten
Mich frei ins Feld gestellt,

6. Den Kläffer, der mit Lügen
Gleich als mit Waffen kämpft
Und nichts kann als betrügen,
Den hast du oft gedämpft;
Wenn er, gleich einem Drachen,
Das Maul hoch aufgezerrt,
So hast du ihm den Rachen
Durch deine Kraft gesperrt.

7. Ich war nah am Verderben,
Du nahmst mich in den Schoß;
Es kam mit mir zum Sterben,
Du aber sprachst mich los

Und hieltest mich beim Leben
Und gabst mir Rat und Tat,
Die sonst kein Mensch zu geben
In seinen Mächten hat.

8. Es war in allen Landen,
So weit die Wolken gehn,
Kein einzger Freund vorhanden,
Der bei mir wollte stehn;
Da dacht ich an die Güte,
Die du, Herr, täglich tust,
Und hub Herz und Gemüte
Zur Höhe, da du ruhst.

9. Ich rief mit vollem Munde,
Du nahmest alles an
Tod und ewiges Leben
Und halfst recht aus dem Grunde
So, daß ichs nimmer kann
Nach Würden gnugsam loben:
Doch will ich Tag und Nacht
Dich in dem Himmel droben
Zu preisen sein bedacht.

114. DER 39. PSALM

Mein Gott, ich habe mir gar fest gesetzet für

1. Mein Gott ich habe mir
Gar fest gesetzet für,
Ich will mich fleißig hüten,
Wenn meine Feinde wüten,
Daß, wenn ich ja was spreche,
Ich dein Gesetz nicht breche.

2. Wenn mein Geblüt entbrennt,
So hab ich mich gewöhnt,
Vor deinen Stuhl zu treten,
Laß Herz und Zunge beten;
Herr, zeige deinem Knechte,
Zu tun nach deinem Rechte.

3. Herr, lehre mich doch wohl
Bedenken, daß ich soll
Einmal von dieser Erden
Hinweg geraffet werden,
Und daß mir deine Hände
Gesetzet Zeit und Ende.

4. Die Tage meiner Zeit
Sind eine Hande breit,
Und wenn man dies mein Bleiben
Tod und ewiges Leben
Soll recht und wohl beschreiben,
So ists ein Nichts und bleibet
Ein Stäublein, das zerstäubet.

5. Ach, wie so gar nichts wert
Sind Menschen auf der Erd,
Die doch so sicher leben
Und gar nicht Acht drauf geben,
Daß all ihr Tun und Glücke
Verschwind im Augenblicke.

6. Sie gehen in der Welt
Und suchen Gut und Geld,
Der Schatten einen Schemen!
Und können nichts mitnehmen,
  Wenn nach der Menschen Weise
  Sie tun des Todes Reise.

7. Sie schlafen ohne Ruh,
Arbeiten immerzu,
Sind Tag und Nacht geflissen,
Und können doch nicht wissen,
  Wer, wenn sie niederliegen,
  Ihr Erbe werde kriegen.

8. Nun, Herr, wo soll ich hin?
Wer tröstet meinen Sinn?
Ich komm an deine Pforten,
Der du mit Werk und Worten
  Erfreuest, die dich scheuen
  Und dein allein sich freuen.

9. Wenn sich mein Feind erregt
Und mir viel Dampfs anlegt,
So will ich stille schweigen,
Tod und ewiges Leben
Mein Herz zur Ruhe neigen;
  Du Richter aller Sachen,
  Du kannst und wirsts wohl machen.

10. Wenn du dein Hand ausstreckst,
Des Menschen Herz erschreckst,
Wenn du die Sünd heimsuchest,
Den Sünder schiltst und fluchest:
  So geht in einer Stunde
  All Herrlichkeit zugrunde.

11. Der schönen Jugend Kranz,
Der roten Wangen Glanz
Wird wie ein Kleid verzehret,
So hier die Motten nähret.
  Ach, wie gar nichts im Leben
  Sind die auf Erden schweben!

12. Du aber, du mein Hort,
Du bleibest fort und fort
Mein Helfer, siehst mein Sehnen,
Mein Angst und heiße Tränen,
    Erhörest meine Bitte,
    Wenn ich mein Herz ausschütte.

13. Drum ruhet mein Gemüt
Allein auf deiner Güt;
Ich laß dein Herze sorgen,
Als deme nicht verborgen,
    Wie meiner Feinde Tücke
    Du treiben sollst zurücke.

14. Ich bin dein Knecht und Kind,
Dein Erb und Hausgesind,
Dein Pilgrim und dein Bürger,
Tod und ewiges Leben
Der, wenn der Menschenwürger
    Mein Leben mir genommen,
    Zu dir gewiß wird kommen.

15. Zur Welt muß ich hinaus,
Der Himmel ist mein Haus,
Da in den Engelscharen
Mein Eltern und Vorfahren,
    Auch Schwestern, Freund und Brüder
    Jetzt singen ihre Lieder.

16. Hie ist nur Qual und Pein,
Dort, dort wird Freude sein!
Dahin, wenn es dein Wille,
Ich fröhlich, sanft und stille
    Aus diesen Jammerjahren
    Zur Ruhe will abfahren.

115. O TOD, O TOD, DU GREULICHS BILD

Nach Paul Röbers „O Tod, o Tod, schreckliches Bild"

1. O Tod, o Tod, du greulichs Bild
Und Feind voll Zorns und Blitzen,
Wie machst du dich so groß und wild
Mit deiner Pfeile Spitzen?
Hier ist ein Herz, das dich nicht acht
Und spottet deiner schnöden Macht
Und der zerbrochnen Pfeile.

2. Komm nur mit deinem Bogen bald
Und ziele mir zum Herzen;
In deiner seltsamen Gestalt
Versuchs mit Pein und Schmerzen:
Was wirst du damit richten aus?
Ich werde dir doch aus dem Haus
Einmal gewiß entlaufen.

3. Ich weiß, daß dir zerschlagen ist
Dein Schloß und seine Riegel
Durch meinen Heiland Jesum Christ;
Der brach des Grabes Siegel
Und führte dich zum Siegesschau,
Auf daß uns nicht mehr vor dir grau;
Ein Spott ist aus dir worden.

4. Besiehe deinen Palast wohl
Und deines Reiches Wesen,
Obs noch anitzo sei so voll
Als es zuvor gewesen:
Ist Moses nicht aus deiner Hand
Entwischt und im gelobten Land
Auf Tabor schön erschienen?

5. Wo ist der alten Heilgen Zahl,
Die auch daselbst begraben?
Sie sind erhöht im Himmelssaal,
Da sie sich ewig laben.

Des starken Jesus Heldenhand
Hat dir zersprengt all deine Band,
Als er dein Kämpfer wurde.

6. Was solls denn nun, o Jesu, sein,
Daß mich der Tod so schrecket?
Hat doch Elisa Totenbein,
Was tot war auferwecket:
Viel mehr wirst du, den Trost hab ich,
Zum Leben kräftig rüsten mich,
Drum schlaf ich ein mit Freuden.

116. MEIN HERZER VATER, WEINT IHR NOCH?

Auf den Tod eines Kindes des Rektors Adam Spengler (1630)

1. Mein herzer Vater, weint ihr noch?
Und ihr, die mich geboren?
Was grämt ihr euch? Was macht ihr doch?
Ich bin ja unverloren.
Ach, sollt ihr sehen, wie mirs geht,
Und wie mich der so hoch erhöht,
Der selbst so hoch erhoben;
Ich weiß, ihr würdet anders tun
Und meiner Seele süßes Ruhn
Mit eurem Munde loben.

2. Der saure Kampf, den ich dort hab
In eurer Welt empfunden,
Der ist durch Gottes Gnad und Gab
All glücklich überwunden.
Es ging mir, wie es pflegt zu gehn
All denen, die bei Christo stehn
Und von der Welt sich scheiden;
Wer Christo folgt, der muß mit ihm
Das Kreuz und alles Ungestüm
Auf seinen Wegen leiden.

3. Nun bin ich durch Gott Lob und Dank!
Hier kommt ein ander Leben;

Hier wird mir, was mein Leben lang
Ich nicht gesehn, gegeben:
Ein ganzer Himmel voller Licht,
Ein Licht, davon mein Angesicht
So schön wird als die Sonne;
Hier ist ein ewges Freudenmeer,
Wohin ich nur die Augen kehr,
Ist alles voller Wonne.

4. Nun lobt, ihr Menschen, wie ihr wollt,
Des Erdenlebens Güte:
Was ist darinnen, das mir sollt
Jetzt neigen mein Gemüte?
Was ist das Beste, das ihr liebt?
Was gibt die Erde, wenn sie gibt,
Als Angst und bittre Schmerzen?
Was ist das güldne Gut und Geld?
Was bringt der Schein und Pracht der Welt
Als Kummer eurer Herzen?

5. Was ist der großen Leute Gunst
Als Zunder großes Neides?
Was ist das Wissen vieler Kunst
Als Ursprung vieles Leides?
Denn wer viel weiß, der grämt sich viel,
Und welcher andre lehren will,
Muß leiden und viel tragen.
Seht alles an, Ruhm, Lob und Ehr,
Habt Freud und Lust, was habt ihr mehr
Als endlich Weh und Klagen?

6. Nichts ist so schön und wohl bestellt,
Da man hier wohl auf stehe,
Drum nimmt Gott, was ihm wohlgefällt,
Bei Zeiten in die Höhe
Und setzet es in seinen Schoß;
Da ist es allen Kummers los,
Darf nicht, wie ihr, sich kränken,
Die ihr oft denket, wie doch wohl

Dies oder jenes werden soll,
Und könnets nicht erdenken.

7. Wer selig stirbt, der schleußet zu
Die schwarzen Jammertore,
Hingegen schwingt er sich zur Ruh
Im güldnen Engelchore,
    Legt Aschen weg, kriegt Freudenöl,
Zeucht aus das Fleisch und schmückt die Seel
In reiner weißer Seiden;
Er läßt die Erd und nimmet ein
Die Lust, da Christi Schäfelein
In lauter Rosen weiden.

8. So gebt, ihr Liebsten, euch doch schlecht
Dahin in Gottes Willen;
Sein Rat ist gut, sein Tun ist recht
Und wird wohl wieder stillen
    Den Schmerzen, den er euch gemacht.
Und hiemit sei euch gute Nacht
Von eurem Sohn gegönnet.
Es kommt die Zeit, da mich und euch
Vereingen wird in seinem Reich,
Der euch und mich getrennet.

9. Da will ich eure Treu und Müh
Und was ihr eurem Kranken
Erwiesen habt, im Himmel hie,
Sobald ihr kommt, verdanken.
    Ich will erzählen, wie ihr habt
Euch selbst betrübt und mich gelabt,
Vor Christo und vor allen;
Und für den heißen Tränenfluß
Will ich mit mehr als einem Kuß
Um euren Hals euch fallen.

117. DU BIST ZWAR MEIN UND BLEIBEST MEIN

Auf den Tod des Sohnes des Archidiakonus Johann Berkow in Berlin (1650)

1. Du bist zwar mein und bleibest mein
(Wer will mir anders sagen?),
Doch bist du nicht nur mein allein;
Der Herr von ewgen Tagen,
Der hat das meiste Recht an dir,
Der fordert und erhebt von mir
Dich, o mein Sohn, mein Wille,
Mein Herz und Wunsches Fülle.

2. Ach, gült es Wünschens, wollt ich dich,
Du Sternlein meiner Seelen,
Vor allem Weltgut williglich
Mir wünschen und erwählen;
Ich wollte sagen: Bleib bei mir!
Du sollst sein meins Hauses Zier;
An dir will ich mein Lieben
Bis in mein Sterben üben.

3. So sagt mein Herz und meint es gut.
Gott aber meints noch besser.
Groß ist die Lieb in meinem Mut,
In Gott ist sie noch größer.
Ich bin ein Vater und nichts mehr,
Gott ist der Väter Haupt und Ehr,
Ein Quell, da Alt und Jungen
In aller Welt entsprungen.

4. Ich sehne mich nach meinem Sohn,
Und der mir ihn gegeben
Will, daß er nah an seinem Thron
Im Himmel solle leben.
Ich sprech: Ach weh, mein Licht verschwindt!
Gott spricht: Willkommn, du liebes Kind,
Dich will ich bei mir haben
Und ewig reichlich laben.

5. O süßer Rat, o schönes Wort
Und heilger, als wir denken!

Bei Gott ist ja kein böser Ort,
Kein Unglück und kein Kränken,
   Kein Angst, kein Mangel, kein Versehn,
Bei Gott kann keinem Leid geschehn;
Wen Gott versorgt und liebet,
Wird nimmermehr betrübet.

6. Wir Menschen sind ja auch bedacht,
Die Unsrigen zu zieren;
Wir gehn und sorgen Tag und Nacht,
Wie wir sie wollen führen
   In einen feinen selgen Stand,
Und ist doch selten so bewandt
Mit dem, wohin sie kommen,
Als wir uns vorgenommen.

7. Wie manches junges fromme Blut
Wird jämmerlich verführet
Durch bös Exempel, daß es tut,
Was Christen nicht gebühret.
   Da hats denn Gottes Zorn zu Lohn,
Auf Erden nichts als Spott und Hohn,
Der Vater muß mit Grämen
Sich seines Kindes schämen.

8. Ein solches darf ja ich nun nicht
An meinen Sohn erwarten;
Der steht vor Gottes Angesicht
Und geht in Christi Garten,
   Hat Freude, die ihn recht erfreut,
Und ruht von allem Herzeleid;
Er sieht und hört die Scharen,
Die uns allhier bewahren.

9. Er sieht und hört der Engel Mund,
Sein Mündlein hilft selbst singen;
Weiß alle Weisheit aus dem Grund
Und redt von solchen Dingen,
   Die unser keiner noch nicht weiß,
Die auch durch unsern Fleiß und Schweiß

Wir, weil wir sind auf Erden,
Nicht ausstudieren werden.

10. Ach, sollt ich doch von fernen stehn
Und nur ein wenig hören,
Wenn deine Sinnen sich erhöhn
Und Gottes Namen ehren,
  Der Heilig, Heilig, Heilig ist,
Durch den du auch geheiligt bist:
Ich weiß, ich würde müssen
Vor Freuden Tränen gießen.

11. Ich würde sprechen: Bleib allhier!
Nun will ich nicht mehr klagen:
Ach, mein Sohn, wärst du noch bei mir!
Nein; sondern: Komm du Wagen
  Eliä, hole mich geschwind
Und bring mich dahin, da mein Kind
Und so viel liebe Seelen
So schöne Ding erzählen.

12. Nun, es sei ja und bleib also,
Ich will dich nicht mehr weinen.
Du lebst und bist von Herzen froh,
Siehst lauter Sonnen scheinen,
  Die Sonnen ewger Freud und Ruh;
Hier leb und bleib nun immerzu,
Ich will, wills Gott, mit andern
Auch bald hernacher wandern.

118. NUN, DU LEBEST, UNSRE KRONE

Auf den Tod des Hofkammergerichtsrats Petrus Fritzen (1650)

1. Nun, du lebest, unsre Krone,
In der süßen sanften Ruh,
Bringst die Zeit bei Gottes Throne
Ohne Zeit und Ende zu!
  Du hast ewge Freud und Zier,
Und wir sollten für und für

Uns mit unsern Tränen kränken?
Auf! Und laßt uns recht bedenken!

2. Freunden soll man Freuden gönnen
Lachen, wenn sie fröhlich sein!
Tränen laß zu der Zeit rinnen,
Wenn sie liegen in der Pein;
Aber wenn der Sieg erlangt
Und der Held im Kranze prangt,
Wenn das Herzleid weggeschlagen,
Legt sich billig Schmerz und Klagen.

3. Edles Herz, du hast bezwungen
Alles, was dir widrig war:
Alle Schmerzen, die sich drungen
In dein Herz mit großer Schar;
Allen Jammer, alle Müh,
Alle Sorgen, die dich früh,
Auch oft bei den späten Nachten
Voller Angst und Wehmut machten.

4. Gott weiß wohl, was wir vermögen
Und wie stark die Schulter sei,
Da er will sein Kreuz hinlegen;
Dessen Huld und Vatertreu
Hat auch dir die schwere Last,
Die du ausgestanden hast,
Über dein Haupt lassen gehen.
Wer viel kann, muß viel ausstehen.

5. Wärst du einer aus dem Orden,
Denen Herz und Mund entfällt,
Wenn sie nur berühret worden
Von des rauhen Unglücks Kält,
Ei, so würde nimmermehr
Ein so großes Jammerheer
Gott, der Geber aller Gaben,
Über dich verhänget haben.

6. Freue dich, Du hast gewonnen
Durch des Höchsten Stärk und Kraft;

Jetzo gehst du, gleich der Sonnen,
Mitten in der Bürgerschaft
    Der sehr schönen neuen Stadt,
Die uns Gott gebauet hat,
Springst und singst und holest wieder
Mit den Engeln süße Lieder.

7. Christus wischet selbst die Tränen
Dir von deinem Angesicht;
Dein Herz hört auf, sich zu sehnen,
Weiß von keinem Mangel nicht,
    Ohne daß du, die du hier
Hast gelassen hinter dir,
Auch in solchem Freudenleben
Balde möchtest sehen schweben.

8. Nun, wir werden balde kommen
Aus dem Leide zu der Freud
Und dich mit viel tausend Frommen
Schauen in der Seligkeit!
    O wie herrlich! O wie schön
Wirst du und wir mit dir gehn,
Wenn uns wird, anstatt der Erden,
Gottes Reich zu Teile werden.

119. ERHEBE DICH, BETRÜBTES HERZ

„Trost-Gesang über den unversehenen Todesfall des wohlseligen Herrn Johannes Bercovii" (1631)

1. Erhebe dich, betrübtes Herz,
Und laß die Sinnen überwärts
    Hin nach dem Himmel steigen
Nimm Gott zu Trost, so wird dein Schmerz
    Alsbald sich merklich neigen.

2. Dein Schad ist groß, das ist ja wahr,
Doch ist ja auch bekannt und klar
    Des höchsten Vaters Gnade:
Die macht, daß uns des Unglücks Schar
    Nicht um ein Härlein schade.

3. Der Fall, der unverhoffte Fall
Schlägt uns nicht anders als der Schall
Des Donners aus der Höhe:
Gott aber hilft, daß Fall und Knall
Zum Glück und Guten gehe.

4. Was stürzt wohl eines Frommen Sinn?
Wo kann ein Christ auch anders hin
Als in den Himmel fallen?
Trost, Fried und Freud erhalten ihn,
Angst muß zurückeprallen.

5. Was hat der Tod mit seiner Müh,
Er komme spät an oder früh,
An gottergebnen Seelen?
Nimmt er sie bald, befreit er sie
Vor langem sauren Quälen.

6. Wer plötzlich stirbt und stirbt nur wohl,
Der nimmt ein Ende, das man soll
Gewünscht und selig preisen:
Ists Herze gut und glaubensvoll,
Was schadt das schnelle Reisen?

7. Was fragt ein Kämpfer nach der Zeit,
Wenn er den Feind nur in dein Streit
Hat ritterlich empfangen?
Wie mancher kann die Siegesbeut
Im Augenblick erlangen.

8. Ein solches Lob und edlen Lohn
Hat auch fürwahr und trägt davon
Der, den wir jetzt beweinen:
Er sieht nun selbst ein helle Kron
Auf seinem Haupte scheinen.

9. Er hat gesiegt, das ist gewiß.
Er ist durch Todes Finsternis
Zu Gottes Licht gekommen.
Er lebt, obschon ein schneller Riß
Ihn von uns hingenommen.

10. Den schnellen Riß hat Gott getan,
Der nichts als Gutes machen kann
Im Himmel und auf Erden.
Was Gut tut, hebts gleich traurig an,
Muß doch zuletzt gut werden.

11. Wir wünschen zwar, ach hätten wir
Doch bei dem Bette sollen hier
In seinem Ende stehen
Und hören gegen dir und mir
Sein letztes Wort ergehen.

12. Denkt aber, denkt, ob dies Gehör
Uns mehr betrübt als tröstlich wär,
Und gebt euch wohl zufrieden,
Weil er in Gott zu Gottes Ehr
Auf Gottes Wort verschieden.

13. Hilf Gott! sprach sein gottselger Mund,
Das hörte Gott, und half zur Stund
Ihn in die hohen Freuden,
Da sich sein Aug und Herzensgrund
In reiner Wollust weiden.

14. Da hat er nun all Hilf und Heil,
Ist froh in seinem Erb und Teil,
Wonach er hier gestrebet,
Ruht fern vom Tod und Todespfeil,
In dem er ewig lebet.

15. Nun darf sein Herz nicht traurig sein
Und fühlt nicht mehr den schweren Stein
Des Kummers wie hienieden,
Da sein Fleiß in der Sorgen Pein
Sich täglich mußt ermüden.

16. Sein süßer Mund, des edle Zier
Des Höchsten Weisheit für und für
So treulich hat gelehret,
Der predigt, was kein Ohr allhier
Bei uns je hat gehöret.

17. Er predigt seines Gottes Ruhm
Und füllt das güldne Heiligtum
Und die so schönen Tore,
Sein Name reucht gleich einer Blum
Im heilgen Engelchore.

18. Die Pflänzlein, die er vorgeschickt,
Hat er auch schon mit Lust erblickt
Und herzlich sich ergetzet,
Nun ist sein Geist in ihm erquickt
Und alles Leid ersetzet.

19. Was wollt ihr nun mit eurem Leid,
Ihr, die ihr ihm gewogen seid,
Euch selbst nun ferner plagen?
Wems wohlgeht und sich glücklich freut,
Den darf man nicht mehr klagen.

20. Wischt eure Tränen vom Gesicht
Und laßt des lieben Trostes Licht
In eure Herzen brechen,
So wird, der alles Herzleid bricht,
Euch Herz und Mut einsprechen.

21. Nehmt eure Zuflucht zu ihm zu,
Und glaubt, daß er nichts anderes tu
Als nur, was uns kann nützen:
Wer das behält, wird in der Ruh
Und Gott im Schoße sitzen.

22. Wer Gott vertraut, wird in der Tat
Erfahren, daß des Höchsten Rat
Ihn weislich werde führen
Und hier und dort mit großer Gnad
Und reichem Segen zieren.

120. DIE ZEIT IST NUNMEHR NAH

Veranlaßt durch den Kometen des Jahres 1652

1. Die Zeit ist nunmehr nah,
Herr Jesu, du bist da.
Die Wunder, die den Leuten
Dein Ankunft sollen deuten,
Die sind, wie wir gesehen,
In großer Zahl geschehen.

2. Was soll ich denn nun tun?
Ich soll auf dem beruhn,
Was du mir hast verheißen,
Daß du mich wollest reißen
Aus meines Grabes Kammer
Und allem andern Jammer.

3. Ach Jesu, wie so schön
Wird mirs alsdann ergehn!
Du wirst mit tausend Blicken
Mich durch und durch erquicken,
Wenn ich hier von der Erde
Mich zu dir schwingen werde.

4. Ach, was wird doch dein Wort,
O süßer Seelenhort,
Was wird doch sein dein Sprechen,
Wenn dein Herz aus wird brechen
Zu mir und meinen Brüdern
Als deinen Leibesgliedern.

5. Werd ich denn auch vor Freud
In solcher Gnadenzeit
Den Augen ihre Zähren
Und Tränen können wehren,
Daß sie mir nicht mit Haufen
Auf meine Wangen laufen?

6. Was für ein schönes Licht
Wird mir dein Angesicht,

Das ich in jenem Leben
Werd erstmal sehen, geben!
Wie wird nür deine Güte
Entzücken mein Gemüte!

7. Dein Augen, deinen Mund,
Den Leib, der noch verwundt,
Da wir so fest auf trauen,
Das werd ich alles schauen,
Auch innig herzlich grüßen
Die Mal an Händ und Füßen.

8. Dir ist allein bewußt
Die ungefälschte Lust
Und edle Seelenspeise
In deinem Paradeise.
Die kannst du wohl beschreiben,
Ich kann nichts mehr als gläuben.

9. Doch was ich hie gegläubt,
Das steht gewiß und bleibt
Mein Teil, dem gar nicht gleichen
Die Güter aller Reichen;
All andres Gut vergehet,
Mein Erbteil, das bestehet.

10. Ach Herr, mein schönstes Gut,
Wie wird sich all mein Blut
In allen Adern freuen
Und auf das Neu erneuen,
Wenn du mir wirst mit Lachen
Die Himmelstür aufmachen!

11. Komm her, komm und empfind,
O auserwähltes Kind,
Komm, schmecke, was für Gaben
Ich und mein Vater haben,
Komm, wirst du sagen, weide
Dein Herz in ewger Freude!

12. Ach, du so arme Welt,
Was ist dein Gold und Geld
Hier gegen diese Kronen
Und mehr als güldnen Thronen,
Die Christus hingestellet
Dem Volk, das ihm gefället.

13. Hie ist der Engel Land,
Der selgen Seelen Stand;
Hie hör ich nichts als singen,
Hie seh ich nichts als springen,
Hie ist kein Kreuz, kein Leiden,
Kein Tod, kein bittres Scheiden.

14. Halt ein, mein schwacher Sinn,
Halt ein! Wo denkst du hin?
Willst du, was grundlos, gründen?
Was unbegreiflich, finden?
Hier muß der Witz sich neigen
Und alle Redner schweigen.

15. Dich aber, meine Zier,
Dich laß ich nicht von mir;
Dein will ich stets gedenken,
Herr, der du mir wirst schenken
Mehr als mit meiner Seelen
Ich wünschen kann und zählen.

16. Ach, wie ist mir so weh,
Eh ich dich aus der Höh,
Herr, sehe zu uns kommen!
Ach, daß zum Heil der Frommen
Du meinen Wunsch und Willen
Noch möchtest heut erfüllen!

17. Doch du weißt deine Zeit.
Mir ziemt nur, stets bereit
Und fertig dazustehen
Und so zum Herren zu gehen,
Daß alle Stund und Tage
Mein Herz mich zu dir trage.

18. Dies gib, Herr, und verleih,
Auf daß dein Huld und Treu
Ohn Unterlaß mich wecke,
Daß mich dein Tag nicht schrecke,
Da unser Schreck auf Erden
Soll Fried und Freude werden.

121. LEID IST MIRS IN MEINEM HERZEN

Auf den Tod der kleinen Elisabeth Heintzelmann, Tochter des Diakons an St. Nikolai in Berlin Johannes H. (1639)

1. Leid ist mirs in meinem Herzen
Um die, so dir, liebes Kind,
Mit so großem Weh und Schmerzen
Um den Hals gefallen sind,
Da du dich bei deinem Ende
Gabst in deines Gottes Hände.

2. Ach, es ist ein bittres Leiden
Und ein rechter Myrrhentrank,
Sich von seinen Kindern scheiden
Durch den schweren Todesgang!
Hier geschieht ein Herzensbrechen,
Das kein Mund recht kann aussprechen.

3. Aber das, was wir beweinen,
Weiß hievon ganz lauter nichts,
Sondern sieht die Sonne scheinen
Und den Glanz des ewgen Lichts,
Singt und springt und hört die Scharen,
Die hier seine Wächter waren.

4. Muß das Leibchen gleich verwesen,
Ists ihm doch ein schlechter Schad,
Gott wird schon zusammenlesen,
Was der Tod zerstreuet hat;
Treu ist er und fromm den Seinen,
Trägt sich auch mit ihren Beinen.

5. Diesem Herrn ist nichts verdorben;
Wenn des Todes Nacht vorbei,
Nimmt er das, was war gestorben,
Und machts wieder ganz und neu.
  Also werden wir zur Erden,
  Daß wir mögen himmlisch werden.

6. Auf derwegen! Seid zufrieden,
Vaterherz und Muttergeist,
Lasset schlafen, was geschieden
Und zu Gott ist hingereist!
  Was für Tränen ihr vergossen,
  Wollen sein mit Trost geschlossen.

7. Wandelt eure Klag in Singen!
Ist doch nunmehr alles gut.
Trauern mag nicht wiederbringen,
Was im Himmelsschoße ruht.
  Aber wer getrost sich gibet,
  Ist bei Gott sehr hoch beliebet.

122. HERR LINDHOLTZ LEGT SICH HIN UND SCHLÄFT IN GOTTES NAMEN

Auf den Tod des Kammergerichtsadvokaten in Berlin Christian Lindholtz (1659)

1. Herr Lindholtz legt sich hin und schläft in Gottes Namen,
Weiß nichts mehr von dem Leid und von dem großen Gramen,
Das jetzt die Welt durchstreicht. Sein Grabmal deckt ihn zu;
Der Himmel ist sein Sitz, die Erdgruft seine Ruh.

2. O schweigt, o schweigt und ruht, ihr hochgeliebten Seinen!
Wer in der Freude lebt, den darf man nicht beweinen.
Wir schweben in der See, der Sturm trübt unsern Sinn:
Herr Lindholtz ist im Port. Gott helf uns allen hin.

123. LIEBES KIND, WENN ICH BEI MIR BEDENKE

Auf den Tod des kleinen Friedrich Ludwig Zarlang,
Sohn des Berliner Bürgermeisters Z. (1660)

1. Liebes Kind, wenn ich bei mir
Deines schönen Leibes Zier
Und der Seelen Schmuck bedenke,
Weiß es Gott, wie ich mich kränke.

2. Kein Smaragd mag je so schön
In dem feinen Golde stehn,
Keine Rose mag im Lenzen
Dir gleich, schöne Blume, glänzen.

3. Dein Gebärde, dein Gesicht
Und der beiden Augen Licht
War in Tugend ganz verhüllet
Und mit guter Zucht erfüllet.

4. Deine Liebe, deine Gunst
Ging und hing nach lauter Kunst;
Viel zu lernen, viel zu wissen,
War dein edler Geist geflissen.

5. Auch war hier ein guter Grund,
Da das ganze Werk auf stund,
Nämlich Gott und sein Wort hören
Und die heilge Bibel ehren.

6. Wollte, wollte Gott, daß nur
Deines Lebens schwache Schnur
Etwas noch hier auf der Erden
Hätten müssen länger werden.

7. O wie manche große Freud,
O wie manch Ergötzlichkeit
Würden wir von deinen Gaben
Noch zületzt genossen haben.

8. Nun, mich jammerts; aber du,
Liebes Kind, schweigst still dazu,

Wohnst in Gottes Stadt und Mauern
Kehrst dich nicht an unser Trauern.

9. Deines Wesens hoher Stand
Ist auch nun also bewandt,
Daß, wers gut will mit dir meinen,
Dich nicht dürfe mehr beweinen.

10. Du bist ungleich besser dran,
Als die Welt hier sinnen kann;
Du hast mehr als wir dir gönnen,
Mehr auch, als wir wünschen können.

11. Es ist an dir ganz und gar,
Was hier unvollkommen war;
Was du hier hast angefangen,
Hast du dort vollauf empfangen.

12. Deine Seel hat Gottes Reich,
Und du bist den Engeln gleich:
Alle Himmel hörst du singen
Und du gehst in vollen Springen.

13. Nun so lebe, wie du lebest!
Schweb in Freuden, wie du schwebest!
Balde, balde wirds geschehen,
Daß du uns, wir dich dort sehen.

124. O, WIE SO EIN GROSSES GUT IST ES DOCH, IM FRIEDEN SCHEIDEN

Auf den Tod der Frau Ursula von der Linden (1661)

1. O, wie so ein großes Gut
Ist es doch, im Frieden scheiden
Und mit wohlvergnügtem Mut
In Geduld den Tod erleiden!
Lasset uns loben, was jeder nur weiß:
Seliges Sterben hat dennoch den Preis.

2. Dieses Gut, das herrlich prangt,
Hat aus Gottes Hand und Throne,
Mein Herr Linde, wohl erlangt
Eures Hauses Ehr und Krone.
Ihre Begierde nach himmlischer Au
Ist ihr erfüllet, der seligen Frau.

3. Sie hat ja des Kreuzes Joch
Auch zuweilen wohl genossen:
Wie gekränket war sie doch,
Da ihr Berkow ward erschossen,
Berkow, das feine, geschickte Gemüt,
Dessen Gedächtnis noch immerzu blüht!

4. Nun, der Gott, der sie gekränkt,
Hat sie wieder auch erfreuet
Und euch ihr zum Mann geschenkt,
Welches euch noch nie gereuet.
Jetzo genießt sie der ewigen Ehr
In Gottes Reiche. Was will sie doch mehr?

125. NUN SEI GETROST UND UNBETRÜBT

Auf den Tod der Regina Leyser, geb. Calow, in Wittenberg (1664)

1. Nun sei getrost und unbetrübt,
Du mein Geist und Gemüte!
Dein Jesus lebt, der dich geliebt
Eh, als dir dein Geblüte
Und Fleisch und Haut ward zugericht;
Der wird dich auch gewißlich nicht
An deinem Ende hassen.

2. Erschrecke nicht vor deinem End,
Es ist nichts Böses drinnen;
Dein lieber Herr streckt seine Händ
Und fordert dich von hinnen
Aus soviel tausend Angst und Qual,
Die du in diesem Jammertal
Bisher hast ausgestanden.

3. Zwar heißts ja Tod und Sterbensnot,
Doch ist da gar kein Sterben;
Denn Jesus ist des Todes Tod
Und nimmt ihm das Verderben,
Daß alle seine Stärk und Kraft
Mir, wenn ich jetzt werd hingerafft,
Nicht auf ein Härlein schade.

4. Des Todes Kraft steht in der Sünd
Und schnöden Missetaten,
Darin ich armes Adamskind
So oft und viel geraten;
Nun ist die Sünd in Jesu Blut
Ersäuft, erstickt, getilgt und tut
Fort gar nichts mehr zur Sachen.

5. Die Sünd ist hin und ich bin rein;
Trotz dem, der mir das nehme!
Hinfüro ist das Leben mein,
Darf nicht, daß ich mich gräme
Um einger Sünden Lohn und Sold;
Wer ausgesöhnt, dem ist man hold
Und tut ihm nichts zuwider.

6. Ei nun, so nehm ich Gottes Gnad
Und alle seine Freude
Mit mir auf meinen letzten Pfad
Und weiß von keinem Leide.
Der wilde Feind muß nur ein Schaf,
Sein Ungestüm ein süßer Schlaf
Und sanfte Ruhe werden.

7. Du Jesu, allerliebster Freund,
Bist selbst mein Licht und Leben:
Du hältst mich fest, und kann kein Feind
Dich, wo du stehest, heben.
In dir steh ich, und du in mir;
Und wie wir stehn, so bleiben wir
Hier und dort ungeschieden.

8. Mein Leib, der legt sich hin zur Ruh,
Als der fast müde worden;
Die Seele fährt dem Himmel zu
Und mischt sich in den Orden
  Der auserwählten Gottesschar
Und hält das ewge Jubeljahr
Mit allen heilgen Engeln.

9. Kommt dann der Tag, o höchster Fürst
Der Kleinen und der Großen,
Da du zum allerletzten wirst
In die Posaunen stoßen,
  So soll denn Seel und Leib zugleich
Mit dir in deines Vaters Reich
Zu deiner Freud eingehen.

10. Ists nun dein Will, so stell dich ein,
Mich selig zu versetzen.
Ach, ewig bei und mit dir sein,
Wie hoch muß das ergötzen!
  Eröffne dich, du Todespfort,
Auf daß an solchen schönen Ort
Ich durch dich möge fahren!

126. HÖRST DU HIER DIE EWIGKEIT?

Nach Joachim Paulis „Vorschmack der traurigen und fröhlichen Ewigkeit" (1664)

1. Hörst du hier die Ewigkeit,
Der du Schuld mit Schulden häufest
Und auf schnöden Wegen läufest
Wie ein toller Hengst im Streit?*
  Wird das Ewig dich nicht wecken:
  Wird dich ewge Pein erschrecken.

2. Fürchte dich vor Gottes Grimm
Und vermeide deine Tritte,
Wende deines Lebens Schritte
Von den bösen Wegen üm:
  Sonsten wird, mit ewgem Nagen,
  Ewges Feur und Wurm dich plagen.

*Vgl. Jer. 8,6

3. Werde fromm und lebe recht,
Diene dem, der dich erschaffen,
Mit des Lichts und Glaubens Waffen
Als ein treuer kluger Knecht:
   Also wird vorm ewgen Leide
   Dich befrein die ewge Freude.

127. DER 90. PSALM

Herr Gott, du bist ja für und für die Zuflucht deiner Herde

1. Herr Gott, du bist ja für und für
Die Zuflucht deiner Herde,
Du bist gewesen, eh allhier
Gelegt der Grund zur Erde;
   Und da noch kein Berg war bereit,
Da warst du in der Ewigkeit,
O Anfang aller Dinge.

2. Du läßt die Menschen in das Tor
Des Todes häufig wandern
Und sprichst: Kommt wieder, Menschen, vor
Und folget jenen andern!
   Denn dir sind, Höchster, tausend Jahr
Als wie ein Tag, der gestern war
Und nunmehr ist vergangen.

3. Du läßt das schnöde Menschenheer
Wie einen Strom verfließen
Und wie die Schifflein auf dem Meer
Bei gutem Wind hinschießen:
   Gleichwie ein Schlaf und Traum bei Nacht,
Der, wenn der Mensch vom Schlaf erwacht,
Entfallen und vergessen.

4. Wir sind ein Kraut, das bald verdorrt,
Ein Gras, das jetzt aufgehet,
Wird aber schnell von seinem Ort
Entführet und verwehet;

So ist ein Mensch: heut blühet er,
Und morgen, wann ihn ungefähr
Ein Wind rührt, liegt er nieder.

5. Das macht, Herr, deines Zornes Grimm
Daß wir sobald verschwinden;
Dein Eifer stößt und wirft uns üm,
Von wegen unsrer Sünden.
Die Sünden stellest du vor dich,
Davon brennt und entrüstet sich
Dein allzeit reines Herze.

6. Das ist das Feur, das uns versehrt
Das Mark in allen Beinen,
Daher kommts, daß der Tod verzehrt
Die Großen und die Kleinen;
Drum fahren unsre Tage hin
Wie ein Geschwätze durch den Sinn,
Wenn wir die Zeit vertreiben.

7. Wie lang hält doch das Leben aus?
Gar selten siebzig Jahre.
Wenns hoch kommt, werden achtzig draus,
Und wenn man alle Ware,
Die hier gewonnen, nimmt zuhauf,
Ists lauter Müh von Jugend auf
Und lauter Angst gewesen.

8. Wir rennen, laufen, sorgen viel,
Und eh wir uns versehen,
Da kommt der Tod, steckt uns das Ziel,
Und da ists dann geschehen;
Wie fliehen eilend und behend,
Und ist doch niemand, der sein End
Und Gottes Zorn bedenke.

9. Lehr uns bedenken, frommer Gott,
Das Elend dieser Erden,
Auf daß wir, wann wir an den Tod
Gedenken, klüger werden!

Ach kehre wieder, kehr uns zu
Dein Angesicht und steh in Ruh
Mit deinen bösen Knechten!

10. Erfüll uns früh mit deiner Gnad
Am Leib und an der Seelen,
So wollen wir dir früh und spat
Dein Lob mit Dank erzählen;
Erfreu uns, o du höchste Freud,
Und gib uns wieder gute Zeit
Nach so viel bösen Tagen!

11. Bisher hats lauter Kreuz geschneit,
Laß nun die Sonne scheinen,
Bescher uns Freude nach dem Leid
Und Lachen nach dem Weinen!
Laß deiner Werke süßen Schein,
Herr, deinen Knechten kundbar sein
Und dein Ehr ihren Kindern!

12. Bleib unser Gott und treuer Freund,
Halt uns auf festem Fuße;
Und wenn wir etwa irrig seind,
So gib, daß sich mit Buße
Das Herze wieder zu dir wend;
Auch fördre das Tun unser Händ
Und segn all unsre Werke!

128. DER 119. PSALM

Ich bin ein Gast auf Erden

1. Ich bin ein Gast auf Erden
Und hab hier keinen Stand,
Der Himmel soll mir werden,
Da ist mein Vaterland.
Hier reis ich aus und abe,
Dort, in der ewgen Ruh,
Ist Gottes Gnadengabe,
Die schleußt all Arbeit zu.

2. Was ist mein ganzes Wesen,
Von meiner Jugend an,
Als Müh und Not gewesen?
So lang ich denken kann,
  Hab ich so manchen Morgen,
So manche liebe Nacht
Mit Kummer und mit Sorgen
Des Herzens zugebracht.

3. Mich hat auf meinen Wegen
Manch harter Sturm erschreckt,
Blitz, Donner, Wind und Regen
Hat mir manch Angst erweckt,
  Verfolgung, Haß und Neiden,
Ob ichs gleich nicht verschuldt,
Hab ich doch müssen leiden
Und tragen mit Geduld

4. So gings den lieben Alten,
An derer Fuß und Pfad
Wir uns noch täglich halten,
Wanns fehlt am guten Rat:
  Wie mußte doch sich schmiegen
Der Vater Abraham,
Eh als ihm sein Vergnügen
Und rechte Wohnstatt kam!

5. Wie manche schwere Bürde
Trug Isaak, sein Sohn!
Und Jakob, dessen Würde
Stieg bis zum Himmelsthron,
  Wie mußte der sich plagen,
In was für Weh und Schmerz,
In was für Furcht und Zagen
Sank oft sein armes Herz!

6. Die frommen heilgen Seelen,
Die gingen fort und fort
Und änderten mit Quälen
Den erstbewohnten Ort;

Sie zogen hin und wieder,
Ihr Kreuz war immer groß,
Bis daß der Tod sie nieder
Legt in des Grabes Schoß.

7. Ich habe mich ergeben
In gleiches Glück und Leid:
Was will ich besser leben
Als solche großen Leut?
Es muß ja durchgedrungen,
Es muß gelitten sein;
Wer nicht hat wohl gerungen,
Geht nicht zur Freud hinein.

8. So will ich zwar nun treiben
Mein Leben durch die Welt,
Doch denk ich nicht zu bleiben
In diesem fremden Zelt.
Ich wandre meine Straßen,
Die zu der Heimat führt,
Da mich ohn alle Maßen
Mein Vater trösten wird.

9. Mein Heimat ist dort droben,
Da aller Engel Schar
Den großen Herrscher loben,
Der alles ganz und gar
In seinen Händen träget
Und für und für erhält,
Auch alles hebt und leget,
Nach dems ihm wohl gefällt.

10. Zu dem steht mein Verlangen,
Da wollt ich gerne hin;
Die Welt bin ich durchgangen,
Daß ichs fast müde bin.
Je länger ich hier walle,
Je wen'ger find ich Lust,
Die meinem Geist gefalle;
Das meist ist Stank und Wust.

11. Die Herberg ist zu böse,
Der Trübsal ist zu viel:
Ach komm, mein Gott, und löse
Mein Herz, wann dein Herz will;
Komm, mach ein seligs Ende
An meiner Wanderschaft,
Und was mich kränkt, das wende
Durch deinen Arm und Kraft!

12. Wo ich bisher gesessen,
Ist nicht mein rechtes Haus;
Wann mein Ziel ausgemessen,
So tret ich dann hinaus,
Und was ich hier gebrauchet,
Das leg ich alles ab;
Und wenn ich ausgehauchet,
So scharrt man mich ins Grab.

13. Du aber, meine Freude,
Du meines Lebens Licht,
Du zeuchst mich, wenn ich scheide,
Hin vor dein Angesicht,
Ins Haus der ewgen Wonne,
Da ich stets freudenvoll
Gleich als die helle Sonne
Nebst andern leuchten soll.

14. Da will ich immer wohnen,
Und nicht nur als ein Gast,
Bei denen, die mit Kronen
Du ausgeschmücket hast;
Da will ich herrlich singen
Von deinem großen Tun
Und frei von schnöden Dingen
In meinem Erbteil ruhn.

129. WAS TRAUERST DU, MEIN ANGESICHT

1. Was trauerst du, mein Angesicht,
Wann du den Tod hörst nennen?
Sei ohne Furcht: er schadt dir nicht,
Lern ihn nur recht erkennen.
Kennst du den Tod,
So hats nicht Not,
All Angst wird sich zertrennen.

2. Vors erste, zeuch die Larven ab
Der alten roten Schlangen;
Sieh an, daß sie kein Gift mehr hab,
Es ist ihr abgefangen
Durch Jesum Christ,
Der vor uns ist
Ins Grab und Tod gegangen.

3. Ja Herr, du tratst ihm an das Herz,
Brachst seines Stachels Spitzen;
Nunmehr ist er ein lauter Scherz
Und kann uns gar nicht ritzen;
Dein edles Blut
Dämpft seine Glut,
Dein Flammen zwingt sein Hitzen.

4. Die Sünde war des Todes Kraft,
Die uns zum Sterben triebe,
Nun ist die Sünd all abgeschafft
Durch Christi Treu und Liebe;
Ihr Ernst und Macht
Ist matt gemacht;
Trotz, daß sie uns betrübe.

5. Die Sünd ist tot, Gott ist versöhnt,
Durch seines Sohnes Dulden,
Der Grimm ist hin, den wir verdient
Mit unsers Lebens Schulden;
Der vor war Feind,
Ist nunmehr Freund
Voll süßer Gnad und Hulden.

6. Bist du denn Freund, so kannst du mich,
Mein Gott, ja nicht umbringen;
Dein Vaterherze lässet sich
Zum Mord und Tod nicht dringen.
Wer sich befindt
Dein Erb und Kind,
Ist frei von bösen Dingen.

7. Das aber, Vater, tust du wohl,
Wann uns die Trübsal kränket,
Wann wir des Lebens satt und voll
Des Jammers, der uns tränket,
Daß dann dein Hand
Ans Vaterland
Uns aus den Fluten lenket.

8. Wann sich das starke Wetter regt,
Davon die Höhen fallen,
Wann deines Zornes Donner schlägt,
Daß Berg und Tal erschallen:
So trittst du zu
Und bringst zur Ruh
Uns, die dir wohlgefallen.

9. Wann unsre Feinde um uns her
Uns bringen in die Mitten,
Wann Ottern, Löwen, Wölf und Bär
Ihr Gift auf uns ausschütten:
Nimmst du dein Schaf,
Bringt's in den Schlaf
Bei dir in deiner Hütten.

10. Wann diese Welt gibt bösen Lohn
Dem, der dich treulich ehret,
So sprichst du: Komm zu mir, mein Sohn,
Hier hab ich, was dich nähret:
Lust, Ehr und Freud,
Die keine Zeit
In Ewigkeit verzehret.

11. Alsbald schließt uns der Engel Schar
Mit Freud in ihrem Bogen
Und nehmen unsrer Seele wahr,
Die, wann sie ausgeflogen,
In ihre Hut
Mit stillem Mut
Zu Gott kommt angezogen.

12. Der Herr ernpfänget seine Braut
Und spricht: Sei mir willkommen!
Du bists, die ich mir anvertraut,
Komm, wohne bei den Frommen,
Die ich vor dir
Anher zu mir
Aus jener Welt genommen.

13. Du hast behalten Glaub und Treu
Im Herzen, da ich wohne.
So geb und leg ich dir nun bei
Die schöne Freudenkrone.
Ich bin dein Heil,
Dein Erb und Teil,
Tritt her zu meinem Throne.

14. Hier trockn ich deiner Augen Flut,
Hier still ich deine Tränen,
Hier setzt sich in dem höchsten Gut
Dein Seufzen, Klag und Sehnen;
Dein Jammermeer
Wird niemand mehr,
Als nur in Freud, erwähnen.

15. Hier kleid ich meiner Christen Zahl
Mit reiner weißer Seide;
Hier springen sie im Himmelssaal,
Und ist nicht, der sie neide;
Hier ist kein Tod,
Kein Kreuz und Not,
Das gute Freunde scheide.

16. Ach, Gott mein Herr, was will ich doch
Mich vor dem Tode scheuen?
Er ists ja, der mich von dem Joch
Des Elends will befreien:
Er nimmt mich aus
Dem Marterhaus,
Das kann mich nicht gereuen.

17. Der Tod, der ist mein Rotes Meer,
Dadurch auf trocknem Sande
Dein Israel, das fromme Heer,
Geht zum Gelobten Lande,
Da Milch und Wein
Stets fleußt herein
Wie Ström in ihrem Rande.

18. Er ist das güldne Himmelstor
Und des Eliä Wagen,
Darauf mich Gott zum Engelchor
Gar bald wird lassen tragen,
Wann er, der Letzt
Und Erste, setzt
Ein End an meinen Tagen.

19. O süße Lust, o edle Ruh,
O frommer Seelen Freude,
Komm, schleuß mir meine Augen zu,
Daß ich mit Fried abscheide
Hin, da mein Hirt
Mich leiten wird
Zur immergrünen Weide.

20. Daselbst wird er mit vollem Maß,
Was hier gefehlt, einbringen;
Dafür wird ihn ohn Unterlaß
Sein Halleluja klingen,
Das will auch ich
Ihm williglich
Eins nach dem andern singen.

130. ICH WEISS, DASS MEIN ERLÖSER LEBT

1. Ich weiß, daß mein Erlöser lebt,
Das soll mir niemand nehmen!
Er lebt, und was ihm widerstrebt,
Das muß sich endlich schämen.
Er lebt fürwahr, der starke Held,
Sein Arm, der alle Feinde fällt,
Hat auch den Tod bezwungen.

2. Des bin ich herzlich hoch erfreut
Und habe gar kein Scheuen
Vor dem, der alles Fleisch zerstreut
Gleich wie der Wind die Spreuen.
Nimmt er gleich mich und mein Gebein
Und scharrt uns in die Gruft hinein,
Was kann er damit schaden!

3. Mein Heiland lebt! Ob ich nun werd
Ins Todes Staub mich strecken,
So wird er mich doch aus der Erd
Hernachmals auferwecken;
Er wird mich reißen aus dem Grab
Und aus dem Lager, da ich hab
Ein kleines ausgeschlafen.

4. Da werd ich eben diese Haut
Und eben diese Glieder,
Die jeder jetzo an mir schaut,
Auch was sich hin und wieder
Von Adern und Gelenken findt
Und meinen Leib zusammenbindt,
Ganz richtig wieder haben.

5. Zwar alles, was der Mensche trägt,
Das Fleisch und seine Knochen,
Wird, wenn er sich hin sterben legt,
Zermalmet und zerbrochen
Von Maden, Motten und was mehr
Gehöret zu der Würmer Heer;
Doch solls nicht stets so bleiben.

6. Es soll doch alles wieder stehn
In seinem vorgen Wesen,
Was niederlag, wird Gott erhöhn,
Was umkam, wird genesen.
  Was die Verfaulung hat verheert
Und die Verwesung hat gezehrt,
Wird alles wiederkommen.

7. Das hab ich je und je gegläubt
Und fass ein fest Vertrauen.
Ich werde den, der ewig bleibt,
In meinem Fleische schauen;
  Ja, in dem Fleische, das hier stirbt
Und in dem Stank und Kot verdirbt,
Da werd ich Gott inn sehen.

8. Ich selber werd in seinem Licht
Ihn sehn und mich erquicken,
Mein Auge wird sein Angesicht
Mit großer Lust erblicken.
  Ich werd ihn mir sehn, mir zur Freud,
Und werd ihm dienen ohne Zeit,
Ich selber und kein Fremder.

9. Trotz sei nun allem, was mir will
Mein Herze blöde machen!
Wärs noch so mächtig groß und viel,
Kann ich doch fröhlich lachen.
  Man treib und spanne noch so hoch
Sarg, Grab und Tod, so bleibet doch
Gott, mein Erlöser, leben.

131. WEINT, UND WEINT GLEICHWOHL NICHT ZU SEHR

Auf den Tod der kleinen Margaretha Zarlang – An die Eltern (1667)

1. Weint, und weint gleichwohl nicht zu sehr,
Denn was euch abgestorben,
Ist wohl daran und hat nunmehr
Das beste Teil erworben!

Es ist hindurch ins Vaterland,
Nachdem der harte schwere Stand,
Der hier war, überstanden.

2. Hier sind wir auf der wilden See
Im Sturm und tiefen Fluten,
Da gehts uns, daß vor Ach und Weh
Das Herze möchte bluten.
Sobald der Mensch ins Leben tritt,
Sobald kommt auch die Trübsal mit
Und folgt ihm auf dem Fuße.

3. Da ist kein Kind so zart und klein
Es muß sein Leiden tragen;
Ein jedes hat sein Angst und Pein,
Kanns oft nicht von sich sagen;
Und wenns auch gleich noch etwas spricht,
So bleibt doch drum das Elend nicht
Von seines Leibes Gliedern.

4. Kommts auf die Bein und wächst herzu,
Lernt schwarz und weiß verstehen,
So merkts, was man auf Erden tu,
Wie Menschenwerke gehen,
Sieht lauter Böses, gar nichts Guts,
Darüber wird betrübtes Muts
Und fängt sich an zu grämen.

5. Hilft endlich Gott zur vollen Kraft
Und reifen Mannesjahren,
Tritts in den Stand, da man was schafft,
Da kanns denn recht erfahren,
Wie alles so voll Mühe sei;
Und hat doch selten mehr dabei
Als wenig gute Stunden.

6. Das alles sieht der Vater an,
Die Mutter nimmts zu Herzen,
Und niemand ist, der helfen kann;
Da kommen denn die Schmerzen,

Die häufen sich ohn Unterlaß
Und halten stets die Augen naß
Bei Eltern und bei Kindern.

7. Drum laßts Gott machen, wie er will!
Er weiß die besten Weisen.
Wer balde kommt zu seinem Ziel,
Der darf nicht ferne reisen;
Und wer bei Zeit wird ausgespannt,
Der darf des Jammers schweren Stand
Nicht allzu lange ziehen.

8. Was unser Welt ist zugedacht,
Darf euer Kind nicht schmecken;
Es schläft und ruht, bis Gottes Macht
Es wieder wird erwecken.
Und wann ihr kommt ins Himmels Saal,
So wird euch eurer Kinder Zahl
Mit großer Lust empfangen.

9. So schlaf nun wohl, du herzes Kind,
Doch tröste Gott die Deinen,
Wann jetzt ihr Herz und Auge rinnt,
Und kehr ihr bittres Weinen
Zu seiner Zeit, die er bestellt,
Auf Weis und Art, die ihm gefällt,
In Freud und süßes Singen.

132. SO GEHT DER ALTE LIEBE HERR NUN AUCH DAHIN

„Auff das selige Absterben und Christliche Beerdigung des umb diese gantze Stadt viel Jahr lang wolverdienten Herrn Bürgermeisters, Herrn Benedicti Reichardts“ (Berlin 1667)

1. So geht der alte liebe Herr nun auch dahin:
Nachdem er achtzig und was drüber ist erlebet.
Er geht zu Gott: Und legt und schlägt aus seinem Sinn
Das, was noch, wies Gott weiß, uns überm Haupte schwebet.

2. Die Kinder klagen ihn, ach Vater, unser Schutz!
Die Ehgenossin läßt die Tränen häufig fließen.
Was Kindeskinder sind, bedenken, was für Nutz
Sie hiebevor gehabt und nun nicht mehr genießen

3. Und weinen bitterlich. Die werte Bürgerschaft
Folgt ihrem Haupte nach und gibt ihm das Geleite
Zu seinem Schlafgemach, dahin der Tod ihn rafft
Gleich wie uns allzumal. Ich aber setz ihm heute

4. Zu Ehren diese Schrift: Ein Mann von alter Treu
Und deutscher Redlichkeit, ein Mann von vielen Gaben
Und großer Wissenschaft, ein Mann, der frisch und frei
Das Recht geschützt, die Stadt regiert, wird jetzt begraben.

„Zur Bezeugung Christlichen Mitleidens gegen die gesambte
Hochbetrübte Leidtragende setzte dieses Paulus Gerbardt."

133. WER SELIG STIRBT, STIRBT NICHT

Auf den Tod des Rats Joh. Adam Preunel, gestorben in Berlin 1668,
dessen letztes Wort war: Ego sum in Christo, et Christus est in me

1. Wer selig stirbt, stirbt nicht!
Ein guter Tod gedeiht zum Leben
Und macht die Seel in Freuden schweben
Für Gottes Angesicht.
Laß alles fallen und vergehen,
Wer Christo stirbt, bleibt ewig stehen.

2. Da fehlts oft vielen an;
Herrn Preunel aber ists gelungen,
Der hat mit Christo durchgedrungen,
Ist nun sehr herrlich dran.
In Christo, sprach er, sei mein Ende,
Dem geb ich mich in seine Hände.

3. Herr Jesu, du bist mein!
Du hast dich selber mir geschenket.
Auch bin ich dir ganz eingesenket
Und leb und sterbe dein.

Und soll kein Kreuz, kein Schmerz, kein Leiden,
Ja uns soll auch der Tod nicht scheiden.

4. Und damit ging er hin!
Heißt das nun nicht recht selig sterben?
Wer kann doch immermehr verderben
Bei so gestaltem Sinn?
Wer hier in Christo wohl gewesen,
Wird dort bei Christo wohl genesen.

5. Drum weinet nicht zu viel,
Ihr, die Herr Preunel hat geliebet;
Denn der, an dem ihr euch betrübet,
Hat sein erwünschtes Ziel.
Laßt vielmehr diesen Seufzer hören:
Gott woll auch uns so sterben lehren!

134. JOHANNES SAHE DURCH GESICHT EIN EDLES LICHT

(Off. Joh. 7, 9 ff)

1. Johannes sahe durch Gesicht
Ein edles Licht
Und liebliches Gemälde:
Er sah ein Haufen Völker stehn,
Sehr hell und schön,
Im güldnen Himmelsfelde.
Ihr Herz und Mut
Schwebt in dem Gut,
Das hier kein Mann
Bezahlen kann
Mit allem Gut und Gelde.

2. Sie trugen Palmen in der Hand;
Ihr Ort und Stand
War vor des Lammes Throne,
Ihr Mund war voller Lob und Preis,
Die Kleider weiß,
Ihr Lied, im höhren Tone,

Klang süß und sang
Des Höchsten Dank,
Und dieser Stimm
Half üm und üm
Der Engel heilge Krone.

3. Wer, sprach Johannes, sind doch die,
Die ich allhie
In weißem Schmuck seh halten?
Es sind, antwortet aus der Schar,
Die um ihn war,
Der eine von den Alten:
Es sind, mein Sohn,
Die sich den Hohn
Und Spott der Welt
Von Gottes Zelt
Nicht lassen abehalten.

4. Es sind die, so vor dieser Zeit
In großem Leid
Auf Erden sich befunden,
Die bei des Herren Jesu Ehr
Und seiner Lehr
All Angst und Trübsalswunden,
Zwar ohne Schuld,
Doch mit Geduld,
Durch Gott gekühlt,
Recht wohl gefühlt
Und fröhlich überwunden.

5. Dieselben haben all ihr Kleid,
Als treue Leut,
Im Glaubensbad erkläret;
Sie haben sich der Höllen List,
So viel der ist,
Mit starkem Mut erwehret
Und nicht geacht
Der Erden Pracht,
Des Lammes Blut
Zu ihrem Gut
Erwählet und begehret.

6. Darum so stehen sie auch nun
Und all ihr Tun
Wo Gottes Tempel stehet;
Der Tempel, da man Tag und Nacht
Dem Höchsten wacht
Und seinen Ruhm erhöhet;
    Da leben sie
    Ohn alle Müh,
    Ohn alle Qual
    Im Freudensaal,
Der nimmermehr vergehet.

7. Daselbst sitzt Gott in seinem Haus
Und breitet aus
Die Hütte seiner Güte
Und deckt mit sanfter Wollust zu
In stiller Ruh
Manch trauriges Gemüte.
    Was Freude gibt,
    Dem Herzen liebt,
    Die Augen füllt,
    Das Sehnen stillt,
Steht da in voller Blüte.

8. Da ist kein Durst, kein Hungersnot,
Das Himmelsbrot
Läßt keinen Mangel leiden,
Da scheint die Sonne keinem mehr
Zu heiß und sehr,
Ihr Glanz bringt lauter Freuden.
    Die Himmelssonn
    Und Herzenswonn
    Ist unser Hirt,
    Der große Wirt
Und Herr der ewgen Weiden.

9. Das Lamm wird weiden seine Herd,
Als sies begehrt,
Auf Auen, die schön prangen;
Es wird sie leiten zu dem Quell,

Der frisch und hell,
Das Heil draus zu erlangen;
　　Und wird gewiß
　　Nicht ruhen, bis
　　Er uns erfrischt
　　Und abgewischt
Die Tränen unsrer Wangen.

Von Eberhard von Cranach-Sichart nicht berücksichtigte Gedichte Paul Gerhardts

135. Also treten wir nun an

1. Also treten wir nun an
Eine recht gewünschte Bahn,
Eine Bahne, die uns bringt,
Wo der Brunn der Freuden springt.

2. Sagt, wohin geht unsre Reis'?
In das güldne Paradeis,
Da der, wer sich recht besinnt,
Seine besten Schätze find't.

3. Lobe was die kluge Welt
Lobet und für köstlich hält,
Wer nach Gottes Ordnung lebt,
In dem besten Lobe schwebt.

4. Laß Gold, Silber, Edelstein
Schön und hoher Würden sein,
Keusche Gunst und treuer Mut
Ist fürwahr ein schöner Gut.

5. Wer fragt nach des Königs Thron,
Nach dem Purpur, nach der Kron',
Ehr' und Tugend gehet für,
Tugend-Lieb ist unsre Zier.

6. Was wir wünschen haben wir,
Also gehts uns nach Begier.
Wenn das Wünschen ist erfüllt,
Will' und Wunsch sich billig stillt.

7. Hier ist unser Hoffnung Port,
Schauet, welch ein schöner Ort,
Wie die Hügel, Berg und Tal
Seind gezieret überall!

8. Hier sind Bäume groß und klein,
Hier sind Reben voller Wein,
Hier steht als ein weiter See
Gottes Segen aus der Höh'.

9. Auch ist hier ein edler Quell,
Seht, wie rein, wie klar und hell!
Der, wenn Kreuz und Unglück drückt,
Seel' und Geist mit Trost erquickt.

10. Wie manch liebes Engelein
Sitzt hier bei den Träubelein,
Gläubt gewiß und schließet draus:
Hier ist wahrlich Gottes Haus.

11. Nun wir gehen, wie uns lehrt
Der uns selbsten uns beschert,
Der uns aus- und angeführt
Uns noch ferner führen wird.

12. Junge Welt, nehmt vor der Tat
An uns beiden guten Rat,
Liebt ihr Glück und gute Sach',
Eilet bald und folgt uns nach!

136. WO FINDET SICH DOCH DAS BEI KLUGEN WELTGEMÜTERN

Wo findet sich doch das bei klugen Weltgemütern,
Daß sie gehalten mehr von Kot als reichen Gütern,
Viel lieber schlechtes Blei als feines Gold begehrt
Und solches angesetzt weit über dessen Wert,
Ein adlig Rittergut verschmäht, Kossaten-Katen
Dafür vielmehr beliebt? In solchen albern Taten
Sich mancher doch verstößt, der nicht entsagt der Welt
Und mehr vom Erdenkot als Himmelsgütern hält,
Greift Schatten für der Beut und Kohlen für den Schätzen,
Anstatt des Himmelssaals klebt an den Hefeplätzen

Der schnöden Eitelkeit und will doch geistlich sein.
Herr Kanzler Kohl uns zeigt ein Bessers: falschem Schein
In seinem Christentum und Leben war entfernet,
Drum lebt er dort, und hier der Nachwelt immer sternet.
Der teuerwerte Mann, Herr Vizekanzler Kohl –
Nichts hielt er von der Welt, drum ist ihm ewig wohl.

137. DAVID SANG IN SEINER SPRACHEN

1. David sang in seiner Sprachen
Manches schönes, liebes Lied,
Wenn die Feind' ihm sein Gemüt
Und betrübtes Herze brachen.
Und so oft er also sang,
Kam der Feind' ihr Untergang.

2. Wir, die wir in Deutschland wohnen,
Singen David fröhlich nach,
Ehren Gott mit unsrer Sprach'
Auf des Psalters schönsten Tonen.
Hierzu weckt Gott manchen Mann –
jeder macht's, so gut er kann.

3. Was Herr Heintzelmann gesungen,
Da er Davids Harfe nahm
Und ihm auf die Spure kam,
Ist ihm wahrlich wohl gelungen.
Deutsch zwar singt er, aber schön,
Wie die Himmelssaiten gehn.

4. Gott verleihe seine Gabe,
Daß dies deutsche Psalterspiel
In dem Himmel oft und viel
Große Kraft und Nachdruck habe.
Der des Davids Stimm' erhört,
Hör auch, was dies Buch uns lehrt.

138. WEIGELS SCHWARM UND SCHNÖDE ROTTE

1. Weigels Schwarm und schnöde Rotte
Ehrt ja zwar noch immerhin
Ihre Nacht und finstern Sinn,
Macht sich aber selbst zu Spotte.
Denn sobald das Licht nur scheint,
Sieht man den verdammten Feind.

2. Nimm zur Hand, o frommes Herze!
(Wie es sich denn auch gebührt
Dem, der Christi Namen führt)
Gottes Wort, die edle Kerze,
Und beleuchte Weigels Schmuck,
So befindst du den Betrug.

3. Nimm zu Hilf Herrn Spenglers Lehren,
Und hier diese schöne Schrift,
Da er, was den Hauptzweck trifft,
Freund und Feinden lasset hören!
Folgst du dem, was hier gesetzt,
Bleibst du frei und unverletzt:

4. Folge doch du armer Haufe,
Den der Irrweg hat betört,
Ehe Gott sich von dir kehrt,
Und sein Zorn dich überlaufe,
Was versehn, wird wieder gut,
Wenn man nur bald Buße tut.

5. Aber wer bisher im Glauben
Treu und rein verblieben ist,
Laß ihm ja des Satans List
Diesen teuren Schatz nicht rauben.
Sei getreu bis in den Tod,
So entgehst du aller Not.

139. O WIE WOHL IST HIER ZU LESEN

1. O wie wohl ist hier zu lesen
Das verfluchte Läster-Wesen,
Welches, wie ihr Nam es gibt,
Frau Calumnia verübt.

2. Wollte Gott daß unser Schreiben
Diesen Schandbalg könnte treiben
Dahin, wo ihr Vater wohnt,
Wo er seinen Dienern lohnt.

3. Ach zu was für großem Frommen
Würden unsre Schriften kommen,
Ach wie friedlich, ach wie schön,
Würd' es unsern Leben gehn!

4. Aber weil doch hier auf Erden
Nie wird alles richtig werden,
Hab' inmittelst Dank und Preis
Lipsius und Sacers Fleiß.

5. Lipsius redt im Lateine
Kurz und zierlich rund und reine,
Und Herrn Sacers deutsche Sprach
Ist ihm gleich und tuts ihm nach.

I. AUF DIE MAGISTERKRÖNUNG DES JAKOB WEHRENBERG. 1642

In: Prosphonemata in Lauream magistratem, qua in alma Leucorea d. 26. April Anno 1642 ornabatur vir juvenis praestantissimus atque doctissimus Dn. Jacobus Wehrenbergius Hamburgensis, a professoribus, fautoribus et amicis exhibita. Wittebergia 1642.

Ista, Werenbergi, sunt carmina digna brabea,
Quae parat Herculibus strenua Musa suis.
Qualis nunc, verno de sole tegentibus hortis,
Flora ovat, aureolo flore revincta caput:
Talis tu nobis, postquam diadernate frontem,
Egrigii genitrix nominis auxit, ades.
Ut semper talis maneas, Deus optimus ornet
Cor tibi laetitiae flore, salute caput.

II. AUF DEN TOD DES HERRN PETRUS FRITZ. 1648

Dr. beider Rechte, kurf. Hofkammergerichts- und Amtsrat, Präsident des geistl. Konsistoriums, gest. 23.3.1648. In: Joachim Fromm, Keimelion Piorum et benemeritorum, Berlin 1648, bei Runge. Als Anhang zu dem Gedicht „Nun, du lebst, unsre Krone" (Nr. 118).

Fritzius occubuit: Patriam occupat atra dolorum
Catigo, Astrigeram flebilis umbra domum.
Solem ergo Patriae credamus abisse, cruenta
Quando manu mortis Fritzius occubuit.

Paulus Gerhardus.

III. AUF DEN TOD DES CONSTANTIN ANDREAS BERKOW. 1650

Sohn des Predigers an St. Marien Job. Berkow in Berlin. Dem Liede „Du bist zwar mein und bleibest mein" (1650) vorangestellt (Nr. 117).

Domina Johanni Bercovio. Viro Reverendo atque Clarissimo, Filioli obitum lugenti.

Coneuteris multis saevisque hinc inde procellis
Bercovi, sacri stella decusque chori.
Quot curis, quanta durorum mole laborum
Obrutus a templi limine saepe redis.
Nunc etiam immiti Parcarum falce resectus
Filiolus, verno ceu rosa Sole, cadit.
Sta talo immoto, generoso et pectore pugnam
Pugna: Victorem praemia certa manent.

Ipse tuo lateri Christus dulcissimus haerens
Fert onus, atque animo te jubet esse bono.
Hunc observa oculis, hunc fido amplectere corde:
Hoc comite arma geres, hoc duce victor eris.
Quare sublimem jam nunc jactare triumphum
Incipe, et excelsa tolle brabea manu.
At tu Bercovi de sanguine, floscule, nate,
Linque Orbem, atque Orbis qua vocat Anthor, abi.
J. Puer ad coelos, mollique involvere pace,
Quando vera quidem non datur orbe quies.
Cum dederit nobis dominus mandata, sequemur
Tramite quisque tuo, tempore quisque suo.

IV. GRATULATIONSGEDICHT AN PETRUS VEHR. 1651

Prediger an St. Marien zu Berlin, bei seinem Eintritt ins Konsistorium. 1651

Vherius ex Ludi procedit pulvere ad Aulam,
Ex humili scandit cultnina celsa loco.
Prima iuventutis juveni ipsi, in Brennoris urbe,
Leucoride egresso, tradita habena fuit.
Altera successit florentis cura Lyci,
Quod Ruppinum almo continet in grernio,
Tertia Berlinum concessit nobile sceptra,
Queis regeret doctae germina chara scholae.
Acre quidem regimen vilique sudore repletum,
Dulce tamen magno conspicuumque Deo.
Qui pia servitii cum cerneret acta fidelis,
Servum istum ad majus destino, dixit opus.
Nec mora, melliflui vocat hunc Ecclesia Christi,
Quae nomen de te, Diva Maria, trahit.
Ergo qui teneros modo conformaverat annos,
Poscitur augusto praeficiturque gregi.
Hanc fovet, hanc animat divini flamine verbi,
Huic praebet rutili pabula sana poli:
Ima sede sedens primo: dein prima cathedrae
Ornamenta, Deo sic moderante, tenens.
Sorte isthae contentus erat: sed Numina pergunt,
Praepositique addunt lumen onusque Seni

Demum auctoris splendentia ad atria vectum
Consilio addicunt consortantque Sacro.
En miranda Dei, pietatis et Artis alumne,
Quam bene, quam varie ducat agatque Suos!
Disce hoc exemplo saevos tolerare labores,
Mirandoque pia figere mente Deo.
Ille scitt justo te tollere ternpore in altum,
Et durum molli pace levare iugum.
At tu, sancte Senex, dulci cape pectore Honores,
Queis Deus et Princeps Te radiare volunt.
Vive Tuae domni, communi vive Saluti,
Firma ambas precibus, consiliisque juva.
Sta coram domino Palma atque ardua Cedrus,
Post coeli ambrosio vive jaceque, sinû.

Paulus Gerhardus.

V. AUF DEN TOD DES HERRN ANDREAS KOHL. 1656

Sera post laborem praemia / Virtutis / Serius, a serfis, debitoribus data / et typis excusa / Berolini 1656.

Celeberrimo Viro Domino Andreae Kohlio, Serenissimorum Electorum Brandenburgensium Vice-Cancellorio Meritissimo pie defuncto.

Magne vir, et nostrae Te debent flere Camoenae,
Extrema et busto fundere verba Tuo.
Si Te digna quidem nunc pangere carmina possem
Nullibi tam promta carmina mente darem.
Pulchris Tu dignis. Cum Te pulcherrima virtus
Eximium nobis fecerit esse Decus.
Ipse Tibi non magnus eras. Splendore carebas
Externo. Intus erat, quo super astra volas.
Quaeris in orbe Tibi similem? Laudem adspice Kohli,
Et Tibi consimilem Papiniane vides.
Bartolus et Baldus sunt nomina magna: sed adsit
Kohlius, et palmam nomina magna dabunt.
Optarem nostris hunc sedibus amplius esse
Confinem, vitae participemque Virum:
At quid in orbe boni? quid habemus quaeso Miselli
Quam non-cessantis grandia plaustra mali?

Ad caelum! ad caelum! nulla hac in sorde voluptas
Nec meruit tantos terra habuisse viros.

Paulus Gerhardus,
Ecclesiae Mittenwaldensis praepositus
et Vicinarum Inspector.

VI. AUF DEN TOD DES HERRN JOACHIM FROMM. 1657

In: Lacrymae Posthumae, Honeri Supremo … M. Joachimi Frommii, Berol. 1657.

Improba durn nostris insultant Tempora terris,
Tranquilla innocuus transit ad antra Probus.
Vae nobis! porro si sic perrexerit ordo
Fatorum, exitio quod medicamen erit?
Tempora prava ruant, proba si modo corda supersint,
Christe tamen pravis frena modumque dabis
Sis noster, nostroque bono Probitatis amantes
Conserva, ex meritis Improba Turba luat.

Paulus Gerhardus, Ecclesiast.
Berolin. Nicolait.

VII. AN JACOB HELWIG. AUF SEINE HOCHZEIT MIT CATHARINA TONNEBINDER. 1659

Vota Nuptialia / in / Thalamurn viri / Plurinium / Reverendi, Clarissirni er / Praecellentis DN Jacobi Helwigii / SS Theol. Doctorandi et Gymnasii / Berolinensis Rectoris et / Virginis Virtutibus sexurn suum de corantibus undiquaque / ornatissimae / Catharinae / viri spectatissimi / DN Joachimi Tonnebinderi / … / filiae a. d. 7. Id. Febr. A. O. R. 1659 / oblata a / Fantoribus er Amicis / Berolini / Impressa per Christoph. Runge.

Qui Labanis oves pavit cum foenore, jacob,
In gemino geminum vidit amore Bonum.
Hinc Lea praestabat numerosa prole beatum,
Hinc Rahel ardenti lumina et oscla dabat.
Tu, qui Christi pascis oves, jacobe,
Lycei Providus et nostri sceptra decora geris,
Jacobum precor ut superes bonitate Hymenaei,
Et geminum videas Uno in amare Decus.

Quae Tibi Sponsa venit Tonnenbinderia, amoeno
    Te complera thoro sit Lea sitque Rahel.

Paulus Gerhardus
Ecclesiastes Berol. Nicolaitanus.

VIII. AUF DEN TOD DER FRAU CATHARINA HELWIG, GEB. TONNEBINDER. 1661

In: Epicedia in obitum … Catherinae Tonnebinderiae … Dn. Jacobi Helwigii … Rectoris Gymn. Berol., uxoris. Berolini 1661.

Dilectam ploras, dilecte Marite, Maritam!
    Idque Tibi vitio vertere nemo potest.
Vulnus habes anima, lachrymarum currite rivi,
    Cordis enim melior portio secta jacet.
At nec sola jacet: jacet et praenobile pignus,
    Quo pius amborum corda ligabat amor.
Grande malum! sed non tamen insuperabile damnum:
    Est major, coeli, qui sedet arce, Deus.
Non periit Christo, Tibi quod cecidit; super astra
    In regna aeterni Venit utrumque patris.
Hic vivunt gaudentque Tui: Moderare dolorem,
    Tristibus et misce dulcia; amoena malis.
Fortem Te praesta! Non semper Fata tonabunt.
    Postquam haec desierint Bella, triumphus erit.

In solatium molestissimi Dn. Vidui, et testandae
condolentiae causa scribebat haec
Paulus Gerhardus.

IX. TROSTWORT AN DEN BÜRGERMEISTER VON BERLIN GEORG WEBER BEIM TODE SEINER EHEFRAU ANNA, GEB. FLÖRING. 1661

In: Leich-Sermon, / Der weilandt Wohl Ehrbaren Ehren und Viel- / Tugendreichen Frawen / Fr. Anna Flörings / Des … Herrn M. Georgii Webers / … Bürger-Meisters dieser löblichen / Residentz-Stadt Berlin, gewesenen hertzgeliebten Hauß-Ehre / etc. Aus dem 11. Vers des 86. Psalms / Davids / … von Paulo Gerhardten, Predigern / zu S. Nicolai hierselbsten. / Wittenberg, Gedruckt bei Johann Röhnern, der Univ. Buchdr. / Im Jahr 1661.

Ne plora, Webere parens; sine fine triumphat,
    Quae rapta amplexu est fida marita tua,

Nec tu, virtutis patriae sectator et haeres,
Matris dilectae funera fleto nimis.
Sufficiat vobis, vidisse beata Beatae
Lumina in aeterni clausa salute Dei.
Ah, quantum est, Tibi, Christe, mori! Sic vestra profecto
Mortua! Pro lacrymis ergo Corona veni!

Paulus Gerhardus
Ecclesiastes Berolinensis Nicolaitanus.

X. AUF DEN TOD DES HERRN JOHANNES RÖSNER 1661

Beigedruckt der Leichenrede von M. Martin Lubath auf seinen Kollegen, den Prediger an St. Marien zu Berlin Johannes Rösner. Wittenberg 1661 (Rösner wurde 1624 aus Neumark in Oberösterreich bei der Verfolgung der Evangelischen mit vertrieben).

Beato Domino Johanni Rosnero, Christi et Ecclesiae Marianae ministerio pulcherrime Berolini defuncto.

Fortunate Senex, nunc te fortuna noverca
Deserere, et mitis cogitur esse Tibi.
Nam dum vivus eras, hoc te jactabat et illo,
Nec meritis unquarn praeinia digna dabat.
Pro zelo exiliurn, pro puro dogmate damna,
Proque fide invidiae saeva parabat onus.
Tu cuncta intrepido tolerabas pectore, et aegro
Corpore turbatus mente serenus eras.
Non dolor immensus, non morbi dira tyrannis
Officiis poterant ponere frena tuis.
Ipsa tibi fati cedebat vis, et in atra
Mortis fauce, Deo praeside, victor eras.
O ingens anima! o magnum decus, aurea coeli
Quod Tibi decernunt atria COELICOLAE.
Dextra tenet palmam, vertex diaderna, triumphum
Concinit Angelici Candida turba chori.

Paulus Gerhardus,
Ecclesiastes Berol. Nicolaitanus.

XI. AUF DEN TOD DES PROFESSORS MELCHIOR HOFFMANN. 1662

In: Tristia Verba etc. Berol. 1662, angebunden an die Leichenrede von M. Martin Heinsius auf den Professor Hoffmann zu Frankfurt a. Oder.
(Hoffmann starb plötzlich durch einen Schlagfuß, als er „publice de Naturae Minismis praesidendo disputiret")

Scanderat Hoffmannus Cathedrarn, docturus aperte
Splendida de obscuris, Maxima de Minimis.
Corruit at medio Doctor fervore Docendi,
Exemplo mundum, quod parat ore, Docens:
Scilicet in minimis hominum quoque vita locanda!
Dicto et enim citius condicit, et nihil est.

Paulus Gerhardus Ecclesiast.
Berolinensis Nicolaitanus.

XII. AN JAKOB HELWIG, AUF SEINE HOCHZEIT MIT ELISABETH HERTZBERG. 1663

ΕΥΦΗΜΙΑΙ / Solemnitati Nuptiali / Viri / Maxime Reverendi, Excellentissimi er Clarissimi / DN Jacobi / Helwigii / SS Theol. Doctorandi et ad D. Mariae Berolini / Ecclesiastae Meretissimi / et / Virgines / ... Elisabethae / Viri Amplissimi et Spectatissimi / DN Christiani Hertzbergii, / Consulis apud Mittenwaldenses Gravissimi / Filiae unice delicate / collatae / a Fantoribus, Collegis er Amicis. Berol. Typ. Rung.

Exultato pio mecurn mea Musula plausu,
Dum datur Helwigio sponsa novella meo.
Abstulit atra Nec castamque piamque Meritam:
Eu, nune casta redit, nunc pia russus adest.
O quam pulchra Nec! Sie, quos cruciaverit ante,
Maximus ille potest ac hilarare Parens!

Honoratissimo Dno. Collegae et Fratri in Christo gratulabundus dabat

Ecclesiastes Berolinensis Nicolaitanus.
Paulus Gerhardus.

XIII. AUF DEN TOD DES MAGISTERS ADAM SPENGLER. 1665

Spenglerurn flemus! sed quid, Te quaeso ego, flemus,
   Quern nunc in coelis gaudia mille tenent?
Nos flendi, quorum sub tempestate tonante
   Et tormentorurn pondere, vita gemit.
O bene Spenglero! Bene et his qui morte soluti
   Tranquilla e mundi carcere ad astra volant.

Ecclesiastes Berolinensis Nicolaitanus.
Paulus Gerhardus.

XIV. GRATULATIONSGEDICHT AN SAMUEL ROSE. 1665

In: De Laurea Philosophica qua in Illustri Viadrina Anni eurrentis MDCLXV d. XII. Octob. coronatus est (Tit.) Dn. Samuel Rosa Gymn. Berolin. Subconrector, Gratulantur Patronal. Cantores, Amici et Collegae: Colon, Brandenb.

Viro pietatis ac eruditionis radiis Praeclaro Dn. Samueli / Rosae, amico suo honorando cum ipsi summus in philosophia / honor decerneretur, ac titulus Magistri conferretur.

Seu rosa vere novo mille inter gaudia fragrat
   Et magnam mundi complet odore danum:
Sic tua nunc virtus de se, Rosa, spargit odorern,
   Dum lauro frontem cingit Apollo tuam.
Prosit honor, crescat Virtus, nec cesset: et olim
   Qui Rosa nune audis florida Cedrus eris.

Gratulabundus canebat
Paulus Gerhardus,
Ecclesiastes Berolinensis
ad Divi Nicolai

XV. GRATULATIONSGEDICHT AN THOMAS PANKOVIUS

Anläßlich seiner Vermählung mit Catharina Berchelmann. 1651

Cinge, parens pietatis amans, pia tempora lauro
    Et gaude in Nata gaudia magna die.
Hac est illa dies, qua dilectissima Nata
    Dilecto nubit lata lubensque, Viro.
Acclamemus ei VIVAT! Votum audiat orbis
    Arbiter, et dicat: Florida vivet. Amen.

DAS TESTAMENT PAUL GERHARDTS

„Nachdem ich nunmehr des 70. Jahr meines Alters erreicht, auch dabei die fröhliche Hoffnung habe, daß mein lieber frommer Gott mich in kurzem aus dieser Welt erlösen und in ein besseres Leben führen werde, als ich bisher auf Erden gehabt habe: so danke ich ihm zuvörderst für alle seine Güte und Treue, die er mir von meiner Mutter Leibe an bis auf jetzige Stunde an Leib und Seele und an allem, was er mir gegeben, erwiesen hat. Daneben bitte ich von Grund meines Herzens, er wolle mir, wenn mein Stündlein kommt, eine fröhliche Abfahrt verleihen, meine Seele in seine väterlichen Hände nehmen, und dem Leibe eine sanfte Ruhe in der Erde bis zu dem lieben jüngsten Tage bescheren, da ich mit allen Meinigen, die nur vor mir gewesen und auch künftig nach mir bleiben möchten, wieder erwachen und meinen lieben Herrn Jesum Christum, an welchen ich bisher geglaubet und ihn doch nie gesehen habe, von Angesicht zu Angesicht schauen werde. – Meinem einigen hinterlassenen Sohne überlasse ich von irdischen Gütern wenig, dabei aber einen ehrlichen Namen, dessen er sich sonderlich nicht wird zu schämen haben. – Es weiß mein Sohn, daß ich ihn von seiner zarten Kindheit an dem Herrn meinem Gott zu eigen gegeben, daß er ein Diener und Prediger seines heiligen Wortes werden soll. Dabei soll er nun bleiben und sich daran nicht kehren, daß er nur wenig gute Tage dabei haben möchte; denn da weiß der liebe Gott schon Rat zu und kann das äußerliche Trübsal mit inniglicher Herzenslust und Freudigkeit des Geistes genugsam ersetzen. – Die heilige Theologiam studiere in reinen Schulen und auf unverfälschten Universitäten, und hüte dich ja vor Synkretisten, denn sie suchen das Zeitliche und sind weder Gott noch Menschen treu. – In deinem gemeinen Leben folge nicht böser Gesellschaft, sondern dem Willen und Befehl deines Gottes. Insonderheit 1. tue nichts Böses, in der Hoffnung, es werde heimlich bleiben, denn es wird nichts so klein gesponnen, es kommt an die Sonnen. 2. Außer deinem Amte und Berufe erzürne dich nicht. Merkst du dann, daß der Zorn dich erhitzet habe, so schweige stockstille und rede nicht eher ein Wort, bis du ernstlich die 10 Gebote und den christlichen Glauben bei dir ausgebetet hast. 3. Der fleischlichen sündlichen Lüste schäme dich, und wenn du dermaleinst zu solchen Jahren kommst, daß du heiraten kannst, so heirate mit Gott und gutem Rat frommer, getreuer und verständiger Leute. 4. Tue Leuten Gutes, ob sie dir es gleich nicht zu vergelten haben, denn was Menschen nicht vergelten können, das hat der Schöpfer Himmels und der Erden längst vergolten, da er dich erschaffen hat, da er dir seinen lieben Sohn geschenket hat, und da er dich in der heiligen Taufe zu seinem

Kinde und Erben auf- und angenommen hat. 5. Den Geiz fleuch als die Hölle, laß dir genügen an dem, was du mit Ehren und gutem Gewissen erworben hast, ob es gleich nicht allzuviel ist. Beschert dir aber der liebe Gott ein Mehreres, so bitt ihn, daß er dich vor dem leidigen Mißbrauche des zeitlichen Gutes bewahren wolle. Summa, bete fleißig, studiere was Ehrliches, lebe friedlich, diene redlich und bleibe in deinem Glauben und Bekenntnis beständig, so wirst du einmal auch sterben und von dieser Welt scheiden willig, fröhlich und seliglich. Amen."

(Nummern der Gedichte in den verschiedenen wichtigen Ausgaben – Angabe der Melodien – Lesarten und Worterklärungen.)

In der vorliegenden Ausgabe sind die Ergebnisse aller früheren Ausgaben der Werke Gerhardts verarbeitet worden. Den Ausschlag gaben dabei die beiden textkritischen Ausgaben von Bachmann und Goedeke, weil diese allein auf die Originaltexte der ersten Drucke zurückgehen (vgl. Einleitung S. 13 ff und Bibliographie). In der folgenden Zusammenstellung bedeuten **Pr 1648**, **Pr 1653** und **Pr 1656** die drei authentischen Ausgaben des Crügerschen Werkes „Praxis pietatis melica" (wenn das Gedicht in d. Ausgaben von 53 u. 56 enthalten ist, ist die Nummer nach letzterer angegeben), **E 1666/67** die Ebelingsche Gesamtausgabe (Nummer nur, wenn das betr. Gedicht bei E zuerst veröffentlicht ist), **W** die Ausgaben von Wackernagel 1843 u. 1869 (wenn nichts anderes vermerkt, stimmen die Seitenzahlen bei beiden Ausgaben überein), **B** die von Bachmann 1866, **G** die von Goedeke 1877, **AE** die von August Ebeling 1898 (die Gleichheit der Namen Ebeling ist zufällig), **FT** die von Fischer-Tümpel 1906 (die Lieder Gerhardts sind unter den Nummern 380-495 in dieser Ausgabe enthalten) und **P** Petrich 1914. Die Hinweise auf Praxis und Ebeling 66/67 geben zugleich Anhaltspunkte für die Entstehungszeit der einzelnen Gesänge.

Wo der Text von Bachmann bzw. Goedeke abweicht, ist dies vermerkt, mit Ausnahme grundsätzlicher Modernisierungen, z. B. trauern statt *trauren*, jetzt statt *itz*, nun statt *nu*, Haupt statt *Häupt*, glauben statt *gläuben*, kommt statt *kömmt*, Hilfe statt *Hülfe*, willst statt *wilt*, zerbrechen statt *zubrechen*, lügen und trügen statt *liegen und triegen* usw. Dagegen wurde in der Regel *für* statt vor beibehalten, ebenso, wenn der Reim es erfordert, *üm* statt um, desgleichen die alte Form des Participium, z. B. *gepreist* statt gepriesen. Ein Apostroph wurde nur gesetzt, wenn gleiche Konsonanten zusammentreffen (z. B. t't im part. perf.). Das Bindewort *wenn* wird auch von Gerhardt selbst unregelmäßig neben *wann* gebraucht, dementsprechend auch bei Bachmann; im zeitlichen Sinne steht in unserer Ausgabe meist wann, im bedingenden wenn. *Fast* bedeutet bei Gerhardt sehr, *schlecht* schlicht, einfach, *vor* zuvor, *fort* hinfort, *hie und dar* hier und dort, *fromm* hat den Sinn von rechtschaffen usw. Nicht mehr gebräuchliche Wörter sind in den Anmerkungen erklärt.

Der oft verschlungenen Satzbildung Gerhardts wurde niemals Gewalt angetan; der Charakter der Sprache des 17. Jahrhunderts sollte erhalten bleiben, ohne dabei in Altertümelei zu verfallen. Denn in ihrer ursprünglichen Form sind die Verse des Dichters am stärksten, und das moderne Sprachgefühl vermag ihnen dabei leicht zu folgen.

Für die Angaben der Melodien wurden nach Möglichkeit alle deutschen Gesangbücher berücksichtigt.

1. *Wie soll ich dich empfangen*
   Pr 1653, 77 – E 1666/67 – W 3 – B 22 – G 10 – AE 61 – FT 401
   Mel. Ebeling – Valet will ich dir geben – Lobet Gott unsern Herren
   Strophe 6, Vers 2 und 3: Heer, bei denen: aus dem Kollektivsubstantiv im Singular den Plural im Nebensatz abzuleiten, ist für Gerhardt charakteristisch; 6, 4: G ja; 10, 2: B ihn.

2. *Warum willst du draußen stehen*
   Pr 1653, 78 – E 1666/67 (Str. 8-10 neu) – W 2 – B 23 – G 38 – AE 37 – FT 402
   Mel. Crüger – Ebeling – Zion klagt mit Angst und Schmerzen – Werde munter, mein Gemüte
   Str. 6, 4: B und G ißt; 7, 6: Ruh = Ruhestatt

3. *Wir singen dir, Immanuel*
   Pr 1653/56, 100 – E 1666/67 (Str. 4, 8, 9, 17, neu) – W 10 – B 42 – G 55 – AE 62 – FT 403
   Mel. Ebeling – Erschienen ist der herrlich Tag – Gelobet seist du, Jesus Christ – Fr. Mergner, Erlangen 1876
   Str. 1, 1: B und G Emanuel, seit 1669 Immanuel.

4. *O Jesu Christ, dein Kripplein ist mein Paradies*
   Pr 1653 und 1656, 101 – E 1666/67 – W 8 – B 43 – G 56 – AE 63 – FT 404
   Mel. Crüger – Ebeling – Wir Christenleut habn itz und Freud
   Str. 4, 2: B allen; 11, 2: dein Bruder = Jesus

5. *Fröhlich soll mein Herze springen*
   Pr 1653 und 1656, 104 – E 1666/67 – W 5 – B 44 – G 57 – AE 64 – FT 405
   Mel. Crüger – Ebeling – Warum sollt ich mich denn grämen
   Str. 2, 3: B allen; 6, 2: gibt sich an = erbietet sich; 8, 4: B großen; 11, 4: B und G gute

6. *Ich steh an deiner Krippen hier*
Pr 1653 und 1656, 105 – E 1666/67 – W 9 – B 45 – G 58 – AE 65 – FT 406
Mel. Nun freut euch, lieben Christen gmein – Ebeling – J. S. Bach, Leipzig 1736
Str. 5, 4: so tu ich, was geschehen – wiederhole ich das Getane, d. h. das freudige Anschauen; 6, 7: G March; 8, 2: ausstreichen = loben; 8, 7: blicken = blitzen, leuchten.

7. *Schaut, schaut was ist für Wunder dar*
E 1666; 5, 55 – W 4 – B 109 – G 112 – AE 118 – FT 485
Mel. Ebeling – Vom Himmel hoch, da komm ich her
Str. 3, 4: B solchen; 14, 4: B Mann.

8. *Kommt und laßt uns Christum ehren*
Nach dem Lateinischen: Quem pastores laudavere
F 1666; 5, 56 – W 6 – B 110 – G 113 – AE 119 – FT 486
Mel. Den die Hirten lobten, Breslau 1555 – Ebeling

9. *Alle, die ihr Gott zu ehren*
Nach dem Lateinischen: Qui adstatis adspiratis (Text bei Petrich, p. 348) E 1666; 5, 57 (doch früher entstanden) – W 7 – B 111 – G 114 – AE 120
Mel. Qui adstatis adspiratis, Joh. Stadelmayer, Odae Sacrae, Innsbruck, 1638 – Ebeling – Jacob Hintze, in der Praxis von 1675, Nr. 198
Str. 1, 1: B Ehren; 5, 1: in den späteren Ausgaben der Praxis: das; 6, 2: überführen = überstreuen, bedecken.

10. *Nun laßt uns gehn und treten*
Pr 1653, 106 (nach Str. 3 noch im Kriege gedichtet) – E 1666/67 – W 12 – B 24 – G 7 AE 7 – FT 407
Mel. Ebeling – Nun laßt uns Gott den Herren – Wach auf mein Herz
Str. 1, 3: B und G unsern.

11. *Warum machet solche Schmerzen*
Pr 1648, 97 – E 1666/67 – W 11 – B 5 – G 19 – AE 17 – FT 384
Mel. Ebeling – Zion klagt mit Angst und Schmerzen.

12. *Ein Lämmlein geht und trägt die Schuld*
Pr 1648, 118 – E 1666/67 – W 13 – B 7 – G 20 – AE 18 FT 386

Mel. Ebeling – An Wasserflüssen Babylon
Str. 1, 7: verzeiht sich = leistet Verzicht auf; 2, 4: B und G Söhner; 3, 2: B dies; 3, 7: B seinem; 3, 10: B den; 5, 5. B und G Herzen; 7, 6: Calmus (Kalmus) = Kalmusöl, Myrrhen = Harz, Casia = Zimt; 9, 5: in späteren Ausgaben der Praxis findet sich die Lesart Schwermut.

13. *O Welt, sieh hier dein Leben*
Pr 1648, 119 – E 1666/67 – W 15 – B 8 – G 21 – AE 19 – FT 387
Mel. Crüger – Ebeling – O Welt, ich muß dich lassen – Nun ruhen alle Wälder;
Str. 6, 3: B und G sehrer, Komp. von sehr; 9, 6: G an (anlegen).

14. *O Mensch, beweine deine Sünd*
Wahrscheinlich mit dem „Salve" (Nr. 18-24) und dem Auferstehungsgedicht „Nun freut euch hier und überall" (Nr. 27) noch während des Krieges als Einzeldruck veröffentlicht; ein solcher ist jedoch nicht aufgefunden worden.
Pr 1648, 116 – E 1666/67 – W 26 – B 6 – G 12 – AE 11 – FT 385
Mel. Crüger – Ebeling – O Mensch, bewein dein Sünde groß
Str. 2, 3: B zu; 3, 8 B gut (adject.); 4, 5: häufig = reichlich; 8, 2: schrei = schrie (alte Form des imperf.); 9, 1: dem = dem Hohenpriester; 20, 11: die von andern mit Jammer erfüllt wurde; 22, 1:
B war; 25, 2: 8, 2; 15, 7: gehandelt = behandelt; 16, 3: B daneben; 16, 7: vergallte = erbitterte; 19, 4 in hebräischer, lateinischer und griechischer Sprache; 20, 11: die von andern mit Jammer erfüllt wurden; 22, 1: B war; 25, 2: G Fürhang.

15. *Siehe, mein getreuer Knecht*
Pr 1653/56, 148 – E 1666/67 – W 14 – B 47 – G 60 – AE 67 – FT 409
Mel. Ebeling – Christus, der uns selig macht
Str. 1, 1: W geliebter; 3, 2: B und G ihm; 3, 8: ihren plur. auf Heer als Kollektiv; 5, 3: B und G scheußt; 5, 8: verwandtem = abgewandtem; 6, 6: B bei; G der (gen. absol.); 18, 6: übertreten (intrans.) = sündigen; 18, 8: verbeten = Fürbitte tun für.

16. *Hör an, mein Herz, die sieben Wort*
Pr 1653/56, 137 – E 1666/67 – W 24 – B 46 – G 59 – AE 66 – FT 408
Mel. Ebeling – Was mein Gott will, das gescheh allzeit
Str. 7, 8: B der; 11, 4: verfange = Glauben finde.

17. *Als Gottes Lamm und Leue*
Pr 1653/56, 162 – E 1666/67 – W 25 – B 55 – G 61 – AE 68 – FT 410
Mel. Crüger – Ebeling – O Lamm Gottes, unschuldig.
Str. 3, 2: Joseph von Arimathia; 6, 4: blöd = zaghaft; 9, 7: G geliebte.

18. *Sei mir tausendmal gegrüßet*
Das lateinische Original des „Salve" in Bernhards Werken (von Ed. Mabillon, 1719, 11, p. 917-920) mit der Überschrift: Rhythmica oratio ad unum quodlibet membrorum Christi patientis et a cruce pendentis. – Der Titel „Passions-Salve" bei Ebeling
Pr 1653/56, 150 – E 1666/67 – W 16 – B 48 – G 13 1 – AE 86 – FT 459
Mel. Zion klagt mit Angst und Schmerzen (Crüger 1640) – Ebeling
Str. 4, 1: B und G blutge.

19. *Gegrüßet seist du, meine Kron*
Pr 1653/56, 151 – E 1666/67 – W 17 – B 49 – G 13 11 – AE 87 – FT 460
Mel. Ebeling – An Wasserflüssen Babylon
Str. 2, 5: ungeschränkte = unumschränkte; 2, 10: B und G dir.

20. *Sei wohl gegrüßet, guter Hirt*
Pr 1653/56, 152 – E 1666/67 – W 18 – B 50 – G 13 111 – AE 88 – FT 461
Mel. Ebeling – Was mein Gott will, das mir – Was mein Gott will, das gscheh allzeit
Str. 2, 2: G Gülden; 3, 1: sich zu tun = sich nähern, kommen; 3, 2: B und G Armen, entspr. 3, 4 erwärmen; 3, 7: B bereit't; 5, 4: B und G ihren.

21. *Ich grüße dich, du frömmster Mann*
Pr 1653/56, 153 – E 1666/67 – W 19 – B 51 – G 13, IV – AE 89 – FT 462
Mel. Christ unser Herr zum Jordan kam
Str. 3, 1: B und G reuchst; 3, 2: B und G die, seit 1669 das; 4, 4: G March; 5, 3 und 4: B und G hie; 5, 7: nach mir stellt = nach mir jagt (insidiari).

22. *Gegrüßet seist du, Gott mein Heil*
Pr 1653/56, 154 – E 1666/67 – W 20 – B 52 – G 13, V – AE 90 – FT 465
Mel. Ebeling – Vater unser im Himmelreich
Str. 1, 2: B lieb.

23. *O Herz des Königs aller Welt*
Pr 1653/56, 155 – E 1666/67 – W 21 – B 53 – G 13, VI – AE 91 – FT 466
Mel. O Mensch, bewein dein Sünde groß – Kommt her zu mir, spricht Gottes Sohn
Str. 3, 3: B und G eiteln; 3, 4: herzes Herze = geliebtes und liebendes; 5, 5: B und G Herzen.

24. *O Haupt voll Blut und Wunden*
Pr 1653/56, 156 – E 1666/67 – W 22 – B 54 – G 13, VII – AE 92 – FT 467
Mel. Ebeling – Herzlich tut mich verlangen
Str. 1, 3: B und G zu; 2, 7: doppelte Negation ist verstärkte Negation, bei G häufig; 6, 1: B und G hie; 7, 1: G meiner; 7, 2: wohl kommen = bekommen, nutzen.

25. *Also hat Gott die Welt geliebt*
Pr 1661, 372 – E 1666/67 – W 23 – B 90 – G 93 – AE 99 – FT 469
Mel. Ebeling – Ermuntre dich, mein schwacher Geist
Str. 3, 2: B treuem, milden; 14, 1: B sprech; 15, 8: B und G mir, seit 1669 mich; 16, 1: B hie und da; 16, 6: B und G mir, seit 1669 mich.

26. *Auf auf, mein Herz, mit Freuden*
Pr 1648, 141 – E 1666/67 – W 27 – B 9 – G 22 – AE 20 – FT 388
Mel. Crüger 1649; Str. 2, 6: B hier; 4, 4: B er (nach Druckfehler i. d. Pr.).

27. *Nun freut euch hier und überall*
Pr 1653/56, 175 – E 1666/67 – W 29 – B 57 – G 14 – AE 12 – FT 412
Mel. Ebeling – Nun freut euch, lieben Christen gmein – Wenn mein Stündlein vorhanden ist.
Str. 4, 7: G und; 5, 7: darf = bedarf; 17, 3: G kuckt; 24, 3: treib alte Form des pt.; 24, 5: B Jesus; 28, 2: Post = eilige Nachricht; 35, 2: der Höllen = gegen die Hölle; 35, 7: Beute = Gewinn.

28. *Sei fröhlich alles weit und breit*
Pr 1653 und 1656, 171 (als Werk des Christian Bartholdi) – E 1666/67, 120 (als Werk Gerhardts, mit Crügers Weise) – W 28 – B 56 – G 62 – AE 69 – FT 411
Mel. Crüger – Nun freut euch, lieben Christen gmein;
Str. 5, 3: B sein Siegsfürst und sein Herr; 6, 1: der Höllen Sieg = über die Hölle.

29. *Zeuch ein zu deinen Toren*
Pr 1653, 157; noch vor 1648 gedichtet; ohne Str. 9, 10, 11, weil diese zeitlich inzwischen überholt waren, sie wurden erst von Feustking 1707 wieder aufgenommen; vielleicht stammen sie auch aus einem anderen, sonst unbekannten Liede Gerhardts. An der Urheberschaft G.'s ist nicht zu zweifeln. – E 1666/67, ohne Str. 12, die bei Crüger gedruckt war und von Feustking wieder gebracht wurde. – W 32 – B 25 – G 39 – AE 10 – FT 413
Mel. Crüger 1653 – Ebeling – Helft mir Gottes Güte preisen – Von Gott will ich nicht lassen
Str. 1, 1: Toren = die Tore des Herzens; – W meinen Toren; 4, 1-8: diese Stelle wurde von älteren Generationen als zu kühn empfunden. Der Sinn ist dieser: die Würde der Salbung wurde im A. T. den Priestern (3. Mos. 4, 3), den Propheten (Jes. 61, 1) und den Königen zuteil. Das N. T. schenkt allen durch das Blut Christi gesalbten Christen die gleiche Würde, und Gott schützt sie selbst vom Himmel aus (d. h. im Heiligtum); 10, 2: G ihrer, Plural entspr. dem Kollektiv Volk; 13, 1: Polizeien, im humanistischen Sinne = Staatswesen.

30. *O du allersüß'ste Freude*
Pr 1648, 155 – E 1666/67 – W 30 – B 10 – G 23 – AE 21 – FT 389
Mel. Ebeling – Freu dich sehr, o meine Seele – Zion klagt mit Angst und Schmerzen
Str. 2, 4: angeben = aufgeben; 4, 4: gründen = ergründen; 6, 3: unbewegt = unerschütterlich; 9, 7: G allerdings (= in allen Stücken); 10, 1: eben = aufrecht.

31. *Gott Vater, sende deinen Geist*
Pr 1656, 198 – E 1666/67 (mit Str. 10-12 und 15 neu) – W 31 – B 58 – G 63 – AE 70 – FT 414
Mel. Ebeling – Kommt her zu mir, spricht Gottes Sohn – Verzage nicht, du Häuflein klein – Den Herren meine Seel erhebt

Str. 3, 1: B und G deinem; 9, 2: G im; 11, 5: ihnen statt sie noch bei Goethe; 12, 5: fortbringen = erhalten; 14, 3: abstehen = abständig, entwertet werden.

32. *Was alle Weisheit in der Welt*
Pr 1653 und 1656, 212 – E 1666/67 – W 1 – B 59 – G 64 – AE 71 – FT 415
Mel. Ebeling – Christ unser Herr zum Jordan kam
Str. 8, 3: B und G dermaleins.

33. *Du Volk, das du getaufet bist*
E 1667, 10, 117 – W 33 – B 117 – G 120 – AE 126 – FT 492
Mel. Ebeling – Es ist das Heil uns kommen her
Str. 3, 2: B einen; 3, 7: B erteilte.

34. *Herr Jesu, meine Liebe*
E 1667, 10, 118 – W 34 – B 118 – G 121 – AE 127 – FT 493
Mel. Ebeling – Nun lob mein Seel, den Herren
Str. 5, 9: des Trübsals (neutr.).

35. *Wach auf, mein Herz, und singe*
Pr 1648, 1 – E 1666/67 – W 99 – B 1 – G 15 – AE 13 – FT 380
Mel. Crüger – Ebeling – Nun laßt uns Gott den Herren
Str. 2, 1: heint = heute Nacht; G tunkle; 5, 3: G Für, seit 1667 von; 5, 4: G verneuet (s. a. Luther); 8, 3: zu ergänzen den, der; 9, 3: G Mitte.

36. *Lobet den Herren, alle die ihn ehren*
Pr 1653, 7 – E 1666/67 – W 100 – B 21 – G 37 – AE 36 – FT 400 – Petrich Anm. 171
Mel. Crüger 1653 – Ebeling – Lobet den Herren, denn er ist sehr freundlich
Str 1, 2: G fürchten (E und die späteren Ausgaben der Pr ehren);
9: fehlt Pr 1656; 9, 4: Zukunft = Ankunft zum jüngsten Gericht.

37. *Die güldne Sonne*
E 1666, 3, 25 – W 98 – B 101 – G 106 – AE 112 – FT 478
Mel. Ebeling 1666 – Pr 1675 (Komponist unbekannt)
Str. 2, 10: B vergänglichen; 6, 10: G meinen; 7, 10: G Erschöpfung; 9, 8 und 9: B gefüllet und gestellet; 10, 2: B und G wormit.

38. Nun ruhen alle Wälder
Pr 1648, 15 – E 1666/67 – W 102 – B 2 – G 16 – AE 14 – FT 381 – Petrich Anm. 376
Mel. Ebeling 1666 – O Welt, ich muß dich lassen
Str. 1: vgl. Einleitung S. 9 Abs. 2; 1, 2: G Stadt; 7, 5: G allem; 9, 2: G heinte, vgl. Nr. 35, 2, 1; 9, 6: in vielen Gesangbüchern fälschlich Helden.

39. Der Tag mit seinem Lichte
Ebeling 1666, 3, 26 – W 101 – B 102 – G 107 – AE 113 – FT 479
Mel. Ebeling 1666;
Str. 2, 8: B und G wormit.

40. Geh aus, mein Herz, und suche Freud
Pr 1653/56, 412 – E 1666/67 – W 103 – B 85 – G 85 – AE 83 – FT 454
Mel. Ebeling 1666 – Den Herren meine Seel erhebt – Kommt her zu mir, spricht Gottes Sohn
Str. 6, 6: B seinen; 7, 4: überflüssig = im Überfluß; 10, 6: G Alleluja; 14, 3: bekleiden = Wurzel fassen, gedeihen.

41. O Herrscher in dem Himmelszelt
E 1666, 4, 41 (wie G mit Recht annimmt, früher und in Verbindung mit dem folgenden entstanden, und zwar, nach Str. 5, noch vor 1648) – W 104 – B 107 – G 5 – AE 5 – FT 483
Mel. Ebeling – Wenn wir in höchsten Nöten sein
Str. 7, 3: B Gruben; 15, 4: B und G süßen, warmen, spätere Ausgaben der Pr süßem; 16, 3: B und G dermaleins.

42. Nun ist der Regen hin
Pr 1653, 315 (vgl vorige Nr.) – E 1666, 4, 42 – W 105 – B 39 – G 6 – AE 6 – FT 455
Mel. Ebeling – Auf meinen lieben Gott
Str. 3, 6: zu euch = auf euch; 4: die Vorstellung von Gottes Zorn und Reue ist bezeichnend für G's naive Gottesauffassung; er entnahm sie den Psalmen und wandte sie insbesondere in den Psalmnachdichtungen häufig an; 7, 3: Schlag = Hagelschlag, B Schlagg,

43. Nun geht frisch drauf, es geht nach Haus
Pr 1653 und 1656, 427 – E 1666/67 (mit den Str. 2, 4-6, 12-15, die in der Praxis weggelassen waren) – W 106 – B 86 – G 88 – AE 85 – FT 456

Mel. Lobt Gott, ihr Christen, alle gleich
Str. 10, 4: Tausendkünstler = Teufel; 11, 2: Mahanaim = die Engelheere, vgl. 1. Mos. 32,1-2; 17, 3: B er fährt mit Treu; 19, 3: B derer, süßeste; 22, 1: B alsdenn.

44. *Der aller Herz und Willen lenkt*
Gedruckt in Berlin 1643 bei Runge in einem Epithalamium für Joachim Fromme (derselbe auf dessen Tod Gerh., sein späterer Kollege, 1657 lat. Verse schrieb, vgl. lat. Gedichte Nr. VI), Magister und Archidiakonus an St. Nikolai in Berlin. Sabina Barthold, Tochter des Kammeradvokaten Andreas B., war eine Schwester von Gerh.'s späterer Ehefrau. – Das Gedicht ist unterzeichnet: „Paulus Gebhardus, Ss. Theol. Studiosus". Es handelt sich dabei um einen Druckfehler; der Autor war der Rungeschen Druckerei damals noch unbekannt. – B Anh. 1 – W 1869, 108 – G 4 – AE 4
Str. 1, 5: B und G rüft; 3, 5: Schluß = Ratschluß; 4, 1: belieben = gefallen, B hochbeliebt; 5, 1: fortsetzen = auspflanzen; 8, 5: B und G vorbei; 9, 4: G edlen; 9, 7: G guten; 11, 2: bald = kurz; 12, 6: G drüm; 14, 5: ohn diesem, Gerh. gebraucht auch sonst ohne mit d. Dativ; 15, 3: B und G wenn; 16, 3: B und G ja und Wahr; 17, 4: gezeuget = gezeiget.

45. *Ein Weib, das Gott den Herren liebt*
Pr 1653 und 1656, 341 – E 1666/67 – W 109 bzw. 110 – B 74 – G 86 – AE 84 – FT 437
Mel. Crüger – Ebeling – Wo Gott zum Haus nicht gibt sein Gunst
Gerh. hält sich ziemlich genau an sein Vorbild (Spr. Sal.), z. B. Str. 5, 6, 7 usw., wahrscheinlich handelte es sich um ein Hochzeitscarmen für Freunde. – Str. 5, 4: die Nahrung fortsetzen = unausgesetzt fleißig sein; 6, 3: B und G derer; 15, 3: B und G darbei.

46. *Voller Wunder, voller Kunst* („Der wundervolle Ehestand")
E 1666/67, 4, 40 – W 107 – B 106 – G 110 – AE 116 – FT 482
Mel. Ebeling – Nicht so traurig, nicht so sehr.
Auch dieses Gedicht dürfte ein Gelegenheitsgedicht sein.
Str. 10, 4: B und G Mangel frei.

47. *Wie schön ists doch, Herr Jesu Christ* („Trostgesang christl. Eheleute")
E 1666/67, 4, 38 – W 108 bzw. 109 – B 105 – G 109 – AE 115 – FT 481
Mel. Ebeling – Wie schön leuchtet der Morgenstern

Gelegenheitsgedicht wie das vorige.
Str. 2, 1: begehn = begegnen, vertragen; 3, 3: B Hochgeliebten; 5, 4: B immerfort; 5, 9: Tocken = Puppen, Töchter; 5, 10: Wocken = Spinnrocken.

48. *Unter allen, die da leben*
Joachim Pauli, Vier geistliche Lieder, o. J., wahrsch. Berlin 1665 – B Anhang 9 – G 100 – AE 106 – P 144.
Unterzeichnet: „Zur Bezeugung guter Zuneigung gegen den Authorn setzte dieses Paulus Gerhardt, Prediger zu St. Nikolai in Berlin".

49. *Tapfre Leute soll man loben*
P 181.

50. *Herr, ich will gar gerne bleiben*
E 1667, 8, 95 (entstanden jedoch vor 1648) – W 38 – B 115 – G 118 – AE 124 – FT 490
Mel. Ebeling – Zion klagt mit Angst und Schmerzen
Des Chyträus „Viatico itineris extremi" erschien in Herborn 1602. Die Stelle (S. 175) lautet: „Sum canis indignus, fateor, quid enim mea celem crimina, sunt oculis quae manifesta tuis?"

51. *Weg, mein Herz, mit den Gedanken*
Pr 1648, 36 – E 1666/67 – W 35 – B 3 – G 17 – AE 15 – FT 382
Mel. Ebeling – Zion klagt mit Angst und Schmerzen
Str. 4, 4: an mir = mir; 5, 5: jächt = seufzt; 9, 5: G seiner (Dativ nach gegen i. 17. J. allgemein); 11, 1: Welt = Welten

52. *Herr, höre, was mein Mund*
Pr 1648, 37 – E 1666/67 – W 37 – B 4 – G 18 – AE 16 – FT 383
Mel. Ebeling – Als der gütige Gott
Str. 11, 2: G begierlich.

53. *Nach dir, o Herr, verlanget mich*
Pr 1648, 276 – E 1666/67 – W 36 – B 17 – G 30 – AE 28 – FT 396
Mel. Ebeling – Ihr lieben Christen, freut euch nun – Wenn wir in höchsten Nöten sein
Str. 4, 1: B und G einigs, Pr 67 einzigs; 12, 1: dein darf = deiner bedarf (öfters so).

54. *Zweierlei bitt ich von dir*
Pr 1648, 240 – E 1666/67 – W 41 – B 12 – G 25 – AE 23 – FT 391
Mel. Crüger – Ebeling – Singen wir aus Herzensgrund
Ein älteres Kirchenlied „Zwei Ding, o Herr, bitt ich von dir" von Paul Eber, 1511-1569, mag G. außer der Stelle aus Spr. Sal. beeinflußt haben. Str. 2, 3: Armut neutr. (i. 17. J. gebräuchlich); 4, 7: erheben = überheben.

55. *O Gott, mein Schöpfer, edler Fürst*
Pr 1648, 248 – E 1666/67 – W 42 – B 13 – G 26 – AE 24 – FT 392
Mel. Ebeling – Christ unser Herr zum Jordan kam
Str. 1, 5: lebendig, die Betonung liegt auf der ersten, der Stammsilbe; 3, 9: umkehren = verderben, zugrunderichten.

56. *Ich erhebe, Herr, zu dir*
Pr 1648, 279 – E 1666/67 – W 49 – B 18 – G 31 – AE 29 – FT 397
Mel. Crüger – Nicht so traurig, nicht so sehr – Ebeling
Str. 1, 1: B erhöbe; 5, 5: verdeckt = unter seinem Schutz

57. *Weltskribenten und Poeten*
Mich. Schirmer, Bibl. Lieder und Lehrsprüche, Berlin, Chr. Runge, 1650 – B Anh. 3 – G 35 – AE 34 – P 83
Str. 2, 1: B und G danckte; stellen = sichern; 5, 2 u. 3: B bemühen, abzuziehen. Das Gedicht ist unterzeichnet: „Paul Gerhard". Michael Schirmer, geb. Leipzig 1606, Konrektor in Berlin, gehörte zu G.s Freundeskreise. Auf den Tod von Gerh.s Sohn Andreas Christian, gest. 19. Sept. 1665, lieferte er ein Trauergedicht. Sch. starb 1673 in Berlin.

58. *Ich weiß, mein Gott, daß all mein Tun*
Pr 1653 u. 1656, 332 – E 1666/67 – W 40 – B 71 – G 78 – AE 76 – FT 434
Mel. Ebeling – Verzaget nicht, o frommer Christ – In dich hab ich gehoffet, Herr
Str. 1, 2: B in; 4, 1: B und G weiser; 4, 3: B und G zum Stande; 11, 5: B und G Im Kurzen; 15, 5: B und G Stücken.

59. *Ich danke dir demütiglich*
Pr 1653 und 1656, 318 – E 1666/67 (neu St. 4, 7, 11) – W 44 – B 65 – G 75 – AE 73 – FT 434
Mel. Ebeling – In dich hab ich gehoffet, Herr – Im finstern Stall, O Wunder. Arnds Text aus dem „Paradiesgärtlein" bei G.

Str. 6, 1: B dich; 8, 1: B nur ein ghorsam; 11, 6: seinen; 15, 2: G deiner Schoß, fern.

60. *O Jesu Christ, mein schönstes Licht*
Pr 1653 u. 1656, 334 – E 1666/67 – W 45 – B 73 – G 74 – AE 72 – FT 436
Mel. Ebeling – Ich ruf zu dir, Herr Jesus Christ
Arnds Text bei G. (Die Vergleichung der Teile bei Arnd und bei Gerhardt ist lehrreich: bei oft wörtlicher Übereinstimmung dort veraltet, sentimental und künstlich, hier lebendig und noch heute anziehend.)
Str. 12, 5: B und E Himmelbrot.

61. *Wohl dem Menschen, der nicht wandelt*
Pr 1653, 241 – E 1666/67 – W 46 – B 30 – G 44 – AE 38 – FT 427
Mel. Ebeling – Werde munter, mein Gemüte – Zion klagt mit Angst und Schmerzen
Str. 1, 1: W wandel; 1, 6: B ihr Gesellen.

62. *Hört an, ihr Völker, hört doch an*
Pr 1653 u. 1656, 324 – E 1666/67 – W 47 – B 68 – G 69 – AE 46 – FT 430
Mel. Ebeling – Christ, unser Herr, zum Jordan kam
Str. 2, 5: Untertreter = der mich unter seine Füße tritt; 4, 4: noch = dennoch; 6, 4: erkleiben = zunehmen, s. o.: Wurzel schlagen, gedeihen; 7, 1: B wurd; 9, 6: B ihm.

63. *Wohl dem, der den Herren scheuet*
Pr 1653, 243 – E 1666/67 – W 48 – B 32 – G 47 – AE 50 – FT 431
Mel. Ebeling – Werde munter, mein Gemüte – Zion klagt mit Angst und Schmerzen – Wie der Hirsch in großen Dürsten – Freu dich sehr, o meine Seele.

64. *Herr, aller Weisheit Quell und Grund*
Pr 1661, 373 – E 1666/67 („Gebet um Weisheit und Verstand“) – W 39 – B 91 – G 94 AE 100 – FT 470
Mel. Ebeling Vom Himmel hoch, da komm ich her – Christ, der du bist der helle Tag – Lob sei dem allerhöchsten Gut
Str. 8, 2: Ahitophel = Davids Ratgeber, der zu Absalom überging und sich nach dessen Tod erhängte, vgl. 2. Sam. 17,23; 17,4: B vom; 23, 4: ihrem, B u. G dgl., spät. Ausg. d. Pr ihren.

65. *Jesu, allerliebster Bruder*

Pr 1661, 374 (nach B vor 1656 entstanden) – E 1666/67 – W 43 – B 92 – G 95 – AE 101 – FT 471
Mel. Du o schönes Weltgebäude (Crüger 1649) – Ebeling
Text Arnds bei G.
Str. 3, 5: uns fügt = uns hold ist; 8, 7: B im.

66. *Herr, du erforschest meinen Sinn*

E 1666/67, 2, 23 – W 50 – B 99 – G 104 – AE 110 – FT 476
Mel. Ebeling – Vom Himmel hoch, da komm ich her – Christ, der du bist der helle Tag
Str. 9, 3: B u. G dann, aber E 66 denn; 11, 1. Eingeweid = Innerstes (noch bei Goethe); 15, 3: B das; 16, 1: B des; 16, 3: B u. G weiten, spät. Ausg. der Pr weitern; 17, 1: B und G dann, E 66 denn; 18, 3: B dann, E 66 denn.

67. *Ist Ephraim nicht meine Kron?*

Pr 1653, 366 (entstanden bereits 1641, vgl. P 53) u. 1656 – E 1666/67 – W 77 – B 35 – G 49 – AE 56 – FT 442
Mel. Crüger – Ebeling – Herr, straf mich nicht in deinem Zorn – Es ist das Heil uns kommen her
Str. 3, 7: B auf; 6, 1: B u. G bösen; 7, 3: bricht = wird weich.

68. *Was soll ich docb, o Ephraim*

Pr 1653, 367 (entstanden 1641 u. Gegenstück zum vorigen; den Anlaß gab eine Feuersbrunst in Wittenberg, vgl. P 53) und 1656 – E 1666/67 – W 78 – B 77 – G 48 – AE 55 – FT 443
Mel. Ebeling – An Wassenflüssen Babylon
Str. 1, 6: B freche; 2, 4 u. 7: Adama und Zeboim wurden zugleich mit Sodom und Gomorra vernichtet; 3, 4: B anders.

69. *Kommt, ihr traurigen Gemüter*

Pr 1653, 368 (entstanden bereits 1641, abgedruckt bei Christoph Peter, Andachts-Zymbeln, Guben 1655, vgl. P 53) – E 1666/67 – W 79 – B 78 – G 54 – AE 60 – FT 444
Mel. Ebeling – Wie der Hirsch in großen Dürsten – Zion klagt in Angst und Schmerzen
Str. 2, 3: geschmissen = zufallgebracht.

70. *Was trotzest du, stolzer Tyrann*
E 1666/67, 2, 14 (entstanden vor 1648) – W 72 – B 97 – G 2 – AE 2
Mel. Ebeling
In diesem Gedicht der Frühzeit versucht sich G. in modischen Kunstformen (amphibrachisch)
Str. 1, 5: G dann; 3, 1: B und G Tichten; 3, 4: B und G dann; 5, 2: B die frommen Gerechten; 6, 3: mit Erden = Irdischen; 6, 4: B und G der, i. spät. Ausg. d. Pr den; 7, 3: B und G dann, E 66 denn.

71. *Herr, der du vormals hast dein Land*
Pr 1653, 280 (entstanden vor 1648) – E 1666/67 – W 75 – B 34 – G 8 – AE 8 – FT 440
Mel. Crüger – Ebeling – Herr, wie du willst – Wär Gott nicht mit uns
Str. 6, 2: stellt = umstellt.

72. *Nicht so traurig, nicht so sehr*
Pr 1648, 251 – E 1666/67 – W 53 – B 16 – G 29 – AE 27 – FT 395
Mel. Crüger – Ebeling – Ich erhebe, Herr, zu dir
Str. 2, 1 du noch = weder du noch ein; 2, 3: B seind; 4, 1: B und G alter (alte Form); 11, 1: deiner Liebe = der Liebe zu dir.

73. *Ich hab in Gottes Herz und Sinn*
Pr 1648, 249 – E 1666/67 – W 65 – B 14 – G 27 – AE 25 – FT 393
Mel. Was mein Gott will, das gscheh allzeit
Str. 2, 8: B denn; halt ich den Stand = standhalten; 4, 1: Aufenthalt = Erhaltung, Unterhalt; 7, 7: B alle; 7, 10: B das, was ihm wohlgefalle; 8, 2: B es; 9, 1: Ungestüm = Wind und Regen; 10, 6: B meinen (nach Druckfehler i. Original); 10, 10: ihr = sich.

74. *Ich hab oft bei mir selbst gedacht*
Pr 1653 u. 1656, 331 – E 1666/67 – W 51 – B 70 – G 81 – AE 79 – FT 433
Mel. Ebeling – Vater unser im Himmelreich
Str. 2, 6: B Sorgen; 4, 4: mit was = mit was für; 6, 6: B u. G alter; 12, 3: B u. G alle Gift (fem.).

75. *Du bist ein Mensch, das weißt du wohl*
Pr 1653 u. 1655, 330 – E 1666/67 – W 52 – B 69 – G 79 – AE 77 – FT 432
Mel. Ebeling – Ermuntre dich, mein schwacher Geist

Str. 2, 2: G deinen; 7, 2: G hier oben; 7, 7: erst = zuerst, am Anfang; 7, 8: G als; 16, 5: B u. G Sorgen Bürd; 17, 2: liederlich = leichtfertig; 18, 1: B dein; i. 18. J. ein.

76. *Du liebe Unschuld du, wie schlecht wirst du geacht*
Pr 1653 u. 1656, 650 – W 54 – B 66 – G 1 – AE 1 – FT 425
Mel. Ebeling – Mein Augen schließ ich jetzt in Gottes Namen zu
Wie G mit Recht annimmt, wohl schon vor 1644 gedichtet, da der Ton des Opitzschen Lehrgedichts noch innegehalten ist. Eines der wenigen Gedichte G.s in Alexandrinern. Wegen seines mehr weltlich-moralischen Charakters nicht von Ebeling aufgenommen.
Str. 2, 1: B fleugst; 2, 2: tut sich zu = geht den krummen Weg; 2, 3 B u. G Bödern, B Scheuern; 4, 2: Reputation = äußeres Ansehen; 5, 1: streichst aus heraus, preiset; 7, 1: schlecht = gering, unbedeutend; 8, 3: Dichten erdichten, erfinden; 9, 4: B u. G Bodem (ältere Form); 13, 2: B seinen Wegen; 14, 3: halt = halt daran fest, 15, 4: mit Freud = das Begehren wird durch Freude gestillt, nicht freudig (auf Gott bezogen).

77. *Ich habs verdient, was will ich doch*
Pr 1653 u. 1656, 374 – E 1666/67 – W 56 – B 83 – G 80 – AE 78 – FT 451
Mel. Ebeling – Frisch auf, mein Seel, verzage nicht – Was mein Gott will, das gschah allzeit.
Str. 2, 7: verzehret = hingebracht (ein gutes Beispiel für G.s bildhaft-drastische Ausdrucksweise); 3, 10: völlig = durchaus gerecht; 6, 9: B frei; 9, 4: vexieren = plagen, quälen.

78. *Ach treuer Gott, barmherzigs Herz*
Pr 1653 u. 1656, 381 – E 1666/67 – W 57 – B 80 – G 76 – AE 74 – FT 448
Mel. Ebeling – Herr straf mich nicht mit deinem Zorn – Es ist das Heil uns kommen her.
Der Titel bei Arnd lautet: „Gebet um Geduld in großem Creutz“
Str. 11, 3: dürftig = bedürftig; 12, 4: B u. G Thurm und Veste; 15, 4: B u. G dermaleins.

79. *Barmherzger Vater, höchster Gott*
Pr 1653 u. 1656, 382 – E 1666/67 – W 58 – B 81 – G 77 – AE 75 – FT 449

Mel. Ebeling – Durch Adams Fall ist ganz verderbt
Titel bei Arnd: „Creutzgebet, wenn Gott die Hülfe lange verzeucht“
Str. 1, 8: G sollt; 6, 4: bekleiben = Wurzel schlagen, Frucht tragen; 10, 2: B u. G vieln, in den Ausgaben der Pr seit 1669 viel; 10, 9: B u. G verleurt; 13, 1: mit diesem Verse beginnt das Lied Nr. 53.

80. *Was Gott gefällt mein frommes Kind*
Pr 1653, 290 – E 1666/67 – W 60 – B 37 – G 51 – AE 58 – FT 446
Mel. Ebeling – Erschienen ist der herrlich Tag – Dies sind die heilgen zehn Gebot
Str. 3, 3: laß mutlos; 7, 1: G will; 9, 1: G Elementen, hält = erhält, hält in Gang; 9, 2: hält = hält zurück, in Schranken (Paronomasie zu 9, 1); 14, 5: B ihm.

81. *Schwing dich auf zu deinem Gott*
Pr 1653, 288 mit dem Titel: Trost in schwerer Anfechtung, ohne Str. 3, 5, 9-12 – E 1666/67 vollständig – W 61 – B 36 – G 50 – AE 57 – FT 445
Mel. Crüger – Ebeling – Christus der uns selig macht
Str. 2, 3: B erneurst; 2, 7: entzückt = entrückt; 3, 3: über mir, im 17. J. ist der Dat. üblich; 4, 5: Ranzion = Lösegeld; 7, 8: behalten = zurückgehalten; 9, 7: Aufenthalt = Unterhalt; 16, 5: B u. G Erntenzeit, spätere Ausgaben der Pr Ernte.

82. *Ist Gott für mich, so trete*
Pr 1653 u. 1656, 330 (nach P 101 vielleicht schon 1651 gedichtet; durch das Jahr des ersten Drucks ist die Tradition widerlegt, das Lied sei in der Konfliktzeit G.s gedichtet) – E 1666/67 – W 63 – B 79 – G 82 – AE 80 – FT 447
Mel. Ebeling – Valet will ich dir geben – Herzlich tut mich verlangen
Str. 1, 4: hinter sich = zurück; 3, 7: B u. G das, spät. Ausg. d. Pr was; 7, 7: Abba, vgl. Marc. 14,36, Röm. 6,15, Gal. 4,6; 15,7: B u. G singend.

83. *Warum sollt ich mich denn grämen?*
Pr 1653, 240 – E 1666/67 – W 64 – B 29 – G 43 – AE 54 – FT 426
Mel. Crüger – Ebeling
Str. 2, 1: B den; 5, 7: B auch; 8, 5: B schleuß; 10, 5: B u. G edle; 12, 8: in vielen Gemeindegesangbüchern: lieblich.

84. Befiehl du deine Wege
Pr 1653 u. 1656, 333 – E 1666/67 – W 66 – B 72 – G 68 – AE 44 – FT 435
Mel. Ebeling – Hasse – Herzlich tut mich verlangen – Ich dank dir, lieber Herre – Lobet Gott unsern Herren
Str 2, 7: sich, erst im 19. Jahrh.; 3, 5: B u. G denn; 3, 7: B u. G zum; 5, 5: B u. G was er ihm fürgenommen; 8, 6: B wunderbaren; 9, 6: B sollst; 9, 8: B u. G so, in den spät. Ausg. d. Pr als; 10, 4: B u. G wengsten, in den spät. Ausg. d. Pr minsten; 12, 3: B u. G unser, i. d. spät. Ausg. d. Pr unsre.

85. Noch dennoch mußt du drum nicht ganz
Pr 1653 u. 1656, 383 – F 1666/67 – W 67 – B 82 – G 9 – AE 9 – FT 450
Mel. Ebeling – Es spricht der Unweisen Mund
Str. 1, 1: ein bestimmter Anlaß für das Gedicht konnte bisher nicht gefunden werden; noch dennoch ist doppelte Bejahung; 3, 3: B sollte drum; 5, 1: durch den Sinn fahren = kreuzen, hindern; 6, 5: schlecht = leicht; 9, 7: fehlen = fehlschlagen; 11, 1: derartige Konstruktionen häufig bei G.

86. Wie lang, o Herr, wie lange soll
Pr 1653 u. 1656, 365 – E 1666/67 – W 68 – B 75 – G 65 – AE 39 – FT 439
Mel. Ebeling – Ein feste Burg ist unser Gott
Str. 1, 9: B u. G von mir; 4, 7: aus mir = mit mir

87. Gott ist mein Licht, der Herr mein Heil
Pr 1653, 242 – E 1666/67 – W 70 – B 31 – G 45 – AE 41 – FT 428
Mel. Crüger – Ebeling – Es ist das Heil uns kommen her – Nun freut euch, lieben Christen gmein
Str. 2, 3: B u. G starker; 8, 6: hilft zu recht, nicht: zum Rechte helfen, sondern zurechtweisen, recht führen; 9, 5: entsetzt = verlassen; 10, 7: überweisen = beweisen.

88. Wie der Hirsch in großen Dürsten
Pr 1653, 276 – E 1666/67 – W 71 – B 33 – G 46 – AE 45 – FT 438
Mel. Crüger – Ebeling – Zion klagt in Angst und Schmerzen – Freu dich sehr, o meine Seele
Str. 3, 1: B denn; 3, 2: B mir; 3, 8: erhabner, Pr 1690 erhobner (beide Formen sind Participium von erheben); 7, 6: G welchem.

89. *Sei wohlgemut, o Christenseel*
Pr 1653 u. 1656, 323 – E 1666/67 – W 74 – B 67 – G 70 – AE 47 – FT 429
Mel. Crüger – (Gott ist mein Licht, der Herr mein Heil) – Ebeling – Es spricht der Unweisen Mund – Es ist das Heil uns kommen her
Str. 9, 1: B u. G schlipfrig; 12, 1: B u. G Herzen, spät. Ausg. d. Pr Herzens.

90. *Wer unterm Schirm des Höchsten sitzt*
Pr 1653 u. 1656, 430 – E 1666/67 – W 76 – B 87 – G 71 – AE 48 – FT 457
Mel. Ebeling – An Wasserflüssen Babylon
Str. 3, 5: Peste, Zugeständnis an das Metrum, wie deine, abe.

91. *Geduld ist euch vonnöten*
Pr 1661, 375 – F 1666/67 – W 59 – B 93 – G 96 – AE 102 – FT 472
Mel. Ebeling – Nun jauchzet all, ihr Frommen – Von Gott will ich nicht lassen
Str. 5, 3: B u. G ihr; 6, 4: B hier, G ihr; 8, 3: G schönen; 8, 5: B u. G den Paradies, spät. Ausg. d. Pr das; 10, 7: B der im Himmel droben; 11, 6: B ihn; 14, 3: B Leibes Hütte nach E.

92. *Ach Herr, wie lange willst du mein*
Zuerst gedruckt mit der Leichenpredigt, die Christian Alborn, Propst zu Mittenwalde, auf den am 27. März 1660 verstorbenen Ch. Ludw. v. Thümen hielt, Berlin, bei Runge, o. J. – E 1666/67 – W 69 – B 89 – G 91 – AE 97 – FT 468
Mel. Ebeling – Ach Gott vom Himmel sieh darein;
Str. 7, 3: B bewehrest.

93. *Herr, was hast du im Sinn*
E 1666/67, 3, 28 – W 55 – B 104 – G 36 AE 35
Mel. Ebeling – Auf meinen lieben Gott – Wo soll ich fliehen hin.
Str. 2 bezieht sich auf die verschiedenen Kometen des 30jährigen Krieges als dessen Vorbote ihr hellster und größter, der von 1618, galt.

94. *Gib dich zufrieden und sei stille*
E 1666/67, 1, 11 – W 62 – B 15 – G 101 – AE 107 – FT 474
Mel. Ebeling – Hintze, Berlin 1670 – Das Lied ist in einem neuartigen Versmaß gedichtet, für die keine älteren Melodien vorhanden waren. Es gibt im Werk G.s deren sieben; die anderen sind: Auf auf

mein Herz, mit Freuden; Nicht so traurig, nicht so sehr; Fröhlich soll mein Herze springen; Der Tag mit seinem Lichte; Die güldne Sonne, Was trotzest du, stolzer Tyrann.
Str. 2, 2: B u. G ungefärbtes, spätere Ausg. d. Pr ungefärbten; 4, 6: benehmen = befreien; 5, 1: B u. G Seufzen, spätere Ausg. d. Pr Seufzer; 9, 7: zuschicken = Vorkehrung treffen; 10, 2: B und G dannoch; 11, 2: dichten = erdichten, lügen; 15, 4: B und G Friede.

95. *Meine Seel ist in der Stille*
E 1666/67, 4, 48 – W 73 – B 108 – G 111 – AE 117 – FT 484
Mel. Ebeling – O du schönes Weltgebäude
Str. 6, 8: B ihn, spät. Ausg. d. Pr ihm; 7, 1: B enden; 7, 4: B und G seine, spät. Ausg. d. Pr seiner; ruhen = vertrauen; 7, 7: noch eins noch einmal.

96. *Nun danket all und bringet Ehr*
Pr 1648, 181 – E 1666/67 – W 80 – B 11' – G 24 – AE 22 – FT 390
Mel. Crüger – Ebeling – Lobt Gott, ihr Christen, alle gleich
Angeregt durch Martin Rinckarts Lied „Nun danket alle Gott"
Str. 3, 1: B vom; 9, 4. B und G ewign.

97. *Wie ist so groß und schwer die Last*
Pr 1653, 299 (mit der Überschrift „Schutz Gottes in Kriegsläuft"; gedichtet vor 1648) – E 1666/67 – W 83 – B 38 – G 3 – AE 3 – FT 452
Mel. Ebeling – Warum betrübst du dich, mein Herz
Str. 1, 3: aller Götter Gott, der Ausdruck, der mit der christlichen Vorstellung wenig übereinstimmt, ist aus den Psalmen übernommen; 4, 4: abgelohnt = aus dem Dienst; 9, 1: Polizei = bürgerliche und staatliche Ordnung; 13, 3: engelische Brunst = Inbrunst wie sie die Engel haben; 13, 4: G unser; 18, 1: B wirst.

98. *Gottlob, nun ist erschollen*
Pr 1653 und 1656, 409 (gedichtet 1648, vgl. P 101) – E 1666/67 (dort mit dem angegebenen Titel) – W 84 – B 84 – G 32 – AE 31 – FT 453
Mel. Ebeling – Nun lob, mein Seel, den Herren
Str. 1, 8: B vollem; 4, 8: G Heid; 5, 2: die Tränenbach, Bach fem. noch heute in mitteldeutschen Dialekten.

99. *Sollt ich meinem Gott nicht singen*
Pr 1653/56, 230 – E 1666/67 – W 81 – B 60 – G 84 – AE 82 – FT 416

Mel. Ebeling – Lasset uns den Herren preisen
Str. 1, 3: B und G den, im 18. Jahrh. denn; 2, 3: hie und wieder = immer; 3, 5: B und G ungegründtet, spät. Ausg. d. Pr unergründter; 5, 3: zustehen = zustoßen; 5, 7: hebt mir an = hebt an, mir beizulegen = verleihen; 6, 4: hält = erhält; 6, 7: G Püschen; 9, 4: B aus der Bahne; 10, 8: G Kreuz zu ihme.

100. Wer wohlauf ist und gesund
Pr 1653 u. 1656, 500 – E 1666/67 –W 82 – B 88 – G 87 – AE 93 – FT 463
Mel. Ebeling – Christus, der uns selig macht.
Str. 4, 7: ausgesetzt = im Bett hochgestützt; 6, 6: darf = brauche mich nicht zu schonen, bedarf keiner Schonung; 13, 7: B und G aus dir, spät. Ausg. d. Pr dich.

101. Ich singe dir mit Herz und Mund
Pr 1653, 186 (ohne Str. 4, 8, 9, 17) – E 1666/67 (vollständig) – W 85 – B 27– G 41 – AE 53 – FT 420
Mel. Crüger – Nun danket all und bringet Ehr – Ebeling – Lobt Gott, ihr Christen, alle gleich
Str. 4, 1: B des schönen Himmels Zelt; 7, 2: B wirst; 10, 4: reicht gereicht; 11, 4: hebst setzt ein Ende; 16, 4: zurückgekehrt = umgewendet; 18, 4: ewig in der Ewigkeit

102. Auf den Nebel folgt die Sonne
Pr 1653 u. 1656, 249 – E 1666/67 – W 87 – B 64 – G 83 – AE 81 – FT 422
Mel. Ebeling – Singen wir aus Herzensgrund – Fr. Mergner, Erl. 1876
Str. 1, 1 und 2: B Sonn und Wonn; 1, 3: B und G bitter, in spät. Ausg. d. Pr bittre; 4, 7: in spät. Ausg. d. Pr zum Fall; ein Sieb gebaut = eine Falle gestellt. Der Ausdruck kommt vom Vogelstellen, wo unter ein Sieb Futter gestreut wird; wenn der Vogel das Futter pickt, wird vermittels einer Schnur das Stäbchen das das Sieb hält, weggezogen; das Sieb (oder Netz) fällt, und der Vogel ist gefangen; 5, 5: setzt = das Bild ist vielleicht vom Kegelspiel hergenommen.

103. Der Herr, der aller Enden
Pr 1653, 224 – E 1666/67 – W 89 – B 28 – G 42 – AE 40 – FT 423
Mel. Ebeling – Nun laßt uns Gott den Herren – Wach auf, mein Herz, und singe
Str. 3, 3: B zum frischen Quellen.

104. Ich preise dich und singe

Pr 1653 u. 1656, 237 – E 1666/67 – W 90 – B 61 – G 66 – AE 42 – FT 417

Mel. Crüger – Ebeling – Aus meines Herzens Grunde.

Str. 2, 8: B und G mit nicht erfreuen; 3, 2: schrei = schrie; 7, 3: in spät. Ausg. ward; 8, 6: B welchen.

105. Ich will erhöhen immerfort

Pr 1653 und 1656, 238 (ohne Str. 11 und 12) – E 1666/67 (mit Str. 11 und 12) – W 91 – B 62 – G 67 – AE 43 – FT 418

Mel. Crüger – Kommt her zu mir, spricht Gottes Sohn

Str. 5, 3: beliebet = vorzieht; 5, 4: verrückt = vergeht; 8, 2: tut führt, beiträgt; 11, 4: spät. Ausg. für alle sein Gebein.

106. Ich will mit Danken kommen

Pr 1653 u. 1656, 248 – E 1666/67 – W 93 – B 63 – G 72 – AE 49 – FT 421

Mel. Ebeling – Nun jauchzet all, ihr Frommen – Aus meines Herzens Grunde

Str. 7, 5: B wird.

107. Das ist mir lieb, daß Gott mein Hort

Pr 1653 u. 1656, 369 – E 1666/67 – W 94 – B 76 – G 73 – AE 51 – FT 441

Mel. Ebeling – Ein feste Burg ist unser Gott

Str. 6, 4: B immermehr = immerfort, Gegensatz zu nimmermehr.

108. Du meine Seele, singe

Pr 1653, 183 – E 1666/67 – W 96 – B 26 – G 40 – AE 52 – FT 419

Mel. Ebeling – Herzlich tut mich verlangen – Ich dank dir, lieber Herre – Crüger: Ihr Christen auserkoren – Dank sei Gott in der Höhe (Gesius, Wittenberg 1605)

Str. 1, 3: B welchen; 3, 5: B denn; 3, 6: mit = um; 5, 3: die Geschäfte = das Geschaffene, die Schöpfung; 8, 4: aufgericht = aufrecht; 10, 7: B ehre.

109. Herr, dir trau ich all mein Tage

Anhang zu G.s Leichenpredigt auf den Amtsschreiber Joachim Schröder zu Mittenwalde, begraben am 15. Mai 1655, gedruckt Zossen 1655 – Pr 1657 – E 1666/67 – W 92 – B 41 – G 53 – AE 94 – FT 464

Mel. Ebeling – O du schönes Weltgebäude

Str. 2, 1: Aufhalt = Stütze; 3, 5: erwogen = verlassen, vertraut; 4, 7: anlaufen, d. h. mit Bitten; 5, 4: G Starken; 8, 2: B Lobs; 8, 5: hereingehen = einhergehen; 9, 3: B noch; 9, 7: bedeckt = wunderbar beschirmt; 10, 6: B kann geben; 11, 7: E und spätere in deinem; 12, 6: B erneurest; 13, 8: E und spätere Saitenspiel.

110. *Wie ist es möglich höchstes Licht*
E 1666/67, 8, 96 – W 86 – B 116 – G 119 – AE 125 – FT 491
Mel. Ebeling – Kommt her zu mir, spricht Gottes Sohn
Str. 1, 1: B und G müglich, seit 1690 möglich; 1, 5: dir zu entgegen = dir gegenüber; 2, 3: B und G taug, seit 1690 taugt; 4, 6: genesen = gerettet werden; 5, 6: B und G soll, seit 1690 sollt; 8, 2: verbracht = erreicht, durchgesetzt.

111. *Merkt auf, merkt, Himmel, Erde*
E 1666/67,1, 12 – W 88 – B 96 – G 102 – AE 108
Mel. Ebeling: Lobet Gott, unsern Herren – Herzlich tut mich verlangen
Str. 8, 2: B und G vergangne; 16, 7: B zugefallen; 17, 5: vor = vorher; 25, 3: B und G einen, spätere Ausg. einem.

112. *Ich, der ich oft in tiefes Leid*
E 1666/67, 3, 27 – W 95 – B 103 – G 108 – AE 114 – FT 480
Mel. Ebeling – Nun freut euch, lieben Christen gmein
Str. 1, 3: B dannoch; 9, 6: B und G fleußt; 10, 3: B und G derer; 13, 2: B deinen; 13, 3: B dann; 15, 4: letzt = zuletzt; 17, 1: absagen = versagen; 18, 3: B sollt.

113. *Ich danke dir mit Freuden*
E 1666/67, 10, 120 (Aus der Konfliktszeit, doch nach der Wendung zum Besseren) – W 97 – B 120 – G 123 – AE 129 – FT 495
Mel. Ebeling – Herzlich tut mich verlangen – Ich dank dir, lieber Herre
Str. 2, 8: anbringen = angeben, anschwärzen.

114. *Mein Gott, ich habe mir*
Pr 1648, 250 – E 1666/67 – W 110 bzw. 111 – B 15 – G 28 – AE 26 – FT 394
Mel. Ebeling – Auf meinen lieben Gott
Str. 1, 5 und 6: B spräche bzw. bräche; 4, 2: B und G einer Hande breit, alle spät. Ausg. eine Hand nur; 15, 4: B und G mein Großeltern und Vorfahren, alle spät. Ausg. Eltern.

115. *O Tod, o Tod, du greulichs Bild*
Das Lied Röbers (1587 Wurzen – 1651 Wittenberg) abgedruckt bei G. E 1666/67, 6, 76 (nach P. p. 52 schon vor 1649 entstanden) – W 120 bzw. 122 – B 113 – G 116 – AE 122 – FT 488
Mel. Ebeling – Wenn mein Stündlein vorhanden ist
Str. 1, 7: B und G verbrochen, seit 1669 zerbrochen; 3, 5: zum Siegesschau, neutr.; 6, 5: B vielmehr.

116. *Mein herzer Vater, weint ihr noch*
Mit der Leichenpredigt gedruckt bei Runge in Berlin, 4. Januar 1650 (der Sohn des Rektors Spengler starb am 28. Dezember 1649; Gerh. und Sp. waren befreundet). – In späteren Ausgaben der Pr (1690) – W 115 bzw. 116 – B 19 – G 33 – AE 32 – FT 398
Mel. An Wasserflüssen Babylon
Str. 1, 1: herzer = herzlieber; 4, 2: Güte = Vortrefflichkeit; 4, 4: neigen = geneigt machen; 8, 1: schlecht = schlicht, willig.

117. *Du bist zwar mein und bleibest mein*
Anhang zur Leichenpredigt des Georg Lilie auf Constantin Andreas Berkow, beigesetzt 17. Februar 1650, gedruckt bei Runge in Berlin 1650 E 1666/67 – W 116 bzw. 117 – B 20 – G 34 – AE 33 – FT 399
Mel. Ebeling – Ermuntre dich, mein schwacher Geist
Str. 7, 6: B zu Lohn.

118. *Nun, du lebest unsre Krone*
Anhang zur Leichenpredigt des Joachim Fromm mit dem Titel: „Trostgesang derer, so über den Hintritt des Sel. Herrn D. Fritzens betrübt worden“, gedruckt bei Runge in Berlin 1650. Fritz starb am 28. März 1648, er war auch geistl. Consistorialpräsident und mit diplomatischen Sendungen beauftragt, zuletzt bei den Friedensverhandlungen in Osnabrück. Vgl. Lat. Ged. 11 – W 119 bzw. 121 – B Anh. 2 – G 11 – AE 30
Mel. Werde munter, mein Gemüte – Zion klagt mit Angst und Schmerzen
Str. 1, 6: B sollen; 1, 8: bedenken = uns bedenken; 2, 1: B Freude; gönnen = rinnen, derart. Reime v. Opitz eingeführt; 3, 7: Nachten, zugunsten des Reims; 5, 1 und 2: Orden, denen – zu ergänzen derer, denen; 6, 7: holest wieder = wiederholst.

119. Erhebe dich, betrübtes Herz

Beigedruckt der Leichenpredigt des Propstes Vehr, bei Runge in Berlin 1651 – P. p. 84
Mel. Verzage nicht, du frommer Christ.

120. Die Zeit ist nunmehr nah

Pr 1653, 367 – E 1666/67 – W 122 bzw. 124 – B 40 – G 52 – AE 59 – FT 458
Mel. Ebeling – Auf meinen lieben Gott.
Str. 4, 4: ausbrechen = wendet sich hin; 13, 3 und 4: B Singen bzw. Springen; 14, 3: gründen = ergründen; 15, 5: B als wie.

121. Leid ist mirs in meinem Herzen

Anhang zum „Kinder-Leich-Sermon" des Propstes Georg Lilie, gedruckt bei Runge in Berlin 1659. Das Gedicht ist unterzeichnet: „Paulus Gerhardt, Prediger zu St. Nicolai" – W 118 bzw. 119 – B Anhang 4 – G 89 – AE 95
Mel. Herr, ich habe mißgehandelt
Str. 4, 2: schlecht = gering; 4, 6: Beinen = Gebeinen; 7, 6: B hochbeliebet.

122. Herr Lindholtz legt sich hin

Beigedruckt der Leichenpredigt des Christian Nikolai, Diakonus zu St. Peter in Berlin, Wittenberg, bei Hake, 1659. Das Gedicht ist unterzeichnet: „Paulus Gerhardt, Prediger zu St. Nicolai in Berlin" – B Anhang 5 – G 90 – AE 96.

123. Liebes Kind, wenn ich bei mir

Anhang zu dem Leich-Sermon, den Gerhardt am 19. August 1660 in der Nikolaikirche zu Berlin hielt, Berlin 1660. Unterzeichnet „Paulus Gerhardt". – W 117 bzw. 118 – B Anhang 6 – G 92 – AE 98
Str. 11, 1: ganz und gar = vollkommen.

124. O, wie so ein großes Gut

Beigedruckt der Leichenrede des Johannes Rosner, Berlin bei Runge 1661 (vgl. P. p. 120) – Das Gedicht ist unterzeichnet: „Setzte aus nachbarlicher Freundschaft und wolmeinendem Herzen dieses Paulus Gerhardt, Prediger zu St. Nicolai allhier." – B Anhang 7 – G 97 – AE 103

Str. 1, 2: B Friede; 3, 4: die Verstorbene war vorher mit dem Konrektor Berkow verheiratet gewesen, der im Schloß Berlin Anno 1633 durch ein fehlgegangenes Geschoß getötet worden war; 4, 2 und 4: erfreuet bzw. gereuet.

125. *Nun sei getrost und unbetrübt*

Beigedruckt der Leichenpredigt des Job. Leißner auf „Frau Regina Lyser, geh. Calovius, Frau des Wittenberger Professors Wilhelm Lyser", Wittenberg 1664. Nach G. H. Götze, Vermischte Nachrichten Gerhardts Lieder betreffend, Lübeck 1725, p. 50 f. „in die Gesangbücher gebracht, ein Lied, welches nicht allein in öffentlicher Gemeinde vor und nach den Predigten, sondern auch bei Begräbnissen pfleget gesungen zu werden". – E 1666/67 (Titel: Fröliche Ergebung zu einem seligen Abschiede aus dieser mühseligen Welt) – W 114 bzw. 115 – B 94 – G 98 – AE 104 – FT 473

Mel. Ebeling – Wenn mein Stündlein vorhanden ist

Str. 5, 4: darf = es bedarf, ich habe nicht nötig; 6, 5: B nur, in spät. Ausg. mir; 8, 5: B Gottes Schar; 9, 1: B denn.

126. *Hörst du hier die Ewigkeit*

Am Schluß von Joachim Paulis „Vorschmack der Traurigen und frölichen Ewigkeit", Berlin bei Runge 1664. – B Anhang 8 – G 99 – AE 105

Str. 1, 4: vgl. Jeremia 8,6; 2, 2: vermeide deine Tritte, nämlich auf den Weg des Bösen (Treten, vom Pferd, vgl. 1, 4).

127. *Herr Gott, du bist ja für und für*

E 1666/67, 6, 68 – W 111 bzw. 112 – B 112 – G 115 – AE 121 – FT 487

Mel. Ebeling – Herr Jesu Christ, ich weiß gar wohl

Str. 4, 6: B ihm, seit 1669 ihn; 7, 1: B dies; 12, 2: B festen, seit 1669 festem.

128. *Ich bin ein Gast auf Erden*

E 1666/67, 2, 17 – W 113 bzw. 113 – B 98 – G 103 – AE 109 – FT 475

Mel. Ebeling – Herzlich tut mich verlangen

Str. 4, 2: B und G derer, spät. Ausg. deren.

129. *Was trauerst du, mein Angesicht*

E 1666/67, 2, 24 – W 113 bzw. 114 – B 100 – G 105 – AE 111 – FT 477

Mel. Ebeling – So wünsch ich nun ein gute Nacht (Gedicht von Ph. Nicolai).
Str. 6, 1: B dann; 11, 2: spät. Ausg. ihren; 11, 6: B stillen; 14, 1: B und G truckn; 14, 3: B den; 17, 6: G fleuß.

130. *Ich weiß, daß mein Erlöser lebt*
E 1666/67, 10, 119 – W 121 bzw. 123 – B 119 – G 122 – AE 128 – FT 494
Mel. Ebeling – Herr, straf mich nicht in deinem Zorn – Aus tiefer Not schrei ich zu dir
Die Anregung gab außer Hiob 19,25-27 das Lied „Jesus meine Zuversicht", das früher der Kurfürstin Luise Henriette v. Brandenburg zugeschrieben wurde. Beide Lieder berühren sich stellenweise beinahe wörtlich.
Str. 5, 6: B Würme; 9, 2: blöde = zaghaft.

131. *Weint, und weint gleichwohl nicht zu sehr*
Mit der Leichenpredigt Gerhardts gedruckt in Berlin bei Runge 1667 vgl. P. p. 168). Unterzeichnet: „Aus Christlichem Mitleiden setzte dieses Paul Gerhard." – B Anhang 10 – G 124 – AE 130
Str. 3, 4: von sich sagen = aussprechen; 9, 1: herzes = herzliebes.

132. *So geht der alte liebe Herr nun auch dahin*
Berlin 1667 (mitgeteilt bei P. p. 169)
Str. 2, 1: klagen ihn = beklagen.

133. *Wer selig stirbt, stirbt nicht*
Mit der Leichenrede (Dichotomia Conjugalis) Gerhardts gedruckt bei Runge in Berlin 1668. Preunel starb am 22. Februar 1668, Unterzeichnet: „Paulus Gerhard" vgl. P. p. 170) – B Anhang 11 – G 125 – AE 131
Str. 2, 1: da fehlts … an = daran; 4, 3: immermehr = jemals.

134. *Johannes sahe durch Gesicht*
E 1666/67, 7, 84 –W 123 bzw. 125 – B 114 – G 111 – AE 123 – FT 489
Mel. Ebeling – Mag ich Unglück nicht widerstahn
Str. 1, 1: durch Gesicht = mittels Offenbarung; 2, 11: Krone Schar; 5, 3: erkläret = klar, hell gemacht, gewaschen.

Quellenangaben zu den neu aufgefundenen Gedichten

135. *Also treten wir nun an*

Zur Hochzeit von Johann Michael Zieriz und Elisabeth Dorothea Schultz am 21. August 1644 in Berlin gedichtet. – Hier mitgeteilt nach: Walther Ziesemer (Hrsg.), Simon Dach, Gedichte. Erster Band, Halle/Saale 1936, S. 341 f.

136. *Wo findet sich doch das bei klugen Weltgemütern*

Mitgeteilt (auf Grund eines Hinweises bei Gerhard Dünnhaupt, siehe Bibliographie) aus den Beigaben in: Georg von Lilien, Leichenpredigt auf Andreas Kohl, Helmstedt 1655.

137. *David sang in seiner Sprachen*

„Auf H[erm] M. Johannis Heintzelmann, meines hochgeliebten Herrn Collegen, Deutschen Psalter" schrieb Paul Gerhardt (vermutlich zwischen 1658 und 1660) dieses Empfehlungsgedicht. Die handschriftliche Fassung wurde von Gustav Kawerau aufgefunden und im Druck bekanntgemacht. Hier mitgeteilt nach Gustav Kawerau, in: Jahrbuch für Brandenburgische Kirchengeschichte 1911, S. 6.

138. *Weigels Schwarm und schnöde Rotte*

Empfehlungsgedicht zu: Extract Der fürnembsten Weigelianischen Irrthummen / … mit Sprüchen und Zeugnüssen der H. Schrifft wiederleget. Allen einfältigen Christen … zur Lehr / Unterricht und Warnung. Gestelle von M. Adam Spenglern …, Wittenberg 1658, Bl. A. Aufgefunden und erstmals wieder mitgeteilt von Hans-Henrik Krummacher, in: ders., „Weigels Schwarm und schnöde Rotte …" Ein unbekanntes Gedicht von Paul Gerhardt. In: Reiner Braun / Wolf-Friedrich Schäufele (Hrsg.), Frömmigkeit unter den Bedingungen der Neuzeit. Festschrift für Gustav Adolf Benrath zum 70. Geburtstag (Quellen und Studien zur hessischen Kirchengeschichte 6), Darmstadt 2001, S. 57-68, das Gedicht S. 57 f. Dem Gedicht steht als Überschrift voran: „Treuhertzige Warnung an den einfältigen Leser." – Die Lehren und Schriften von Valentin Weigel (1533-1588) wurden von der lutherischen Orthodoxie, so auch von Gerhardt, abgelehnt.

139. *O wie wohl ist hier zu lesen*

Widmungsgedicht zu: Die letzten Worte des Sterbenden SENECA / Zuvor von Herrn Mascaronen Frantzösisch herfür gegeben … Wozu noch kommen die zierlich geführte Rede des J. Lipsius von der Lästerung / verdeutschet von Gottfried-Wilhelm Sacer, Jur. C. Leipzig 1666. Gerhardts Gedicht daselbst S. 203 f. Dem Gedicht vorangestellt: „An Herrn G. W. Sacer / J. U. Cand. Seinen lieben werthen Freunde / als derselbe von der Lästerung redete." Das von Dieter Merzbacher aufgefundene und von Rainer Hillenbrand publizierte Gedicht wird hier mitgeteilt nach: Rainer Hillenbrand. „O wie wohl ist hier zu lesen". Ein unbekanntes Gedicht von Paul Gerhardt. In: Wolfenbütteler Barock-Nachrichten 22, Heft 2, 1995, S. 116 f.

Die lateinischen Gedichte sind abgedruckt:

I. Bachmann, Berlin 1866, p. 314 B. I, P. 1
II. ebda., 2. Aufl. Berlin 1877, Anh. II, p. 301, P. 2
III. wie I, B. II, P. 3
IV. Petrich, Gütersloh 1914, p. 86 u. A. 141, P. 4
V. wie I, B. III, P. 5
VI. wie I, B. IV, P. 6
VII. wie I, B. V, P. 7
VIII. wie I, B. VI, P. 8
IX. Petrich, a. a. O., p. 120 u. A. 218, P. 9
X. wie I, B. VII, P. 10
XI. wie I, B. VIII, P. 11
XII. Petrich, a. a. O., p. 143 u. A. 251, P. 12
XIII. Petrich, a. a. O., p. 143 u. A. 252, P. 13
XIV. Petrich, a. a. O., p. 143 u. A. 253, P. 14

Johann Crüger, Praxis pietatis melica, d. i. Übung der Gottseligkeit in christlichen und trostreichen Gesängen, Berlin bei Christoph Runge 1648, 5. Aufl. 1653, 6. 1656, 7. 1661. Die Praxis von 1648 enthält 18 Gesänge von Gerhardt, die von 1653 82, die von 1656 85, die von 1661 89. Die wichtigste Quelle ist die von 1653; das einzige Exemplar befindet sich auf der Staatsbibliothek in München.

Johann Georg Ebeling, Pauli Gerhardi Geistliche Andachten. Berlin 1666/67 in zwölf Heften. Buchausgabe 1667. Neuauflage Stettin 1669.

Johann Heinrich Feustking, Pauli Gerhardi Geistliche Andachten. Zerbst 1707 und Wittenberg 1717 und 1723.

Leben und Lieder des Paulus Gerhardt, herausg. von *E. C. G. Langbecker,* Berlin 1841.

Philipp Wackernagel, Paulus Gerhardts Geistliche Lieder getreu nach der bei seinen Lebzeiten erschienenen Ausgabe wiederabgedruckt. Stuttgart 1843, 2. Auflage 1849, 5. 1869. Neu aufgelegt Gütersloh 1907.

Paul Gerhardts Geistliche Lieder, herausg. von *C. F. Becker,* Leipzig 1851, 2. Aufl. 1856.

Otto Schulz, Paul Gerhardts Geistliche Andachten in 120 Liedern. Berlin 1852 (enthält im Anhang 16 Urkunden, Briefe usw.).

J. F. Bachmann, Paul Gerhardts Geistliche Lieder, Hist.-krit. Ausgabe, Berlin 1866, 2. Aufl. 1877 (enthält die Zusammenstellung sämtl. Ausgaben bis 1866).

Karl Goedeke, Gedichte von Paul Gerhardt. In der Sammlung „Deutsche Dichter des 17. Jahrhunderts“, 12. Band, Leipzig (Brockhaus) 1877.

Paul Gerhardts Geistliche Lieder. Mit Einleitung und Lebensabriß von *Karl Gerok,* Stuttgart 1878.

Johann Sigismund Wangemann, Paul Gerhardt, Berlin 1884. Vollständiger Abdruck der Akten aus der Konfliktzeit, ebenso vorher bei: *Langbecker,* Leben und Lieder P. G.s, Berlin 1841, *O. Schulz,* P. G.s Geistl. Andachten nebst geschichtl. Einleitung und Urkunden, Berlin 1842.

August Ebeling, Die Gedichte des Paulus Gerhardt, Hannover und Leipzig 1898 (enthält Lesarten p. 386 ff.).

Fischer-Tümpel, Das Kirchenlied des 17. Jahrhunderts, Band III, Gütersloh 1906. Vollständig bis auf 15 Lieder, meist Gelegenheitsgedichte (Nr. 9, 44, 48, 57, 70, 93, 111, 118, 121, 122, 123, 124, 126, 131, 133) und die 3 von Petrich entdeckten. Mit Bibliographie.

Paul Gerhardts Lieder und Gedichte, herausg. v. *Wilhelm Nelle,* Hamburg 1907.

C. A. Wildenhahn, Paul Gerhardt, Kirchengeschichtliches Lebensbild aus der Zeit des großen Churfürsten, Leipzig 1845.

Julius Knipfer, Paul Gerhardt. Gesammelte Aufsätze, Leipzig 1906.

–, Paul Gerhardt als Prediger, Zwickau 1906. Enthält vier Leichenpredigten G.s (1655, 1659, 1660, 1661).

Erich Haupt, Der Konflikt zwischen Paul Gerhardt und dem Großen Kurfürsten. Deutsch-evang. Blätter, 32. Jahrg., Halle 1907.

Ernst Kochs, Paul Gerhardt; sein Leben und seine Lieder, Leipzig 1907. Enthält den Briefwechsel mit dem Rat der Stadt Lübben.

Hermann Petrich, Paul Gerhardt; seine Lieder und seine Zeit, Gütersloh 1907. Neue und endgültige Ausgabe.

Hermann Petrich, Paul Gerhardt. Ein Beitrag zur Geschichte des deutschen Geistes. Auf Grund neuer Forschungen und Funde, Gütersloh 1914. Mit vollständiger Bibliographie.

Robert Daenicke, Paul Gerhardts Berufung nach Lübben und seine dortige Amtszeit. Niederlausitzer Mitteilungen, 22. Bd., Guben 1934. Enthält die erste Predigt G.s in Lübben, mit der er sich am 14. Okt. 1668 um das Amt bewarb.

Kurt Ihlenfeld, Huldigung für Paul Gerhardt. Berlin 1956. Durchgesehene und mit einem Anhang ergänzte Taschenbuchausgabe, München 1964.

Markus Jenny, Edwin Nievergelt (Hrsg.), Paul Gerhardt, Weg und Wirkung, Zürich 1976.

Friedhelm Kemp (Hrsg.), Paul Gerhardt, „Geistliche Andachten" (1667). Samt den übrigen Liedern und den lateinischen Gedichten. Faksimile-Ausgabe, Bern und München 1975.

Hans-Bernhard Schönborn, Die Lieder Paul Gerhardts in den heute gebräuchlichen Gesangbüchern. Jahrbuch für Liturgik und Hymnologie, 24. Bd., S. 113-123, Kassel 1980.

Gerhard Rödding, Paul Gerhardt, Gütersloh 1981.

Hans-Henrik Krummacher, Paul Gerhardt. In: Harald Steinhagen / Benno v. Wiese (Hrsg.), Deutsche Dichter des 17. Jahrhunderts, Berlin 1984, S. 270-288.

Heimo Reinitzer (Hrsg.), Paul Gerhardt, Ich bin ein Gast auf Erden. Gedichte [Teilausgabe], Berlin 1986; Zürich 1998 (detebe-Klassiker 23019).

Hans-Georg Kemper, Deutsche Lyrik der frühen Neuzeit. Bd. 2: Konfessionalismus, Tübingen 1987, S. 266-290.

Paul Gerhardt, Geistliche Lieder [Teilausgabe]. Nachwort von *Gerhard Rödding,* Stuttgart 1991 (Reclams Universal-Bibliothek Nr. 1741 [2]).

Gerhard Dünnhaupt, Personalbibliographien zu den Drucken des Barock. Zweite verbesserte und wesentlich vermehrte Auflage des Bibliographischen Handbuches der Barockliteratur. Dritter Teil, Stuttgart 1991. Zu Paul Gerhardt: S. 1589-1598.

Rainer Hillenbrand, Paul Gerhardts deutsche Gedichte. Rhetorische und poetische Gestaltungsmittel zwischen traditioneller Gattungsbindung und barocker Modernität, Frankfurt a. M. u. a. 1992.

Christian Bunners, Paul Gerhardt. Weg – Werk – Wirkung, München / Berlin 1993, 2. Aufl. 1994.

Lisbet Foss, Paul Gerhardt. Eine hymnologisch-komparative Studie, Kopenhagen 1995.

Martin Rößler, Liedermacher im Gesangbuch. Liedgeschichte in Lebensbildern, Stuttgart 2001, S. 423-469.

Elke Axmacher, Johann Arndt und Paul Gerhardt. Studien zur Theologie, Frömmigkeit und geistlichen Dichtung des 17. Jahrhunderts, Tübingen und Basel 2001 (Mainzer hymnologische Studien 3).

Sven Grosse, Gott und das Leid in den Liedern Paul Gerhardts, Göttingen 2001 (Forschungen zur Kirchen- und Dogmengeschichte 83).

Alain Bideau, Paul Gerhardt (1607-1676), Pasteur et poète, Bern, Berlin, Bruxelles, Frankfurt/M, New York, Oxford, Wien 2002.

Susanne Weichenhan und Ellen Ueberschär (Hrsg.), LebensArt und SterbensKunst bei Paul Gerhardt, Berlin 2003 (Berliner Begegnungen 3).

Inhalt